图书在版编目（CIP）数据

营销经理必知的100堂管理课 / 柴一兵编著．—北京：北京工业大学出版社，2015.7
ISBN 978-7-5639-4370-8

Ⅰ．①营… Ⅱ．①柴… Ⅲ．①营销管理 Ⅳ．①F713.50

中国版本图书馆CIP数据核字（2015）第131763号

营销经理必知的100堂管理课

编　　著：柴一兵
责任编辑：贺　帆
封面设计：孙希前
出版发行：北京工业大学出版社
（北京市朝阳区平乐园100号　邮编：100124）
010-67391722（传真）bgdcbs@sina.com
出 版 人：郝　勇
经销单位：全国各地新华书店
承印单位：北京天正元印务有限公司
开　　本：787毫米×1092毫米　1/16
印　　张：27
字　　数：371千字
版　　次：2015年8月第1版
印　　次：2015年8月第1次印刷
标准书号：ISBN 978-7-5639-4370-8
定　　价：39.80元

前　言

市场营销是创造、沟通与传送价值给顾客，及经营顾客关系以便让组织与其利益关系人受益的一种组织功能与程序，是一种最直接有效的营销手段。市场营销可以使组织在巩固已有市场的基础上，不断发展新市场，从而获得竞争力。而保证这一目标实现的必要手段则是营销管理。

营销管理是指为了实现企业或组织目标，建立和保持与目标市场之间的互利的交换关系，而对设计项目的分析、规划、实施和控制。营销管理的实质，是需求管理，即对需求的水平、时机和性质进行有效地调解。在营销管理实践中，企业通常需要预先设定一个预期的市场需求水平，然而，实际的市场需求水平可能与预期的市场需求水平并不一致。这就需要企业营销管理者针对不同的需求情况，采取不同的营销管理对策，进而有效地满足市场需求，确保企业目标的实现。而营销管理的实际操作者，则是营销经理。

营销经理是负责企业营销的管理、协调、指导与监督等工作的中层领导。营销经理要坚决执行公司规程及工作指令，对其分管的工作认真负责，要有较强的组织管理能力、综合协调能力，以及工作责任感和事业心。营销经理是营销部门的中流砥柱，其素质的高低，对营销部门乃至整个企业的管理水平有着不容忽视的影响。

本书为营销经理量身定做，用 100 堂课的形式将营销经理的职业要求和工作内容的各个环节进行了详细讲解。

本书的特点为：简明扼要，系统性强，运用简明的语言叙述营销管理基本理论；内容新颖，知识性强，突出营销管理理论的最新发展趋势；案例丰富，借鉴性强，力求帮助读者提高分析和解决问题的能力。

本书的主要内容如下：第一单元阐述营销管理与营销经理的基本知识。第二单元为市场营销环境分析，包括宏观营销环境分析、微观营销环境分析与机会分析等内容。第三单元是市场竞争分析与战略，对市场领先者战略、市场挑战者战略、市场跟随者战略、市场补缺者战略等战略方法进行了阐述与分析。第四单元与第五单元分别为消费者市场购买行为分析与组织市场购买行为分析，分别对这两大市场的特点、模式、影响因素进行了有针对性的解释。第六单元讲述市场营销调查研究，分别介绍了市场调查和市场预测的概念与方法。第七单元阐述目标市场营销战略，涉及市场细分、目标市场选择和市场定位这三方面的内容。第八单元至第十一单元分别阐述产品策略、价格策略、分销策略与促销策略。作为市场营销四大策略，本书对每个策略都进行了具体介绍。第十二单元为市场营销执行管理，阐述进行市场营销管理活动时涉及的三个具体问题——市场营销组织、营销审计与营销效果评估。最后一个单元为新的市场营销形式，对服务营销、国际市场营销、网络营销及绿色营销这些较新的营销概念进行了介绍，直面市场营销前沿问题。

通过这本书的学习，读者将掌握更多有效的管理技能，可以更自信地在市场营销部门进行管理工作。

目　录

第一单元　营销管理与营销经理

市场营销是指在不断变化的营销环境中，通过变潜在交换为现实交换，来反映企业任务、企业目标等市场管理活动和业务活动。认识营销的基本概念是成为营销经理的首要条件之一。同时，营销经理还应具备与该职位相适应的职业知识、职业素养与职业能力。

第二单元　市场营销环境分析

市场营销环境是指存在于企业营销系统外部的不可控制或难以控制的因素和力量，这些因素和力量是影响企业营销活动及其目标实现的外部条件。市场营销环境可分为宏观市场营销环境和微观市场营销环境。

第三单元　市场竞争分析与战略

市场竞争是商品经济运动的客观规律。只要存在商品生产，就必然存在市场竞争。企业高层和营销经理有必要认真研究竞争者的优势与劣势、竞争者的战略和策略，明确自己的竞争地位，制定竞争战略和策略，在激烈的市场竞争中求得生存与发展。

第四单元　消费者市场购买行为分析

消费者市场是最终产品市场。掌握消费者市场的特点，认识消费者的购买行为，是营销经理必备的知识。消费品生产经营企业要提高市场营销的效率，制定产品、价格、渠道和促销策略，实现发展目标，必须认识消费者市场的特点，把握消费者购买行为。

第五单元　组织市场购买行为分析

组织市场由生产企业、商业企业、政府部门等各类形式的组织组成。组织市场是市场体系的重要组成部分。由于受到多种因素的影响，组织市场的特点与消费者市场有很大的差异。经理要充分了解其特点与差异，制定正确有效的营销方案。

第六单元　市场营销调查研究

市场调查研究是系统地收集、分析和提供与企业面临的特定营销问题有关信息的活动。市场调查研究对企业做出正确的营销决策具有重要的作用。随着外部环境不确定的增强，市场调查作为获取外部信息的重要手段，对企业经营成败的作用越来越大。

第七单元　目标市场营销战略

任何企业在进行经营时，都必须进行市场分析，明确本企业的市场在何处，为满足哪些消费者的哪些需求而开展业务活动，这就要求制定目标市场营销战略。

第八单元　产品策略

企业的产品策略，就是根据企业目标，对产品组合的广度、深度及关联程度进行组合决策。在现代市场经济条件下，每个企业都应该将更多的精力投入产品质量的提高和组合结构的优化中，以便更好地满足市场需求，取得最佳的经济效益。

第九单元　价格策略

价格作为资源配置和供需调节的杠杆，一直以来都是一个十分敏感的话题。价格策略是企业可控因素中最难以确定的因素。价格是唯一能创造收益的因素，它可以使产品实现质的飞跃，由潜在的价值变成企业财务上实实在在的利润，而其他因素都代表着成本。

第十单元　分销策略

生产者与消费者之间在商品销售的时间、地点、数量、花色品种、信息、价格和所有权方面存在着许多差异和矛盾，生产者的产品必须通过选择正确的分销渠道才能在适当的时间、适当的地点以适当的价格供应给广大消费者和用户。

第十一单元　促销策略

企业不但要生产适销对路的产品，为产品制定适当的价格，选择适当的分销渠道将产品送达顾客，还要向顾客传递有关企业及其产品的信息，以信息沟通为手段开展促销活动。成功的促销活动可以显著地扩大产品知名度，有效刺激购买，增加销售。

第十二单元　市场营销执行管理

市场营销执行是指将市场营销计划转化为行动方案的过程，并保证这种任务的完成，以实现计划的既定目标。这需要强有力的市场营销组织作保证，定期对公司营销环境、目标、战略和行动进行营销审计，通过营销效果评估系统督促营销人员完成工作目标。

第十三单元　新的营销形式

本章内容涉及服务营销、国际营销、网络营销、绿色营销这几个随着科学技术进步与经济社会发展而逐渐步入人们生活范围的新的营销形式。这四类营销方式互有交集，但是又有自己的特点，并且代表着营销方式的发展方向。

第一单元

营销管理与营销经理

市场营销是指在不断变化的营销环境中，通过变潜在交换为现实交换，来反映企业任务、企业目标等市场管理活动和业务活动。认识营销的基本概念是成为营销经理的首要条件之一。同时，营销经理还应具备与该职位相适应的职业知识、职业素养与职业能力。

第一课　市场营销的含义

一、市场营销定义

美国市场营销协会对市场营销下的定义：市场营销是创造、沟通与传送价值给顾客，及经营顾客关系以便让组织与其利益关系人受益的一种组织功能与程序，是一种最直接有效的营销手段。

美国营销学学者菲利普·科特勒对市场营销下的定义则强调了营销的价值导向：市场营销是个人和集体通过创造并同他人交换产品和价值以满足需求和欲望的一种社会和管理过程。

菲利普·科特勒于1984年对市场营销又下了定义：市场营销是指企业的这种职能：认识未满足的需要和欲望，估量和确定需求量大小，选择和决定企业能最好地为其服务的目标市场，并决定适当的产品、劳务和计划（或方案），以便为目标市场服务。

美国营销学大师麦卡锡于1960年也对微观市场营销下了定义：市场营销是企业经营活动的职责，它将产品及劳务从生产者直接引向消费者或使用者以便满足顾客需求及实现公司利润，同时也是一种社会经济活动过程，其目的在于满足社会或人类需要，实现社会目标。这一定义虽比美国市场营销协会的定义前进了一步，指出了满足顾客需求及实现企业赢利是公司的经营目标，但这两种定义都说明，市场营销活动是在产品生产活动结束时开始的，中间经过一系列经营销售活动，当商品转到用户手中就结束了，因而把企业营销活动仅局限于流通领域的狭窄范围，而不是视为企业整个经营销售的全过程，即包括市场营销调研、产品开发、定价、分销广告、宣传报道、销售促进、人员推销、售后服务等。

而格隆罗斯给的定义强调了营销的目的：营销是在一种利益之下，通过相互交换和承诺，建立、维持、巩固与消费者及其他参与者的关系，实现各方的目的。

二、市场营销的核心概念

（一）需求及相关的需要和欲求

1. 需要

指消费者生理及心理的需求，如人们为了生存，需要食物、衣服、房屋等生理需求及安全、归属感、尊重和自我实现等心理需求。市场营销者不能创造这种需求，而只能适应它。

2. 欲求

指消费者深层次的需求。不同背景下的消费者欲求不同，比如中国人需求食物则欲求大米饭，法国人需求食物则欲求面包，美国人需求食物则欲求汉堡包。人的欲求受社会因素及机构因素，诸如职业、团体、家庭、教会等影响。因而，欲求会随着社会条件的变化而变化。市场营销者能够影响消费者的欲求，如建议消费者购买某种产品。

3. 需求

指有支付能力和愿意购买某种物品的欲求。可见，消费者的欲求在有购买力作后盾时就变成为需求。许多人想购买奥迪牌轿车，但只有具有支付能力的人才能购买。因此，市场营销者不仅要了解有多少消费者欲求其产品，还要了解他们是否有能力购买。

（二）产品及相关的效用、价值和满足

1. 产品

是指用来满足顾客需求和欲求的物体。产品包括有形与无形的、可触摸与不可触摸的。有形产品是为顾客提供服务的载体。无形产品或服务是通过其他载体，诸如人、地、活动、组织和观念等来提供的。当我们感到疲劳时，可以到音乐厅欣赏歌星唱歌（人），可以到公园去游玩（地），可以到室外散步（活动），可以参加俱乐部活动（组织），或者接受一种新的意识（观念）。服务也可以通过有形物体和其他载体来传递。市场营销者切记销售产品是为了满足顾客需求，如果只注意产品而忽视顾客需求，就会产生“市场营销近视症”。

2. 效用、价值和满足

消费者如何选择所需的产品，主要是根据对满足其需要的每种产品的效用进行估价而决定的。效用是消费者对满足其需要的产品的全部效能的估价。产品全部效能（或理想产品）的标准如何确定？例如，某消费者到某地去的交通工具，可以是自行车、摩托车、汽车、飞机等。这些可供选择的产品构成了产品的选择组合。又假设某消费者要求满足不同的需求，即速度、安全、舒适及节约成本，这些构成了其需求组合。这样，每种产品有不同能力来满足其不同需要，如自行车省钱，但速度慢，不够安全；汽车速度快，但成本高。消费者要决定一项最能满足其需要的产品。为此，将最能满足其需求到最不能满足其需求的产品进行排列，从中选择出最接近理想产品的产品，它对顾客效用最大，如顾客到某目的地所选择理想产品的标准是安全、速度，他可能会选择汽车。

顾客选择所需的产品除效用因素外，产品价格高低亦是因素之一。如果顾客追求效用最大化，他就不会简单地只看产品表面价格的高低，而会看每一元钱能产生的最大效用，如一部汽车价格比自行车昂贵，但由于速度快、相对于自行车更安全，其效用可能更大，从而更能满足顾客需求。

（三）交换、交易和关系

1. 交换

人们有了需求和欲求，企业亦将产品生产出来，还不能解释为市场营销，产品只有通过交换才使市场营销产生。人们通过自给自足或自我生产方式，或通过偷抢方式，或通过乞求方式获得产品都不是市场营销，只有通过等价交换，买卖双方彼此获得所需的产品，才产生市场营销。可见，交换是市场营销的核心概念。

要完成一笔交换，必须满足下列五个条件。

（1）至少要有两个参与交换的伙伴。

（2）参与的一方要拥有另一方希望获得的东西。

（3）参与的一方要能与另一方进行沟通，并能将另一方需要的商品或是服务传递过去。

（4）参与一方要有接受或是拒绝的自由。

（5）参与一方要有与另一方交往的欲望。

有时，上述所有的条件都具备了，交换也不一定发生。但是若没有这些条件，交换肯定不会发生。

2. 交易

交换是一个过程，而不是一个事件。如果双方正在洽谈并逐渐达成协议，称为在交换中。如果双方通过谈判并达成协议，交易便发生。交易是交换的基本组成部分。交易是指买卖双方价值的交换，它是以货币为媒介的，而交换不一定以货币为媒介，它可以是物物交换。

交易涉及几个方面，即两件有价值的物品，双方同意的条件、时间、地点，还有用来维护和迫使交易双方执行承诺的法律制度。

3. 关系

交易营销是关系营销大观念中的一部分。精明能干的市场营销者都会重视同顾客、分销商等建立长期、信任和互利的关系。而这些关系要靠不断承诺及为对方提供高质量产品、良好服务及公平价格来实现，靠

双方加强经济、技术及社会联系来实现。关系营销可以减少交易费用和时间，最好的交易是使协商成为惯例化。

处理好企业同顾客关系的最终结果是建立起市场营销网络。市场营销网络是由企业同市场营销中介人建立起的牢固的业务关系。

（四）市场、营销、市场营销及市场营销者

1. 市场

市场由一切有特定需求或欲求并且愿意和可能从事交换来使需求和欲望得到满足的潜在顾客所组成。一般说来，市场是买卖双方进行交换的场所。但从市场营销学角度看，卖方组成行业，买方组成市场。行业和市场构成了简单的市场营销系统。买方和卖方由四种流程所联结，卖者将货物、服务和信息传递到市场，然后收回货币及信息。现代市场经济中的市场是由诸多种类的市场及多种流程联结而成的。生产商到资源市场购买资源（包括劳动力、资本及原材料），转换成商品和服务之后卖给中间商，再由中间商出售给消费者。消费者则到资源市场上出售劳动力而获取货币来购买产品和服务。政府从资源市场、生产商及中间商购买产品，支付货币，再向这些市场征税及提供服务。因此，整个国家的经济及世界经济都是由交换过程所联结而形成的复杂的相互影响的各类市场所组成的。

2. 营销

营销的任务是辨别和满足人类和社会的需要。对营销所做的最简明的定义是：满足需求的同时而获利。美国营销协会从管理角度所下的定义是：营销既是一种组织职能，也是为了组织自身及利益相关者的利益而创造、传播、传递顾客价值、管理顾客关系的一系列过程。我们从社会和管理角度对营销下定义。社会角度的定义说明了营销的社会作用。从这一角度看，营销是个人和集体通过创造，提供出售，并同别人交换产品和价值，以获得其所需所欲之物的一种社会和管理过程。营销的目的在于深刻地认识和了解顾客，从而使产品或服务完全适合其需要并形

成产品自我销售。营销的对象有十大项：有形的商品、无形的服务、事件、体验、人物、地点、财产权、组织、信息和理念。

3. 市场营销及市场营销者

上述市场概念使我们更全面地了解市场营销概念。它是指与市场有关的人类活动。亦即为满足消费者需求和欲望而利用市场来实现潜在交换的活动。它是一种社会的和管理的过程。

市场营销者则是从事市场营销活动的人。市场营销者既可以是卖方，也可以是买方。作为买方，他力图在市场上推销自己，以获取卖者的青睐，这样买方就是在进行市场营销。当买卖双方都在积极寻求交换时，他们都可称为市场营销者，并称这种营销为互惠的市场营销。

营销管理小贴士

市场营销的几个定义强调的内容各不相同，从不同角度解释了市场营销活动的内涵，但都具有权威性。市场营销的核心概念包括需求及相关的需要、欲求，产品及相关的效用、价值和满足，交换及相关的交易和关系，市场、市场营销及市场营销者。

第二课 营销管理的任务

营销管理是指为了实现企业目标，创造、建立和保持目标市场之间的互利交换和关系，而对设计方案的分析、计划、执行和控制。营销管理的实质是需求管理。在不同的需求状况下，市场营销管理的任务有所不同，要求通过不同的市场营销策略来解决。任何市场均可能存在不同的需求状况，根据需求水平、时间和性质的不同，我们归纳出八种不同的需求状况。

一、负需求

负需求是指市场上众多顾客不喜欢某种产品或服务，即指绝大多数人对某个产品或服务感到厌恶，甚至愿意出钱回避它的一种需求状况。如近年来许多老年人为预防各种老年疾病不敢吃甜点心和肥肉，又如有些顾客害怕冒险而不敢乘飞机，或害怕化纤纺织品有毒会损害身体而不敢购买化纤服装。市场营销管理的任务是分析人们为什么不喜欢这些产品，并针对目标顾客的需求重新设计产品、定价，进行更积极的促销，或改变顾客对某些产品或服务的信念，诸如宣传老年人适当吃甜食可促进脑血液循环，乘坐飞机出事的概率比较小等。把负需求变为正需求，称为改变市场营销。

二、无需求

无需求是指目标市场顾客对某种产品或服务从来不感兴趣或漠不关心的一种需求状况。如许多非洲国家居民从不穿鞋子，对鞋子无需求。市场对下列产品无需求。

（1）人们一般认为无价值的废旧物资。

（2）人们一般认为有价值，但在特定市场无价值的东西。

（3）新产品或消费者平常不熟悉的物品等。

在无需求情况下，市场营销管理的任务是刺激市场营销，即通过大力促销及其他市场营销措施，努力将产品所能提供的利益与人的自然需要和兴趣联系起来。

三、潜在需求

这是指现有的产品或服务不能满足许多消费者的强烈需求，而现有

产品或服务又无法使之满足的一种需求状况。例如，老年人需要高植物蛋白、低胆固醇的保健食品，美观大方的服饰，安全、舒适、服务周到的交通工具等，但许多企业尚未重视老年市场的需求。在潜在需求情况下，市场营销管理的任务是开发市场营销，准确地衡量潜在市场需求，开发有效的产品和服务，即开发市场营销，将潜在需求变为现实需求。

四、下降需求

这是指目标市场顾客对某些产品或服务的需求出现了下降趋势的一种需求状况，如近年来城市居民对电风扇的需求已饱和，需求相对减少。在下降需求情况下，市场营销者要了解顾客需求下降的原因，或通过改变产品的特色，采用更有效的沟通方法再刺激需求，即创造性的再营销，或通过寻求新的目标市场，以扭转需求下降的局面。

五、不规则需求

许多企业常面临因季节、月份、周、日、时对产品或服务需求的变化，而造成生产能力和商品的闲置或过度使用。如在公用交通工具方面，在运输高峰时不够用，在非高峰时则闲置不用。又如在旅游旺季时旅馆紧张和短缺，在旅游淡季时，旅馆空闲。再如节假日或周末时，商店拥挤，而平时商店顾客稀少。在不规则需求情况下，市场营销的任务是通过灵活的定价、促销及其他激励因素来改变需求时间模式，使物品或服务的市场供给与需求在时间上协调一致，这称为同步营销。

六、充分需求

这是指某种产品或服务目前的需求水平和时间等于期望的需求，这是企业最理想的一种需求状况。但是，在动态市场上，消费者的需求会

不断变化，竞争日益加剧。因此，在充分需求情况下，企业营销的任务是改进产品质量及不断估计消费者的满足程度，通过降低成本来保持合理价格，并激励推销人员和经销商大力推销，千方百计维持目前需求水平、维持现时需求，这称为“维持营销”。

七、过度需求

是指市场上顾客对某些产品和服务的需求超过了企业供应能力，产品或服务供不应求的一种需求状况。比如，由于人口过多或物资短缺，引起交通、能源及住房等产品供不应求。在过量需求情况下，企业营销管理的任务是减缓营销，可以通过提高价格、减少促销和服务等方式暂时或永久地降低市场需求水平，或者设法降低来自利润较少或服务需要不大的市场的需求水平。企业最好选择那些利润较少、要求提供服务不多的目标顾客作为减缓营销的对象。减缓营销的目的不是破坏需求，而只是暂缓需求水平。

八、有害需求

有害需求是指市场对某些有害物品或服务的需求。对于有害需求，市场营销管理的任务是反市场营销，即劝说喜欢有害产品或服务的消费者放弃这种爱好和需求，大力宣传有害产品或服务的严重危害性，大幅度提高价格，以及停止生产供应等。降低市场营销与反市场营销的区别在于：前者是采取措施减少需求，后者是采取措施消灭需求。

营销管理小贴士

市场营销管理的任务是刺激、创造、适应及影响消费者的需求。从此意义上说，市场营销管理的本质是需求管理。任何市场均可能

存在不同的需求状况，市场营销管理的任务是通过不同的市场营销策略来解决不同的需求状况。

第三课 营销管理的因素

营销管理因素究竟包括哪些方面，学术界有不同的观点。美国学者麦卡锡教授将其分为四大类，即产品（Product）、价格（Price）、地点（Place）、促销（Promotion），这就是我们通常称之为市场营销学四大支柱的“4P”。它的含义是：如果能在适当的价格上制造适合的产品，用一定的促销宣传手段把产品投放在恰当的市场位置上，那么，企业的市场营销就能成功。这几乎成了一个公式。美国市场营销学专家菲利普·科特勒把它称之为营销管理的“战术性 4P”。他认为，我们面临的问题是怎样才能选取适当的产品，制定适当的价格，选择适当的促销手段和选定适当的分销地点。因此，在这个基础上，他又提出了“战略性 4P”，即诊断（Probe）、细分（Partition）、择优化（Priority）和市场定位（Position）。

一、产品

产品是企业营销的主体。人们通常用产品和服务这两个词来区分实体产品和无形产品。符合消费者需要的产品既包括实体产品部分，也包括无形产品，即提供的各种服务。如果生产者关心实体产品胜于关心产品所提供的服务，那就会陷入困境。过分钟爱自己的产品，往往导致忽略顾客购买产品是为了满足某种需要这样一个事实。市场营销者的任务，是向市场展示产品实体中所包含的利益或服务。否则，企业将产生“市场营销近视症”，即在市场营销管理中缺乏远见，只看见自己的产品质

量好，看不见市场需要在变化，最终使企业经营陷入困境。

二、价格

价格是营销管理中的一个可以控制的重要因素。产品定价是否恰当，直接关系到企业经营的成败。如何制定一个目标市场消费者愿意接受的价格，不仅涉及定价目标的确定、定价方法和策略的选择，而且也涉及消费者心目中产品价值的形成和产品选择。在对能够满足某一特定需要的一组产品进行选择时，人们所依据的标准一般是各种产品的效用和价值。效用是产品满足人们欲望的能力，是一个人的自我心理感受；价值是消费者对产品满足各种需要的能力的评估。这些概念对营销者至关重要，因为全部营销计划都建立在有关消费者选择的假设之上。

三、地点

在营销管理中，地点通常是指分销渠道。它包括两个方面的内容：一是企业用以销售产品的中间商的选择。大多数的中间商是批发商和零售商。营销管理人员要决定是否采用销售分销渠道，采用哪种类型的中间商，如何得到中间商的合作，并要进行分销渠道的效果分析。二是实体分配。实体分配就是把产品从生产领域运送到消费者手中。它由产品的运输和储存两个主要方面构成。渠道选择的合理性及其分销效果，对于商品流通时间的长短，流通速度、费用大小、价格高低以及市场竞争力等都有直接影响。

四、促销

促销实质上是生产者与消费者之间的信息沟通方式。企业中常用的促销手段、人员推销、营业推广和公共宣传等，都是促销。促销的目的

是将企业产品与竞争者产品相区别。适当的促销活动把企业产品和服务的优越之处及时地传达给目标市场的潜在顾客或用户。

五、诊断

医生给病人做检查称之为“诊断”，企业要在市场上从事经营活动，就要了解市场的“脉搏”，即进行市场营销的调查研究和市场预测：什么是细分的市场？消费者需要什么？竞争来自何方？怎样提高市场占有率？真正的市场营销人员要做的第一件事情便是这种“号脉诊断”。

六、细分

在市场调查研究的基础上，把整体市场划分为若干个“子市场”的过程，叫作市场细分。市场细分将消费者导向落实到了实处，因为市场里的人各不相同，生活方式也因人而异，比如有些人需要模具，有些人需要机床，有的希望质量优良，有的希望价格低廉，有的则需要优质服务。市场细分的意义在于，区别不同类型的消费者，区别对待不同类型的顾客。企业利用市场细分，通过为各种不同的顾客设计其需要的产品，从而更加接近其各种不同目标市场的需求，为企业带来较好的收益；它还能够使企业与市场更加协调一致，并使企业留心新的市场机会；它也能为企业提供某种竞争的保护；它还促使企业更加有效地使用企业的资源。

七、择优化

市场无论是统一的还是细分的，对于一个企业来说，仍然是太大了。因此，企业要从其已鉴别的细分市场中选择某一特定的目标市场。因为任何规模巨大的企业都不可能同时满足所有顾客的全部需要，所以每个企业都必须扬长避短，重点选择它最能满足的顾客。对于那些最能使其

满足的顾客，企业必须予以优先考虑。换言之，择优化就是在市场细分后，选择主攻目标市场，分析满足哪一个顾客群体能给企业带来最高的收益。

八、市场定位

定位战略要求企业为其产品创造、培养一定的特色，树立一定的市场形象，以满足顾客的某种需要和偏好。也就是说，它是根据顾客对某种产品属性的重视程度和市场竞争状况，给自己的产品规定一个特定的市场地位，通过为企业产品塑造一种独特的特色和市场形象，并将这种特色和形象传递给消费者，赢得顾客的好感和偏好，从而使自己的产品与竞争对手的产品区别开来。有些产品在顾客的心目中声誉很高，例如，“奔驰”汽车作为上乘的豪华轿车久负盛名，说明“奔驰”车定位很高，而其他车可能定位较低。所以每家公司都应该做出其产品在顾客中应树立何种形象的决策。

上述八个营销管理因素，个别看来并不令人感到新奇，我们将这些营销管理因素排列出来，是想让大家了解营销管理所涉及的主要领域及其营销的复杂状况。这八个营销管理因素都是最重要的，少于此就可能会遗漏某些重要的项目，因此，它们为营销管理者提供了一种工具。这种工具中的各种要素必须良好地配合才能产生长期的影响力，因为只有因素配合良好，才产生卓越的营销技巧。如果你只注意其中一两个因素，对其他因素的注意力是断断续续的，只追求一时流行，一见到利润就改弦易辙，那么你的经营必定失败无疑。

营销管理小贴士

美国学者麦卡锡教授提出了4P理论：产品（Product）、价格（Price）、地点（Place）、促销（Promotion），被美国市场营销学专家菲利普·科特勒总结为“战术性4P”。菲利普·科特勒又提出了“战略性4P”，即诊断（Probe）、细分（Partition）、择优化（Priority）和市场定位（Position）。

第四课　营销管理的过程

所谓市场营销管理过程是指企业为实现目标、完成任务，而发现、分析、选择和利用市场机会的管理过程。具体包括分析市场机会、选择目标市场、设计市场营销组合以及执行和控制市场营销计划。

一、分析市场机会

市场机会就是未满足的需要。为了发现市场机会，营销人员必须广泛收集市场信息，除了进行专门的调查研究，充分了解当前情况外，还应该按照经济发展的规律，预测未来发展的趋势。营销人员不但要善于发现和识别市场机会，还要善于分析、评价哪些才是适合本企业的营销机会（就是对企业的营销具有吸引力的，能享受竞争优势的市场机会）。市场上一切未满足的需要都是市场机会，但能否成为企业的营销机会，要看它是否适合于企业的目标和资源，是否能使企业扬长避短，发挥优势，比竞争者或可能竞争者获得更大的超额利润。

二、选择目标市场

企业选定符合自身目标和资源的营销机会以后，还要对市场容量和市场结构进行进一步分析，确定市场范围。无论是从事消费者市场营销还是从事产业市场营销的任何企业都不可能为具有某种需求的全体顾客服务，而只能满足部分顾客的需求。这是由顾客需求的多样变动性及企业拥有资源的有限性所决定的。因此，企业必须明确在能力可及的范围内要满足哪些顾客的要求，首先进行市场细分，然后选择目标市场，最后进行市场定位。

三、设计市场营销组合

企业在确定目标市场和进行市场定位之后，市场营销管理过程就进入第三阶段——设计市场营销组合。市场营销组合是指企业用于追求目标市场预期销售量水平的可控营销变量的组合。营销组合中包含的可控变量很多，可以概括为四个基本数量，即产品、价格、地点和促销。

市场营销组合因素对企业来说都是可控因素，即企业根据目标市场的需求，可自主决定产品结构、产品价格，选择分销渠道和促销方式，但这种自主权是相对的，要受到自身资源和目标的制约及各种微观和客观因素的影响。

四、执行和控制市场营销计划

企业市场营销管理的第四步是执行和控制市场营销计划。只有有效地执行计划，才能实现企业的战略任务，因此这是营销过程中极其重要的步骤。

（一）市场营销计划的执行

市场营销计划是企业整体战略规划在营销领域的具体化，是企业的一种职能计划。其执行过程包括以下五个方面。

1. 制定详细的行动方案

为了有效地实施营销战略，应明确营销战略实施的关键性决策和任务，并将执行这些决策和任务的责任落实到个人或小组。

2. 建立组织结构

不同的企业其任务不同，需要建立不同的组织结构。组织结构必须与企业自身特点和环境相适应，规定明确的职权界限和信息沟通渠道，协调各部门和人员的行动。

3. 设计决策和报酬制度

科学的决策体系是企业成败的关键，而合理的奖罚制度能充分调动人的积极性，充分发挥组织效应。

4. 开发并合理调配人力资源

企业的任何活动都是由人来开展的，人员的考核、选拔、安置、培训和激励问题对企业至关重要。

5. 建立适当的企业文化和管理风格

企业文化是指企业内部人员共同遵循的价值标准和行为准则，对企业员工起着凝聚和导向作用。企业文化与管理风格相联系，一旦形成，对企业发展会产生持续、稳定的影响。

（二）市场营销计划的控制

在营销计划的执行过程中，可能会出现一些意想不到的问题，需要一个控制系统来保证营销目标的实现。营销控制主要有年度计划控制、盈利能力控制、效率控制和战略控制。

1. 年度计划控制

年度计划控制是企业在本年度内采取制定标准、绩效测量、因果分析、改正行动的控制步骤，检查实际绩效与计划之间是否有偏差，并采取改进措施，以确保营销计划的实现与完成。

2. 盈利能力控制

运用盈利能力控制来测定不同产品、不同销售区域、不同顾客群体、不同渠道以及不同订货规模的盈利能力，帮助管理人员决定各种顾客群体活动是否扩展、减少或取消。控制指标有销售利润率、资产收益率、存货周转率等。

3. 效率控制

效率控制包括销售人员效率控制、广告效率控制、促销效率控制和分销效率控制，通过对这些环节的控制以保证营销组合因素、功能执行的有效性。

4. 战略控制

战略控制是企业采取的一系列行动，使实际市场营销工作与原规划尽可能一致。在控制中通过不断评审和信息反馈，对战略进行不断地修正。战略控制必须根据最新的情况重新评估计划和进展，对企业来说，这是难度最大的控制。

营销管理小贴士

市场营销管理过程就是企业为实现其任务和目标而发现、分析、选择和利用市场机会的管理过程。市场营销管理过程有以下几个步骤：发现和评价市场机会；细分市场和选择目标市场；发展市场营销组合和决定市场营销预算；执行和控制市场营销计划。

第五课　市场营销的导向

一、三种营销导向

企业的市场营销管理，是在特定的指导思想或经营观念指导下进行的。所谓市场营销导向，也就是企业在进行市场营销管理的过程中，处理企业、顾客和社会三者利益关系所持的态度、思想和观念。现代市场营销导向基本上可以归纳为以下三种。

（一）生产导向

生产导向是指导企业营销活动的最古老的观念之一。生产导向认为，消费者喜欢那些可以随处买得到而且价格低廉的产品，企业应该致力于提高生产效率和分销效率，扩大生产，降低成本，以扩展市场。这种导向的经营着眼点是产品，经营的基本策略是以生产数量多、物美价廉的产品而取得优势，经营的基本方法是等客上门，通过大量生产来取得利润，不研究产品的销售促进。

在市场经济条件下，有些企业的市场营销管理受产品导向的支配。产品导向也是一种生产导向，是生产导向的一种表现形式。它的最基本假设是，消费者最喜欢购买高质量的产品，企业应该集中一切力量提高产品质量。因此，它与生产导向都有共同特点：重生产、轻营销；从生产者角度出发，把市场看作生产过程的终点，而不是从消费者出发，把市场看作生产过程的起点；忽视了市场需求的多样性和动态性。

（二）推销导向

推销导向是被许多企业所采用的另一种观念。奉行推销导向的企业认为，消费者通常表现出一种购买惰性或抗衡心理，如果顺其自然的话，消费者一般不会足量购买某一企业的产品，因此，企业必须积极推销和大力促销，以刺激消费者大量购买本企业产品。推销导向在现代市场经济条件下被大量运用于推销那些非渴求物品，即购买者一般不会想到要去购买的产品或服务。许多企业在产品过剩时，也常常奉行推销导向。

（三）市场导向

市场导向是作为对上述营销导向的挑战而出现的一种新型的企业经营哲学。尽管这种思想由来已久，但其核心原则直到20世纪50年代中期才基本定型。市场导向认为，实现企业各项目标的关键，在于正确确定目标市场的需要和欲望，并且比竞争者更有效地传送目标市场所期望的物品或服务，进而比竞争者更有效地满足目标顾客的需要和欲望。企业的主要目标不是单纯地追求销售量的短期增长，而是着眼于长久占领市场阵地。流行的口号是“顾客至上”、“哪里有顾客的需要，哪里就有我们的机会”。在这种导向指导下，企业十分重视市场调查研究，在消费需求的动态变化中不断发现那些尚未得到满足的市场需求，并集中企业的一切资源和力量，千方百计地去适应和满足这种需求，以期能在顾客的满意之中不断扩大市场销售，长久地获取较为丰厚的利润。从本质上说，市场导向是一种以顾客需要和欲望为导向的哲学，是消费者主权论在企业市场营销管理中的体现。

二、市场导向的核心思想

市场导向作为现代企业营销管理的一个基本观念，被许多企业认同。为了确切把握市场导向的本质，现将其核心思想分述如下。

（一）顾客至上

这是市场导向的首要因素，其基本思想是向顾客提供所需要的东西。这就是说，企业的整个市场营销活动，必须从明确顾客的需要开始，以满足顾客需要而告终。因此，它要求企业的经营活动要围绕着一个中心展开，那就是顾客满意。怎样让顾客满意？那就要自觉地调整企业的经营观念，认真去研究顾客究竟需要什么，并以正确的方法，在正确的时间和地点，提供需要的产品与服务。这是市场营销所应遵循的基本原则。

（二）竞争优势

市场导向的第二个核心思想是市场营销要与取得一定的经营绩效相联系，即为达到一定的目标而努力。与以往的只注重追求销售额的观点不同，它更加强调企业要取得长期的最大限度的利润，也就是竞争优势。企业不能采用急功近利或为求大利而不择手段的做法，而应该坚持长期

发展战略。在利润的取得上，不拘泥于每次交易的利润大小，而是着眼于企业的长远发展，把争取顾客信任、扩大市场占有率作为最高目标，以期谋取稳定的利润来源。在生产导向和推销导向下，衡量企业经济效益的唯一标准是利润。在市场导向下，衡量企业获利能力的标准主要是市场地位、市场占有率、投资收益率等指标。以市场占有率为目标，虽然在短期内利润可能很低，但一旦在市场上居优势地位，企业可获得更持久的回报。

（三）整体营销

整体营销包括两个方面的要求：一方面要求市场营销的多项活动密切配合。生产的发展、分配渠道选择、市场研究与预测、广告与销售等工作，都必须相互配合，成为一个整体，并在统一领导下进行。另一方面，整个市场营销活动必须与企业其他各个部门的活动协调一致。这里与生产导向相比有一个重要变化：在生产导向下，企业的典型做法是各个部门都从本位出发，各行其是；在市场导向下，则认为企业各部门是互相依赖、互相促进的。例如，营销部门根据市场需求变化，要增加生产一种新产品，生产部门就要考虑现有生产力、技术力量及设备资源能力，财务部门要考虑财务能力等。

营销管理小贴士

营销导向以市场需求为依据，以生产适销对路的产品获取利润为目的。营销导向使得产品不断改进，以适应市场需求，确定目标市场的需要和欲望，理解和满足顾客流露出的需求，有效地向目标市场创造、传递、沟通优越的顾客价值。

第六课　营销经理的职业定位

一、营销经理的要求

合格的营销经理应该做到在公司的营销队伍中思想纯洁、业务精湛、管理到位。

（一）思想纯洁

营销经理首先要在思想上与公司的人、公司的制度、公司的事业融为一体，保持高度的纯洁性，做到心底无私。这种纯洁性具体表现在四个方面。

1. 一个忠于

忠于公司的事业，对公司的事业充满信心，能与公司同舟共济。

2. 两个一样

有人监督与无人监督一个样，在公司外与在公司内一个样。

3. 三个老实

说老实话，办老实事，做老实人。不说有损公司形象的话，不做有损公司利益的事，不做让公司不信任的人。

4. 四个遵守

遵守公司纪律，遵守行业职业道德，遵守社会公德，遵守国家法律法规。

（二）业务精湛

业务是一个营销人员的核心能力。对营销经理来说，更是要求他能做到“胜任本职、熟悉相关、标榜同行、传帮带谏”。

1. 胜任本职

首先要能够胜任公司给其定位的本职工作。

2. 熟悉相关

熟悉与本职工作相关的各种业务知识，熟悉与本职岗位相关的法律、法规和国家政策。

3. 标榜同行

通过不断地学习，努力使自身的业务技能在公司或同行业达到先进水平，成为同事、同行借鉴和学习的标兵与榜样。

4. 传帮带谏

在公司内部交流先进经验和成功心得，提高所率领营销团队的整体业务水平，并能站在公司的战略视野上，对公司发展提出合理建议。

（三）管理到位

营销经理是一个管理性的岗位。管理不仅是一门技术，更是一门艺术。所以营销经理要想做到管理到位，就必须做到以下几点。

1. 在自己管自己中生存，在上级管自己中发展

自己管自己是一种自律意识，上级管自己是一种服从精神，自律与服从是迈向成功的两块基石。

2. 在制度中现人情，在细节里求效益

没有制度，不成规矩，没有人情，无以凝聚团队成员。再宏伟的营销目标，也要靠细节的执行一步一步来实现，营销经理要为公司创造效益，必须多干实事，少说空话。

3. 在稳定中求变化，在变化中求完善

营销经理所说的话，所制定的政策、制度，除了要一言九鼎、不朝令夕改之外，还要能做到与时俱进、开拓创新、从大局出发，对目标、政策、制度做出相应调整，使之日趋完善。

二、营销经理的角色定位

一名优秀的营销经理在营销团队里至少应该扮演好四种角色：统帅、医生、老师、朋友。

（一）统帅

营销经理是一名领兵打仗、在市场上开疆扩土为公司创销量赢利润的统帅，是“运筹帷幄之中，决胜千里之外”的帅才。调兵遣将（人员安排，网络布局）、调度资源（政策保障，后勤支持）、论功行赏（考核激励，优化团队）是一名营销经理的日常工作。

（二）医生

营销经理应该像一名医生一样，能随时发现自己所领导的营销团队已经出现或可能出现的“病症”，比如窜货乱价、业绩下滑、业务员思想压力大积极性差、客户投诉得不到解决及客户忠诚度低等。并能够对症下药，开方除病，杜绝复发，保证团队成员有健康的身心、良好的工作环境和旺盛的战斗力。

（三）老师

师者，传道、授业、解惑也。营销经理也一样，首先自己要在营销理论与实践方面成为团队成员中的权威。更重要的是，要能够把自己的本事无私地传授给下属，与同事们共同提高，把下属的进步、升迁当成自己的快乐。甚至还要鼓励下属在某些方面超过自己，接受下属超过自己的现实，达到“冰生于水而寒于水”的思想境界。这要求一个营销经理必须具有扎实深厚的功底、高超的沟通技巧和培训水平，能够实时、有效地向下属传授知识和信息，帮助下属提高业务能力和综合素质。

（四）朋友

营销经理不但要有较高的威信和较强的感召力，更应有较强的亲和力，让下属有一种亲而近之的感觉，而不是敬而远之，更不是惧而远之。让下属愿意与他同甘共苦，愿意向他倾诉心中的酸甜苦辣、业务上的成功与失败。为此，一个优秀的营销经理必须是下属的知心朋友，能深入团队成员的工作甚至是生活圈子，与他们打成一片，真诚地了解他们的思想动态、观念、意见和建议等，做下属的“听众”，有必要时还要与他们一起“鼓与呼”。

营销管理小贴士

营销经理是负责企业营销的管理、协调、指导与监督等工作的中层领导。营销经理要坚决执行公司规程及工作指令，对其分管的工作认真负责，要有较强的组织管理能力、综合协调能力，以及工作责任感和事业心。

第七课　营销经理的职责任务

一、营销经理的职责

营销经理主要有以下 15 项职责。

（1）抓好市场调查、分析和预测工作，做好市场信息收集、整理和反馈，掌握市场动态，适时开辟新的经销网点，努力拓展业务渠道，不断扩大公司产品的市场占有率。

（2）协调好与其他部门的关系。妥善处理部门之间的矛盾与纠纷。

（3）落实本部门的岗位责任制和工作标准，密切与生产、人事、计划、财务、质量等部门的工作联系。

（4）编制销售统计报表，做好销售统计核算工作，规范各种原始记录、统计台账、报表及核算程序，汇总填报年、季、月度销售统计报表，及时书写销售统计分析报告，为公司领导决策服务。

（5）主持营销部的全面工作，组织并督促本部门营销人员全面完成各项工作任务。

（6）做好驻外分公司、营销网点销售调度及运输工作，及时汇总编制产品需求量计划，合理平衡产品供货，做好对外销售点联络工作，组织产品的运输、调配，完善发运过程的交接手续。

（7）做好营销人员的考核、考评与管理教育工作。抓好营销人员的思想教育，关心他们的生活及思想动态，预防经济犯罪。保护营销人员的合法权益，为他们提供良好的工作环境。组织营销人员业务培训，为营销人员创造晋升的机会。

（8）制定产品销售、入库、出库、在仓保管制度。做好协调、指导、调度、检查和考核工作。明确销售工作标准，建立健全销售管理网络。

（9）正确分析企业内部、外部环境。了解消费者需求的变化，做好市场调研和市场预测，察觉各种市场威胁或市场危机，把握市场机会，规避市场风险。制定正确的营销战略，努力实现营销目标。

（10）组织编制年、季、月度销售计划，适时签订供货合同，确保销售计划指标完成。节约销售费用，及时回笼资金，加速资金周转。

（11）对人员推销、营业推广、公共关系和广告四个方面进行综合管理，搞好信息沟通，促进产品销售。为消费者提供良好的售后服务，让消费者的需要得到最大的满足。

（12）做好仓库管理基础工作。定时对仓库进行清仓盘点，严格产品出入库手续，确保在库产品的安全。

（13）配合总经理搞好企业文化建设，塑造公司良好形象。

（14）组织营销人员走访用户，及时处理用户投诉，做好销售服务和售后服务工作，提高企业信誉。

（15）参与新产品开发、产品质量管理及包装等方面的决策活动。做好维持和开拓分销渠道的工作。

二、营销经理的任务

营销经理的任务主要有以下四项。

（一）建立公司营销组织体系

营销组织体系决定营销行为和营销功能模块。营销经理负有建立符合本公司实际和与市场相适应的营销组织体系之责。要围绕营销主题设立各职能部门和职能岗位，合理安排各职能岗位的工作人员，做到既不留空白，又不相重叠，“事事有人做，人人有事做”。

（二）设计营销管理体系

为方便宏观调控和总体规划公司的营销工作，需要建立营销管理体系。营销管理体系由营销经理负责设计。这个管理体系包括营销计划管理、营销薪资管理、营销费用管理、营销考核管理等分系统。

（三）制定营销管理的业务流程

为了使公司的营销管理工作具体化、规范化、标准化，营销经理必须对相关的业务流程进行设计。进入流程的主要业务有：营销计划，销售月、季计划，营销预算，产品管理，广告管理，市场调研，新闻宣传，形象设计与制作，品牌规划，市场巡察，促销，促销品采购，物流，配送，经济责任考评，销售返利，售后服务，营销人员聘用，营销培训，通路管理，驻外机构信息等。

（四）设置营销相关部门的职、权、责

营销经理要组织完成同公司营销相关的市场部、销售部、营销服务部、营销综合部等部门的职、权、责的设置，细化各部门工作内容，设定各部门权限，明确各部门责任，并制作详细的岗位说明书，为建立一支权责明确、既分工又协作、高效和谐的营销团队打下坚实的基础。

营销管理小贴士

营销经理的工作任务是完成营销管理的职能，并对整个营销活动进行监控，最终对营销部门的一切行为负责。总体来说，营销经理的任务，就是针对市场上各种不同的需求情况、市场需求的不断变化而采取不同的营销管理与营销策略，争取最佳的营销成绩。

第八课　营销经理的素质修养

一、领导素养

（一）合理的知识结构

营销经理的知识水平在很大程度上决定其素质的高低和能力的大小。合理的知识结构是一个人所有素质的基础与前提。营销经理的工作性质要求其必须具有多方面的知识，必须具备合理的知识结构。

营销经理是一种特殊的综合性专业人才，必须具备相应的专业知识，包括管理科学和经营哲学。其中，管理科学知识中最直接、最重要的是

领导理论知识。营销经理特别要对营销的环境、内容、方法进行深入研究。

营销经理在工作中，要重视对新知识的学习，并把学到的知识应用于实践，不断提高自身素质和领导水平。

（二）领导的影响力

领导的影响力是指营销经理在与下属交往中，影响和改变他人心理与行为的能力。领导的影响力可分为两种：一种是权力性影响力，由职位因素、资历因素、传统因素等构成。另一种是非权力性影响力，与权力性影响力相比，非权力性影响力不是正式规定和授予的，它往往能使下属产生顺从与依赖性。非权力性影响力表面上没有权力性影响力那样明显的约束力，但实际上它不仅具有权力的性质，而且有时比权力性影响力的影响还要大。非权力性影响力主要由才能因素、知识因素、品格因素、感情因素等构成。

（三）特有的能力

特有的能力是指营销经理应具备的工作性质和职责所要求的能力。这种特有的能力是营销经理履行职务的前提和条件，也是其影响力的基础。它主要包括以下三个方面。

1. 必要能力

根据营销经理基本职责的要求，指挥能力、组织能力和决策能力是营销经理必要的能力。

2. 核心能力

营销经理应具备的核心能力是创新能力，因为营销经理不仅是今天的开拓者，也是明天的创造者。创新能力就是营销经理在经营管理中善于敏锐地察觉旧事物的缺陷，准确捕捉新事物的萌芽，不囿于陈规旧俗，能够拿出新颖、大胆、可行的行动方案的能力。

3. 增效能力

作为营销工作的领导者，增效能力也是营销经理必须具备的。增效

能力主要是指控制能力和协调能力。

二、性格素养

营销经理掌握着营销团队乃至企业发展的命运，因此必须具备良好的性格素养。具体来说，要具备以下优秀品质。

（一）积极性

能以主人翁的态度对待本职工作，积极主动地完成各项任务。

（二）使命感

工作中不管遇到多大困难，都有完成任务的坚强信念和使命感。

（三）进取性

始终保持勇往直前的精神，不满足现状，在事业上积极上进。当遇到具有挑战性的问题时，能够做到着眼于组织的长远利益，不是只应付眼前问题。

（四）责任感

做人做事有责任感，对工作敢于负责任。

（五）忍耐力

不随意在大众面前发脾气，具有高度的忍耐力。

（六）公平

对人对事都能秉公处理，不徇私情。

（七）善于解决问题

勇于做第一个发现问题的人。在处理问题的过程中，如果事实证明所采取的办法确实解决不了问题，能立刻改变解决问题的思路。

（八）信赖感

与同事之间、与上下级之间，能以诚相待，关系和谐，互相信任与支持。

（九）具有充沛的精力

有健康的体魄和较强的耐力，能承受满负荷的工作，能坚持长时间的工作。

（十）充满自信

相信自己的能力和经验，相信自己的所作所为可以改变一切，相信自己能够掌握自己的命运。

（十一）不看重个人地位

以企业的发展与成功为重。希望自己所建立的团队受到表彰，但不在乎对自己是否赞誉。

（十二）热情

对同事与下属热情体贴。

（十三）敢于承担风险

不害怕承担合理的风险，力避大的风险。

（十四）能控制个人感情

与人交往，既讲友情，又保持恰当的距离。遇事不感情用事，不被

个人感情所困扰，能理智地处理问题。

三、管理素养

营销经理的管理素养包括人际关系能力、定向能力和自我完善能力。

（一）人际关系能力

人际关系能力是指营销经理在企业内的不同等级建立和发展关系的全面能力。人际关系能力特别强调行为技能，主要包括以下四个方面。

1. 影响力

通过你的言行，使别人按你的意愿行事，接受你的意见，以及能阻止别人去做与你意愿相反的事情，这就是影响力。

2. 凝聚力

建立营销团队并把其成员团结起来的能力叫作凝聚力。营销经理最重要的工作就是建立和管理一个有效的营销团队，所以，营销经理必须具有全局观念和把企业营销队伍打造成为坚强的战斗集体的能力。

3. 领导力

领导力是人际关系中体现领导者素养最明确、最重要的部分。主要是指组织指挥能力和协调能力。

4. 洞察力

了解别人如何看世界和知道靠什么去推动别人的能力便是洞察力。一位专家曾指出：“只关注自己的营销经理，对其他人的失败是麻木不仁的。他们注定是要失败的，因为他们自己所能做的事是有限度的。”有才能的营销经理凭借自己的洞察能力能够判断其他人可能安排的日程和可能采取的行动。

（二）定向能力

定向能力是指了解、塑造和引导环境的能力，主要包括以下几个方面。

1. 行动和组织能力

指营销经理使营销工作运转顺利，维持高负荷工作，并坚持不懈地捕捉重要问题的能力。

2. 内部建设能力

指营销经理掌握设计和建立一个有效运转的营销部门所需要的知识。营销经理应充分了解企业营销的各重要组成部分，并在需要时对它们进行变革。

3. 外部关系处理能力

外部关系处理能力包含对营销部门外部发生的事件和各种重大关系变化的掌控和处置的能力。这种能力是营销经理很容易忽视的方面。通常，人们都强调营销经理领导能力的人际关系、智力和分析方面。其实，外部关系处理能力也是必不可少的。

4. 专长能力

专长能力不仅包括营销经理职责所需的营销知识，更重要的是，它是一种能够超越特定领域的界限而看到外部情况的能力。

（三）自我完善能力

作为营销经理，其自我完善能力会影响到他如何认识和对待营销团队。自我完善能力主要包括以下三个方面。

1. 发展能力

了解自己的局限性，能把反馈带到团队里，接受新挑战，以及学习和发展等方面的能力叫作发展能力。学习已越来越被人们认为是使企业和个人改观的重要手段。

2. 认识能力

营销经理消化大量资料和全面考虑问题的能力叫作认识能力。这包含了要能吸收大量资料并能从这些信息里挑选出关键性资料的能力。越来越多的专家学者强调，营销经理应具备一种能够应付营销所面临的环境复杂性的智力。

3. 成熟能力

了解自己的感情及其价值，以及控制感情上的苦恼、彷徨和孤独的能力叫作成熟能力。从事营销工作有相当大的压力，营销经理必须懂得如何有效地利用自身的感情去管理自己和别人。

以上自我完善能力中，认识和成熟方面的能力涉及营销经理在分析能力、创造性和感情方面的素质，发展能力对营销经理的认识和成熟程度以及人际关系和定向等方面能力的发挥有重要影响。

营销管理小贴士

营销经理的素质修养包括领导素养、性格素养以及管理素养。这些素质修养对于营销经理出色地完成工作具有重要的意义。同时，作为营销团队的领导者和公司的中层管理人员，营销经理的素质修养也会影响普通员工的日常工作以及公司的形象。

第九课 营销经理的必备技能

一、执行力

总经理一般在考核营销经理的时候，都会衡量自己的决策能否被他们很好地贯彻到基层，也就是说要考核营销经理的执行力。这说明，执行力是营销经理必备的技能之一。

（一）营销经理应具备相当的执行力

好的营销经理会带出一个好的团队，好的营销团队会有好的执行力，

好的执行力会完成好的策划，完成好的策划会有好的营销成绩。执行力的强弱，是衡量一个营销团队战斗力强弱的重要依据，也是营销经理等中层管理者胜出的一个要素。营销经理个人的执行力决定营销团队的执行力。营销经理作为营销部门的决策者、领导者，起着承上启下的重要作用，其角色定位决定执行力是否到位。营销经理不仅要制定策略和下达命令，还必须具备执行力。好的营销策略只有成功执行后才能够显示出其价值。因此，营销经理必须既要重视策略又要重视执行力。

（二）营销经理要一边抓策略，一边抓执行

营销经理不应把执行力和策略看成完全对立的两部分而把它们割裂开来。在制定策略时应考虑这个策略能不能得到执行，如果无法执行，那么该策略则没有实际价值。同时，营销经理需要用策略的眼光诠释执行，也就是说要用策略来指导执行。好的策略应有好的执行力与之相匹配。

（三）营销经理对营销策略要身体力行

有的营销经理认为，自己是描绘远景、制定策略的，执行是下属的事情，只需授权给下属就可以了。这种认识是错误的。不要以为执行属于细节事务的层次，不值得营销经理费神。恰恰相反，执行是营销经理最重要的工作。一个优秀的营销经理需要脚踏实地，了解自己所处的环境，认清问题所在，然后勇敢地面对。制定策略后，营销经理就要身体力行，只有在执行中才能发现策略本身存在的问题，并及时调整，这样才能确保目标的实现。

（四）营销经理必须重视培养下属的执行力

这并不是说大事小事都要营销经理亲自去做。营销经理角色定位变革很重要的一点，就是不仅自己要重视执行力，还必须重视培养下属的执行力。营销经理是不是重视培养下属的执行力，关系到营销部执行力能否总体提升。

（五）营销经理应努力提高执行力

营销经理不管是作为执行者还是作为领导者，都要通过下属来完成任务。因此，应该有意识地提高以下几项能力。

1. 计划能力

不管执行什么样的任务都要先制订计划，把各种任务按照轻重缓急列出计划表，然后再分配给部属。

2. 领悟能力

在做一件事之前，要先弄明白上司希望你怎样做，以把握做事的方向。

3. 判断能力

遇到问题时，要先了解事情的因果关系，找到问题的源头所在，然后提出行之有效的解决办法。这就要求营销经理具有较强的判断能力。

4. 指挥能力

正确的指挥能够激发下属的积极性和创造性，提升其责任感与使命感。所以，营销经理指挥部属，既要考量工作分配，又要检测部属与工作的对应关系，注意指挥的方式。

二、控制力

营销经理对计划的实施和控制，在营销管理过程中是一个重要环节。计划付诸实施后要花大力气实施控制，其原因主要有以下几个方面。

（1）计划是事前制订的，只有经过实践才能检验其是否符合实际情况。所以，在执行计划的过程中，需要严格监督和控制，以便及时发现和调整计划与实际不相符的地方。

（2）在营销过程中，工作环节多，参加的人员和部门也很多，如果某一个部门或环节出现了偏差，都有可能影响到营销工作的全局，因此必须加强监控，及时纠正出现的偏差。

（3）由于经营环境的不确定性，许多超出事前预计的事都有可能发

生。因此，控制也是为了在环境发生变化时，能及时调整战略，从而保证目标任务的顺利完成。

在营销管理过程中，为了实施有效的控制，需要制订控制计划。营销控制计划主要有以下两种。

第一种是盈利能力控制计划。其主要内容是对销售渠道、不同产品、顾客群和订货量大小的盈利率进行定期的分析和检查。

第二种是年度控制计划。包括子企业在内的销售、盈利和其他目标的实现都是年度控制计划的内容。

三、变革力

（一）把变革方案分解成任务或若干部分

把变革方案分解成任务或几个部分，易于管理，可以分为计划、预算、沟通、研究等，再把几部分按照它们的重要性排列结合起来。

营销经理可以采取以下一些做法：

（1）用几项正在进行或将要进行的变革作为案例，练习怎样获得变革的目标和方案，以及变革方案分成上述的几部分的方法。

（2）提出一些关于变革方案的问题。以这些问题为出发点，搜集制订计划所需的信息，保证要做的事情都可以完成。

（3）拟制一份检查表，把一种方案分解成的几个部分，用一系列标题，如计划和准备、沟通、组织、协同法等记录到表上。

（4）重新思考一个已经建立的目标。把新设想的目标分成几部分写在纸上，反复练习。

（二）提前认真制订计划

营销经理可以尝试以下步骤。

（1）随身带一个笔记本，把一些有意义的事记下来，以备日后使用。

（2）每天为自己作一个计划，以养成习惯。

（3）每星期或每个月抽出一定时间思考未来的问题。

（4）每制定一项决策或采取行动之前，都要对那些可能不按计划进行的事情慎重思考。

（三）恰当应对变革的阻力

营销经理在变革中经常会遇到一些阻力，有如下几种原因。

（1）组织内部的信任度降低。

（2）引起营销员的反感和不信任。

（3）担心失败、犯错误或不知所措。

（4）与以前处理类似问题的方法有关。

（5）受到强大的非正式群体压力的影响。

（6）害怕未知的事物或不了解的事物，害怕不安全，害怕试验。

（7）变革主要涉及管理问题，易遭到人们的抵制。

（8）得到了错误的信息，不了解发生了什么和为什么会发生。

因此，首先要了解人们有什么不确定的事情，然后把这些事情纳入计划中。这样，就能事先采取行动来应对人们对变革的抵制。也可以搜集证据，减少可能出现的异议和顾虑。实际上，人们抵制变革并不完全是从个人的利害关系考虑的，有一些抵制是合法的、合理的。一个优秀的营销经理应能准确地确认这些原因，并采用适当的方法来处理。

营销管理小贴士

营销经理的必备技能主要包括执行力、控制力与变革力。这些看似抽象的技能实际体现在营销经理工作的方方面面。一个营销团队要出色地完成任务不仅要靠员工的团结配合，拥有一个具备这些必备技能的营销经理也是关键所在。

第二单元

市场营销环境分析

市场营销环境是指存在于企业营销系统外部的不可控制或难以控制的因素和力量，这些因素和力量是影响企业营销活动及其目标实现的外部条件。市场营销环境可分为宏观市场营销环境和微观市场营销环境。

第十课　市场营销环境概述

一、市场营销环境的分类

企业市场营销环境的内容非常广泛，从不同的角度可以划分为多种类型。

（1）根据营销环境对企业营销活动发生影响的方式和程度，可以将市场营销环境分为两大类，即宏观营销环境和微观营销环境。宏观营销环境也称间接营销环境，主要由人口环境、经济环境、政治和法律环境、自然环境、科学技术环境、社会文化环境等方面的基本因素构成，对企业的营销活动构成间接影响；微观营销环境也称直接营销环境，主要由供应商、企业、营销中介、顾客、公众、竞争者等组成，对企业的经营活动构成直接的影响。

（2）根据企业对营销环境控制的难易程度，可以将市场营销环境分为可控制环境和不可控制环境。可控制环境是指对企业的营销活动乃至整个企业的应变能力、竞争能力发生影响的企业可以控制的各种内部环境因素，如市场营销目标、营销计划、目标市场的选择等；不可控制环境是指对企业营销活动发生影响的企业难以控制和改变的各种外部环境因素，如顾客、竞争对手、政治状况、技术水平及媒体等。

（3）根据影响环境的性质，可以将市场营销环境分为自然环境和文化环境。自然环境包括气候、生态系统的变化等，它的发展变化也会给

企业造成一些环境威胁和市场机会；文化环境包括社会价值观念、科学和技术、政治和法律力量、经济力量等，企业高层管理者进行营销决策时必须研究这些文化因素，因为文化会通过影响人的欲望与行为，从而对企业的营销活动产生影响。

二、市场营销环境的特点

市场营销环境是企业生存和发展的条件。市场营销环境的发展变化，既可以给企业带来市场机会，同时也可能对企业造成严重的威胁。由于生产力水平的不断提高和科学技术的进步，当代企业外部环境的变化远远超过企业内部因素变化的速度，企业的生存和发展越来越取决于其适应外部环境变化的能力。如何适应、创造与之相适应的外部环境，对企业开展营销活动至关重要。因此，企业要想在复杂多变的环境下熟练地驾驭市场，就必须认真研究市场营销环境。而市场营销环境是一个多因素、多层次且不断变化的综合体，对市场营销环境的研究是一项复杂的工作，要搞好对市场营销环境的研究，首先要了解它的特点。概括起来讲，企业市场营销环境的特点主要表现在以下几个方面。

（一）客观性

企业总是在特定的社会经济和其他外界环境条件下生存、发展的。不管你承认不承认，企业只要从事市场营销活动，就不可能不面对这样或那样的环境条件，也不可能不受到各种各样环境因素的影响和制约，包括微观的、宏观的。一般来说，企业无法摆脱和控制营销环境，特别是宏观环境，难以按自身的要求和意愿随意改变它。如企业不能改变人口因素、政治法律因素、社会文化因素等。但企业可以主动适应环境的变化和要求，制定并不断调整市场营销策略。如果企业善于适应环境，就能生存和发展，否则，就难免被淘汰。因此，企业决策者必须清醒地认识到这一点，要及早做好充分的思想准备，随时应付企业面临的各种环境的挑战。

（二）唯一性

虽然企业所面临的营销环境具有客观性，但是对每个企业而言，它面对着自己唯一的营销环境。即使是两个同处于某一行业的竞争企业，由于它们本身的特点和管理者的眼界不同，对环境的认识和理解也是不同的。例如，中国加入世界贸易组织，意味着大多数中国企业进入国际市场，进行“国际性较量”。面对这一环境的变化，经济实力强、敢于竞争、勇于挑战的企业认为市场规模扩大，营销机会增加；相反，经济实力较弱、竞争能力较差的企业却认为企业将面临极大的威胁。因此，企业绝对不会有相同的营销环境。环境的这种唯一性要求企业进行营销环境分析时，必须具体问题具体分析。不仅要抓住企业所处环境的共性，也要抓住其个性。同时，要求企业的营销战略选择不能套用现成的战略模式，一定要突出自己的特点，形成自己独特的战略风格。

（三）可变性

市场营销环境是一个动态概念，任何企业都不会处于一个永恒不变的环境之中。例如，20世纪六七十年代，中国处于短缺经济状态，短缺几乎成为社会经济的常态。改革开放30年后，中国已遭遇“过剩”经济，不论这种“过剩”的性质如何，仅就卖方市场向买方市场转变而言，市场营销环境已产生了重大变化。再如，现在我国消费者的消费倾向已从追求物质的数量化为主流向追求物质的质量及个性化转变，也就是说，消费者的消费心理正趋于成熟。这无疑会对企业的营销行为产生最直接的影响。当然，市场营销环境的变化是有快慢、大小之分的，有的变化快一些，有的变化慢一些；有的变化大一些，有的变化小一些；有些变化是可以预测的，而有些变化是不可预测的、突发性的。例如，科技、经济等因素的变化相对快而大，因而对企业营销活动的影响相对短且跳跃性大；而人口、社会文化、自然因素等相对变化较慢、较小，对企业

营销活动的影响相对长而稳定。因此，没有一个企业在营销管理的整个过程中，始终都面临着同样的营销环境。营销环境的变化，既会给企业提供机会，又会给企业带来威胁。虽然企业难以准确无误地预见未来环境的变化，但可以通过设立预警系统，追踪不断变化的环境，及时调整营销策略。

（四）相关性

市场营销环境作为一个系统，系统内的各个因素是相互制约、相互作用和相互依存的。例如，随着人们生活水平的不断提高，方便实用的家用电器日益受到人们的青睐，但在节约能源的呼声下，在电力供应有限的情况下，企业不得不做进一步权衡，在可利用资源的前提下去开发新产品。又如，竞争者是企业重要的微观环境因素之一，而宏观环境中的政治法律因素或经济政策的变动，均能影响一个行业竞争者加入的多少，从而形成不同的竞争格局。再如，市场需求不仅受消费者收入水平、爱好以及社会文化等方面因素的影响，政治法律因素的变化往往也会产生决定性的影响。

（五）不可控制性与企业的能动性

影响市场营销环境的因素是多方面的，也是复杂的，并表现出一定的不可控性。不可控性是指外部环境的变化对于企业来说是不可控的。例如，企业不可能控制和改变国家的大政方针、政策法令以及社会风俗习惯等，更不可能控制人口的增长。市场营销环境的不可控性要求企业必须不断适应变化着的市场营销环境。当然，企业对其营销环境的适应，并不意味着企业对于环境是无能为力或束手无策的，只能消极地、被动地改变自己以适应环境，而是可以充分发挥其应有的主观能动性，从积极主动的角度出发，能动地去适应营销环境，主动调整市场营销战略和策略，并可在一定条件下转变市场营销环境中的某些可能被动的因素，从而冲破营销环境的某些制约，变威胁为机会。

三、市场营销环境对企业营销的影响

（一）市场营销环境对企业营销带来双重影响作用

1. 环境给企业营销带来的威胁

营销环境中会出现许多不利于企业营销活动的因素，由此形成挑战。如果企业不采取相应的规避风险的措施，这些因素会导致企业营销的困难，带来威胁。为保证企业营销活动的正常运行，企业应注重对环境进行分析，及时预见环境威胁，将危机减少到最低程度。

2. 环境给企业营销带来的机会

营销环境也会滋生出对企业具有吸引力的领域，带来营销的机会。对企业来讲，环境机会是开拓经营新局面的重要基础。为此，企业应加强对环境的分析，当环境机会出现的时候善于捕捉和把握，以求得企业的发展。

（二）市场营销环境是企业营销活动的资源基础

市场营销环境是企业营销活动的资源基础。企业营销活动所需的各种资源，如资金、信息、人才等都是由环境来提供的。想要了解企业生产经营的产品或服务需要哪些资源、多少资源、从哪里获取资源，必须分析研究营销环境因素，以获取最优的营销资源以满足企业经营的需要，实现营销目标。

（三）市场营销环境是企业制定营销策略的依据

企业营销活动受制于客观环境因素，必须与所处的营销环境相适应。企业应该发挥主观能动性，制定有效的营销策略去影响环境，在市场竞争中处于主动，占领更大的市场。

营销管理小贴士

市场营销环境为企业提供所需要的各种资源以及运行的条件，也是企业生存和发展的空间。营销环境的变化既可能给企业带来新的营销机会，也可能给企业造成新的威胁。企业既不能脱离环境而生存，一般也不能控制环境的变化。

第十一课 宏观营销环境理论

一、宏观营销环境的含义

宏观营销环境指对企业营销活动造成市场机会和环境威胁的主要社会力量。分析宏观营销环境的目的在于更好地认识环境，通过企业营销努力适应社会环境及变化，达到企业营销目标。

二、宏观营销环境的因素

（一）人口环境

人口环境是市场的第一要素。人口数量直接决定市场规模和潜在容量，人口的性别、年龄、民族、婚姻状况、职业、居住分布等也对市场格局产生着深刻影响，从而影响着企业的营销活动。企业应重视对人口环境的研究，密切关注人口特性及其发展动向，及时调整营销策略以适应人口环境的变化。

（二）经济环境

经济环境是影响企业营销活动的主要环境因素，它包括收入因素、消费支出、产业结构、经济增长率、货币供应量、银行利率、政府支出等因素，其中收入因素、消费结构对企业营销活动影响较大。

（三）政治法律环境

政治法律环境是影响企业营销的重要宏观环境因素，包括政治环境和法律环境。政治环境引导着企业营销活动的方向，法律环境则为企业规定经营活动的行为准则。政治与法律相互联系，共同对企业的市场营销活动产生影响和发挥作用。

（四）社会文化环境

社会文化环境是指在一种社会形态下已经形成的价值观念、宗教信仰、风俗习惯、道德规范等的总和。任何企业都处于一定的社会文化环境中，企业营销活动必然受到所在社会文化环境的影响和制约。为此，企业应了解和分析社会文化环境，针对不同的文化环境制定不同的营销策略，组织不同的营销活动。

（五）自然环境

自然环境是指自然界提供给人类各种形式的物质资料，如阳光、空气、水、森林、土地等。随着人类社会的进步和科学技术的发展，世界各国都加速了工业化进程，一方面创造了丰富的物质财富，满足了人们日益增长的需求；另一方面，又面临着资源短缺、环境污染等问题。从20世纪60年代起，世界各国开始关注经济发展对自然环境的影响，成立了许多环境保护组织，促使国家政府加强环境保护的立法。这些问题都对企业营销发起了挑战。对营销管理者来说，应该关注自然环境变化的趋势，并从中分析企业营销的机会和威胁，制定相应的对策。

（六）科技环境

科学技术环境是社会生产力中最活跃的因素，它影响着人类社会的历史进程和社会生活的方方面面，对企业营销活动的影响更是显而易见。现代科学技术突飞猛进，科技发展对企业营销活动影响作用愈加显著。

营销管理小贴士

公司与供应商、市场营销机构、消费者、竞争者及社会公众都处在一个存在着各种因素的宏观环境中。这些因素可能带来机会或危机，是公司必须监测和适应的“不可控制的力量”。在快速变化的全球经济发展背景下，公司必须监测识别宏观环境六要素，并做出积极反应。

第十二课　宏观营销环境中的人口与经济环境

一、人口环境分析

（一）人口数量分析

人口数量是决定市场规模的一个基本要素。如果收入水平不变，人口越多，对食物、衣着、日用品的需要量也越多，市场也就越大。企业营销首先要关注所在国家或地区的人口数量及其变化，因为人口数量及其变化对人们生活必需品的需求内容和数量影响很大。

（二）人口结构分析

1. 年龄结构

不同年龄的消费者对商品和服务的需求是不一样的。不同年龄结构就形成了具有年龄特色的市场。企业了解不同年龄结构所具有的需求特点，就可以决定企业产品的投向，寻找目标市场。

2. 性别结构

性别差异会给人们的消费需求带来显著的差别，反映到市场上就会出现男性用品市场和女性用品市场。企业可以针对不同性别的不同需求，生产适销对路的产品，制定有效的营销策略，开发更大的市场。

3. 教育与职业结构

人口的教育程度与职业不同，对市场需求表现出不同的倾向。随着高等教育规模的扩大，人口的受教育程度普遍提高，收入水平也逐步增加。企业应关注人们对报刊、书籍、电脑这类商品的需求的变化。

4. 家庭结构

家庭是商品购买和消费的基本单位。一个国家或地区的家庭单位的多少以及家庭平均人员的多少，可以直接影响到某些消费品的需求数量。同时，不同类型的家庭往往有不同的消费需求。

5. 社会结构

我国绝大部分人口为农业人口，占总人口的80%左右。这样的社会结构要求企业营销应充分考虑到农村这个大市场。

6. 民族结构

我国是一个多民族的国家。民族不同，其文化传统、生活习性也不相同，具体表现为在饮食、居住、服饰、礼仪等方面的消费需求都有自己的风俗习惯。企业营销要重视民族市场的特点，开发适合民族特性、受其欢迎的商品。

（三）人口分布分析

人口有地理分布上的区别，人口在不同地区密集程度是不同的。各地人口的密度不同，则市场大小不同，消费需求特性不同。

当前，我国有一个突出的现象就是农村人口向城市或工矿地区流动，内地人口向沿海经济开放地区流动。企业营销应关注这些地区消费需求不仅在量上增加，在消费结构上也一定发生的变化，应该提供更多的适销对路产品满足这些流动人口的需求，这是潜力很大的市场。

二、经济环境分析

（一）消费者收入分析

收入因素是构成市场的重要因素，甚至是更为重要的因素。因为市场规模的大小，归根结底取决于消费者的购买力大小，而消费者的购买力取决于他们收入的多少。企业必须从市场营销的角度来研究消费者收入，通常从以下四个方面进行分析。

1. 国民生产总值

它是衡量一个国家经济实力与购买力的重要指标。国民生产总值增长越快，对商品的需求和购买力就越大，反之，就越小。

2. 人均国民收入

这是用国民收入总量除以总人口的比值。这个指标大体反映了一个国家人民生活水平的高低，也在一定程度上决定商品需求的构成。一般来说，人均收入增长，对商品的需求和购买力就大，反之就小。

3. 个人可支配收入

指在个人收入中扣除消费者个人缴纳的各种税款和交给政府的非商业性开支后剩余的部分，可用于消费或储蓄的那部分个人收入，它构成实际购买力。个人可支配收入是影响消费者购买生活必需品的决

定性因素。

4. 个人可任意支配收入

指在个人可支配收入中减去消费者用于购买生活必需品的费用支出（如房租、水电、食物、衣物等项开支）后剩余的部分。这部分收入是消费需求变化中最活跃的因素，也是企业开展营销活动时所要考虑的主要对象。这部分收入一般用于购买高档耐用消费品、娱乐、教育、旅游等。

5. 家庭收入

家庭收入的高低会影响很多产品的市场需求。一般来讲，家庭收入高，对消费品需求大，购买力也大；反之，需求小，购买力也小。另外，要注意分析消费者实际收入的变化。注意区分货币收入和实际收入。

（二）消费者支出分析

随着消费者收入的变化，消费者支出会发生相应变化，继而一个国家或地区的消费结构也会发生变化。

1. 消费结构

德国统计学家恩斯特·恩格尔于 1857 年发现了消费者收入变化与支出模式，即消费结构变化之间的规律性。

2. 恩格尔系数

恩格尔所揭示的这种消费结构的变化通常用恩格尔系数来表示，即：

恩格尔系数 = 食品支出金额 / 家庭消费支出总金额

恩格尔系数越小，食品支出所占比重越小，表明生活富裕，生活质量高；恩格尔系数越大，食品支出所占比重越高，表明生活贫困，生活质量低。

恩格尔系数是衡量一个国家、地区、城市、家庭生活水平高低的重要参数。企业从恩格尔系数可以了解目前市场的消费水平，也可以推知今后消费变化的趋势及对企业营销活动的影响。

（三）消费者储蓄分析

消费者的储蓄行为直接制约着市场消费量的大小。当收入一定时，如果储蓄增多，现实购买量就减少；反之，如果用于储蓄的收入减少，现实购买量就增加。

居民储蓄倾向受到利率、物价等因素变化的影响。人们储蓄的目的也是不同的，有的是为了养老，有的是为未来的购买而积累，当然储蓄的最终目的主要也是为了消费。企业应关注居民储蓄的增减变化，了解居民储蓄的不同动机，制定相应的营销策略，获取更多的商机。

（四）消费者信贷分析

消费者信贷，也称信用消费，指消费者凭信用先取得商品的使用权，然后按期归还贷款，完成商品购买的一种方式。

信用消费允许人们购买超过自己现实购买力的商品，创造了更多的消费需求。随着我国商品经济的日益发达，人们的消费观念大为改变，信贷消费方式在我国逐步流行起来，值得企业去研究。

营销管理小贴士

人口因素是构成市场的第一要素，对于营销经理来说是非常重要的一个因素，因为任何一个市场都是以人为基础构成的。经济环境指企业营销活动所面临的外部经济条件。一个市场不仅取决于市场中的人口，还取决于处于一定经济环境中的人口的购买力。

第十三课　宏观营销政治环境分析

一、政治法律环境分析

（一）政治环境分析

政治环境是指企业市场营销活动的外部政治形势。一个国家的政局稳定与否，会给企业营销活动带来重大的影响。如果政局稳定，人民安居乐业，就会给企业营销建造良好的环境。相反，政局不稳，社会矛盾尖锐，秩序混乱，就会影响经济发展和市场的稳定。企业在市场营销中，特别是在对外贸易活动中，一定要考虑东道国政局变动和社会稳定情况可能造成的影响。

政治环境对企业营销活动的影响主要表现为国家政府所制定的方针政策，如人口政策、能源政策、物价政策、财政政策、货币政策等，这些都会对企业营销活动带来影响。例如，国家通过降低利率来刺激消费的增长；通过征收个人收入所得税调节消费者收入的差异，从而影响人们的购买力；通过增加产品税，如对香烟、酒等商品增税来抑制人们的消费需求。

在国际贸易中，不同的国家也会制定一些相应的政策来干预外国企业在本国的营销活动。主要措施有：

（1）进口限制。

（2）税收政策。

（3）价格管制。

（4）外汇管制。

（5）国有化政策。

（二）法律环境分析

法律环境是指国家或地方政府所颁布的各项法规、法令和条例等，它是企业营销活动的准则，企业只有依法进行各种营销活动，才能受到国家法律的有效保护。近年来，为适应经济体制改革和对外开放的需要，我国陆续制定和颁布了一系列法律法规，例如《中华人民共和国产品质量法》、《企业法》、《经济合同法》、《涉外经济合同法》、《商标法》、《专利法》、《广告法》、《食品卫生法》、《环境保护法》、《反不正当竞争法》、《消费者权益保护法》、《进出口商品检验条例》等。企业的营销管理者只有熟知有关的法律条文，才能保证企业经营的合法性，才能运用法律武器来保护企业与消费者的合法权益。

对从事国际营销活动的企业来说，不仅要遵守本国的法律制度，还要了解和遵守国外的法律制度和有关的国际法规、惯例和准则。例如前一段时间欧洲国家规定禁止销售不带安全保护装置的打火机，无疑限制了中国低价打火机的出口市场。日本政府也曾规定，任何外国公司进入日本市场，必须要找一个日本公司同它合伙，以此来限制外国资本的进入。企业的营销管理者只有了解和掌握了这些国家的有关贸易政策，才能制定有效的营销对策，在国际营销中争取主动。

二、社会文化环境分析

（一）教育状况分析

受教育程度的高低，影响到消费者对商品功能、款式、包装和服务要求的差异性。通常文化教育水平高的国家或地区的消费者要求商品包装典雅华贵，对附加功能也有一定的要求。因此企业营销开展的市场开发、产品定价和促销等活动都要考虑到消费者所受教育程度的高低，采取不同的策略。

（二）宗教信仰分析

宗教是构成社会文化的重要因素，宗教对人们消费需求和购买行为的影响很大。不同的宗教有自己独特的对节日礼仪、商品使用的要求和禁忌。某些宗教组织甚至在教徒购买决策中有决定性的影响。为此，企业可以把影响大的宗教组织作为自己的重要公共关系对象，在营销活动中也要注意到不同的宗教信仰，以避免由于矛盾和冲突给企业营销活动带来的损失。

（三）价值观念分析

价值观念是指人们对社会生活中各种事物的态度和看法。不同文化背景下，人们的价值观念往往有着很大的差异，消费者对商品的色彩、标识、式样以及促销方式都有自己褒贬不同的意见和态度。企业营销必须根据消费者不同的价值观念设计产品，提供服务。

（四）消费习俗分析

消费习俗是指人们在长期经济与社会活动中所形成的一种消费方式与习惯。不同的消费习俗，具有不同的商品要求。研究消费习俗，不但有利于组织好消费用品的生产与销售，而且有利于正确、主动地引导健康的消费。了解目标市场消费者的禁忌、习惯、避讳等是企业进行市场营销的重要前提。

营销管理小贴士

政府机构和影响或制约社会上各种组织与个人的法律共同构成了政治法律环境。营销经理的市场营销决策要受到政治法律环境的影响。社会文化环境会影响人们的生活和行为，进一步会影响到消费者的购买习惯。

第十四课　自然与科技环境的分析

一、自然环境分析

（一）自然资源日益短缺分析

自然资源可分为两类，一类为可再生资源，如森林、农作物等，这类资源是有限的，可以被再次生产出来，但必须防止过度采伐森林和侵占耕地。另一类资源是不可再生资源，如石油、煤炭、银、锡、铀等，这种资源蕴藏量有限，随着人类的大量开采，有的矿产已处于枯竭的边缘。自然资源短缺，一方面使许多企业面临原材料价格大涨、生产成本大幅度上升的威胁。另一方面又迫使企业研究更合理地利用资源的方法，开发新的资源和代用品，这些又为企业提供了新的资源和营销机会。

（二）环境污染日趋严重分析

工业化、城镇化的发展对自然环境造成了很大的影响，尤其是环境污染问题日趋严重，许多地区的污染已经严重影响到人们的身体健康和自然生态平衡。环境污染问题已引起各国政府和公众的密切关注，这对企业的发展是一种压力和约束，要求企业为治理环境污染付出一定的代价，但同时也为企业提供了新的营销机会，促使企业研究控制污染技术，兴建绿色工程，生产绿色产品，开发环保包装。

（三）政府干预不断加强分析

自然资源短缺和环境污染加重的问题，使各国政府加强了对环境保护的干预，颁布了一系列有关环保的政策法规，这将制约一些企业的营销活动。有些企业由于治理污染需要投资，影响扩大再生产，但企业必须以大局为重，要对社会负责，对子孙后代负责，加强环保意识，在营销过程中自觉遵守环保法令，担负起环境保护的社会责任。同时，企业也要制定有效的营销策略，既要消化环境保护所支付的必要成本，还要在营销活动中挖掘潜力，保证营销目标的实现。

二、科技环境分析

（一）科技发展促进社会经济结构的调整

每一种新技术的发现、推广都会给一些企业带来新的市场机会，导致新行业的出现。同时，也会给一些行业、企业造成威胁，使这些行业、企业受到冲击甚至被淘汰。例如，电脑的运用代替了传统的打字机，复印机的发明排挤了复写纸，数码相机的出现夺走了胶卷的大部分市场等。

（二）科技发展促使消费者购买行为的改变

随着多媒体和网络技术的发展，出现了“电视购物”、“网上购物”等新型购买方式。人们还可以在家中通过网络系统订购车票、飞机票、戏票和球票。工商企业也可以利用这种系统进行广告宣传、营销调研和推销商品。随着新技术革命的进展，“在家便捷购买、享受服务”的方式还会继续发展。

（三）科技发展影响企业营销组合策略的创新

科技发展使新产品不断涌现，产品寿命周期明显缩短，要求企业必须关注新产品的开发，加速产品的更新换代。科技发展降低了产品成本，使产品价格下降，要求企业及时做好价格调整工作。科技发展促进流通方式的现代化，要求企业采用顾客自我服务和各种直销方式。科技发展使广告媒体多样化，信息传播快速化，使市场范围具有广阔性，使促销方式更灵活。为此，要求企业不断分析科技新发展，创新营销组合策略，适应市场营销的新变化。

（四）科技发展促进企业营销管理的现代化

科技发展为企业营销管理现代化提供了必要的设备，如电脑、传真机、电子扫描装置、光纤通信等。这些设备的广泛运用，对改善企业营销管理、实现现代化起了重要的作用。同时，科技发展对企业营销管理人员也提出了更高的要求，促使其更新观念，掌握现代化管理理论和方法，不断提高营销管理水平。

营销管理小贴士

21世纪的自然环境污染问题日益严重，营销经理们需要认识到自然环境污染危机，加强环保意识，并将人类可持续发展转化为商业机会。技术对营销领域的促进是巨大的，快节奏的技术变化也为营销人员开创了新机遇。

第十五课　微观营销环境

一、微观营销环境的含义

微观营销环境是直接制约和影响企业营销活动的力量和因素。企业必须对微观营销环境进行分析。分析微观营销环境的目的在于更好地协调企业与这些相关群体的关系，促进企业营销目标的实现。

二、微观营销环境的因素

（一）供应商

供应商是指对企业进行生产所需而提供特定的原材料、辅助材料、设备、能源、劳务、资金等资源的供货单位。这些资源的变化直接影响到企业产品的产量、质量以及利润，从而影响企业营销计划和营销目标的完成。

（二）企业内部门

企业开展营销活动要充分考虑到企业内部的环境力量和因素。企业是组织生产和经营的经济单位，是一个系统组织。企业内部一般设立计划、技术、采购、生产、营销、质检、财务、后勤等部门。企业内部各职能部门的工作及其相互之间的协调关系，直接影响企业的整个营销活动。

（三）营销中介

营销中介是指为企业营销活动提供各种服务的企业或部门的总称。营销中介对企业营销产生直接的、重大的影响，只有通过有关营销中介所提供的服务，企业才能把产品顺利地送达目标消费者手中。营销中介的主要功能是帮助企业推广和分销产品。

（四）顾客

顾客是指使用进入消费领域的最终产品或劳务的消费者，也是企业营销活动的最终目标市场。顾客对企业营销的影响程度远远超过前述的环境因素。顾客是市场的主体，任何企业的产品和服务，只有得到了顾客的认可，才能赢得这个市场。现代营销强调把满足顾客需要作为企业营销管理的核心。

（五）社会公众

社会公众是企业营销活动中与企业营销活动发生关系的各种群体的总称。公众对企业的态度，会对其营销活动产生巨大的影响，它既可以有助于企业树立良好的形象，也可能妨碍企业的形象。所以企业必须处理好与主要公众的关系，争取公众的支持和偏爱，为自己营造和谐、宽松的社会环境。

（六）竞争者

竞争是商品经济的必然现象。在商品经济条件下，任何企业在目标市场进行营销活动时，不可避免地会遇到竞争对手的挑战。即使在某个市场上只有一个企业在提供产品或服务，没有“显在”的对手，也很难断定在这个市场上没有“潜在”的竞争企业。

营销管理小贴士

影响企业营销活动的微观环境主要包括企业的供应商、市场营销中介机构、顾客、竞争者、社会公众以及影响营销管理决策的企业内部各个部门。在实际分析微观环境要素时，一定要综合地、相互联系地对所有因素加以考察。

第十六课　微观营销环境分析

一、供应商分析

（一）供应的及时性和稳定性

原材料、零部件、能源及机器设备等货源的保证供应，是企业营销活动顺利进行的前提。如棉纺厂不仅需要棉花等原料来进行加工，还需要设备、能源作为生产手段与要素，任何一个环节在供应上出现了问题，都会导致企业的生产活动无法正常开展。为此，企业为了在时间上和连续性上保证得到货源的供应，就必须和供应商保持良好的关系，必须及时了解和掌握供应商的情况，分析其状况和变化。

（二）供应的货物价格变动

供应的货物价格变动会直接影响企业产品的成本。如果供应商提高原材料价格，必然会带来企业的产品成本上升，生产企业如提高产品价格，会影响市场销路，也可以保持价格不变，但会减少企业的利润。为此，企业必须密切关注和分析供应商的货物价格变动趋势，使企业应变自如，

早作准备，积极应对。

（三）供货的质量保证

供应商能否供应质量有保证的生产资料直接影响到企业产品的质量，进一步会影响到销售量、利润及企业信誉。例如劣质葡萄难以生产质优葡萄酒，劣质建筑材料难以保证建筑物的百年大计。为此，企业必须了解供应商的产品，分析其产品的质量标准，从而来保证自己产品的质量，赢得消费者，赢得市场。

二、企业内部门分析

营销部门与企业其他部门之间既有多方面的合作，也经常有与生产、技术、财务等部门产生的矛盾。由于各部门各自的工作重点不同，有些矛盾往往难以协调。如生产部门关注的是长期生产的定型产品，要求品种规格少、批量大、标准订单、较稳定的质量管理。而营销部门注重的是能适应市场变化、满足目标消费者需求的“短、平、快”产品，要求多品种规格、少批量、个性化订单、特殊的质量管理。所以，企业在制订营销计划，开展营销活动时，必须协调和处理好各部门之间的矛盾和关系。这就要求营销经理进行有效沟通，协调、处理好各部门的关系，营造良好的企业环境，更好地实现营销目标。

三、营销中介分析

（一）中间商

指把产品从生产商流向消费者的中间环节或渠道，它主要包括批发商和零售商两大类。中间商对企业营销具有极其重要的影响，它能帮助企业寻找目标顾客，为产品打开销路，为顾客创造地点效用、时间效用和持有效用。一般企业都需要与中间商合作，来完成企业营销目标。为此，企业需要选择适合自己营销的合格中间商，而且必须与中间商建立良好的合作关系，了解和分析其经营活动，并采取一些激励性措施来推动其业务活动的开展。

（二）营销服务机构

指企业营销中提供专业服务的机构，包括广告公司、广告媒介经营公司、市场调研公司、营销咨询公司、财务公司等。这些机构对企业的营销活动会产生直接的影响，它们的主要任务是协助企业确立市场定位、进行市场推广。一些大企业或公司往往有自己的广告和市场调研部门，但大多数企业则以合同方式委托这些专业公司来办理有关事务。为此，企业需要关注、分析这些服务机构，选择最能为本企业提供有效服务的机构。

（三）物资分销机构

指帮助企业进行保管、储存、运输的物流机构，包括仓储公司、运输公司等。物资分销机构的主要任务是协助企业将产品实体运往销售目的地，完成产品空间位置的移动。到达目的地之后，还有一段待售时间，还要协助保管和储存。这些物流机构是否安全、便利、经济，直接影响企业营销效果。因此，在企业营销活动中，必须了解和研究物资分销机构及其业务变化动态。

（四）金融机构

指在企业营销活动中进行资金融通的机构，包括银行、信托公司、保险公司等。金融机构的主要功能是为企业营销活动提供融资及保险服务。在现代化社会中，任何企业都要通过金融机构开展经营及业务往来。金融机构业务活动的变化还会影响企业的营销活动，比如银行贷款利率上升，会使企业成本增加；信贷资金来源受到限制，会使企业经营陷入困境。为此，企业应与这些公司保持良好的关系，以保证融资及信贷业务的稳定和渠道的畅通。

四、顾客分析

（一）消费者市场

指为满足个人或家庭消费需求购买产品或服务的个人和家庭。

（二）生产者市场

指为生产其他产品或服务，以赚取利润而购买产品或服务的组织。

（三）中间商市场

指购买产品或服务以转售，从中营利的组织。

（四）政府市场

指购买产品或服务，以提供公共服务或把这些产品及服务转让给其他需要的人的政府机构。

（五）国际市场

指国外购买产品或服务的个人及组织，包括外国消费者、生产商、中间商及政府。

上述五类市场的顾客需求各不相同，要求企业以不同的方式提供产品或服务，它们的需求、欲望和偏好直接影响企业营销目标的实现。为此，企业要注重对顾客进行研究，分析顾客的需求规模、需求结构、需求心理以及购买特点，这是企业营销活动的起点和前提。

五、社会公众分析

（一）金融公众

主要包括银行、投资公司、证券公司、股东等。金融公众对企业的融资能力有重要的影响。

（二）媒介公众

主要包括报纸、杂志、电台、电视台等传播媒介。媒介公众掌握传媒工具，有着广泛的社会联系，能直接影响社会舆论对企业的认识和评价。

（三）政府公众

主要指与企业营销活动有关的各级政府机构部门。政府公众所制定的方针、政策，对企业营销活动或是限制，或是机遇。

（四）社团公众

主要指与企业营销活动有关的非政府机构，如消费者组织、环境保护组织，以及其他群众团体。企业营销活动涉及社会各方面的利益，来自这些社团公众的意见、建议，往往对企业营销决策有着十分重要的影响作用。

（五）社区公众

主要指企业所在地附近的居民和社区团体。社区是企业的邻里，企业保持与社区的良好关系，为社区的发展做出一定的贡献，会受到社区居民的好评，能帮助企业在社会上树立良好形象。

（六）内部公众

指企业内部的管理人员及一般员工。企业的营销活动离不开内部公众的支持。企业营销经理应该处理好与广大员工的关系，调动他们开展市场营销活动的积极性和创造性。

六、竞争者分析

企业竞争对手的状况将直接影响企业营销活动。如竞争对手的营销策略及营销活动的变化就会直接影响企业营销，最为明显的是竞争对手的产品价格、广告宣传、促销手段的变化，以及产品的开发、销售服务的加强都将直接对企业造成威胁。为此，企业在制定营销策略前必须先弄清竞争对手，特别是同行业竞争对手的生产经营状况，做到知己知彼，有效地开展营销活动。

一般来说，企业在营销活动中需要对竞争对手了解、分析的情况有：

（1）竞争企业的数量有多少。

（2）竞争企业的规模和能力的大小、强弱。

（3）竞争企业对竞争产品的依赖程度。

（4）竞争企业所采取的营销策略及其对其他企业策略的反应程度。

（5）竞争企业能够获取优势的特殊材料来源及供应渠道。

营销管理小贴士

微观环境是指对企业服务其顾客的能力构成直接影响的各种力量，包括企业本身及其市场营销渠道、市场、竞争者和各种公众。微观营销环境是直接制约和影响企业营销活动的力量和因素。企业必须对微观营销环境进行分析。

第十七课　市场营销环境的分析方法

市场营销环境分析常用的方法为SWOT法，它是英文Strength（优势）、Weak（劣势）、Opportunity（机会）、Threaten（威胁）的缩写。

一、外部环境分析（机会与威胁）

环境机会的实质是指市场上存在着“未满足的需求”。它即可能来源于宏观环境，也可能来源于微观环境。随着消费者需求的不断变化和产品寿命周期的缩短，旧产品不断被淘汰，要求开发新产品来满足消费者的需求，从而市场上出现了许多新的机会。

环境机会对不同企业是不同的，同一个环境机会对一些企业可能是有利的机会，而对另一些企业可能就造成威胁。环境机会能否成为企业的机会，要看此环境机会是否与企业目标、资源及任务相一致，企业利用此环境机会能否比其竞争者带来更大的利益。

环境威胁是指对企业营销活动不利或限制企业营销活动发展的因素。这种环境威胁，主要来自两方面：一方面，是环境因素直接威胁着企业的营销活动，如政府颁布某种法律，诸如《环境保护法》，它对造成环境污染的企业来说，就构成了巨大的威胁；另一方面，企业的目标、任务及资源同环境机会相矛盾，如人们对自行车的需求转为对摩托车的需求，使自行车厂的目标与资源同这一环境机会造成矛盾。自行车厂要将“环境机会”变成“企业机会”，需淘汰原来产品，更换全部设备，必须培训、学习新的生产技术，这对自行车厂无疑是一种威胁。摩托车的需求量增加，自行车的销售量必然减少，给自行车厂又增加了一份威胁。

二、内部环境分析（优势与劣势）

识别环境中有吸引力的机会是一回事，拥有在机会中成功所必需的竞争能力是另一回事。每个企业都要定期检查自己的优势与劣势，这可通过“营销备忘录优势／劣势绩效分析检查表”的方式进行。管理当局或企业外的咨询机构都可利用这一格式检查企业的营销、财务、制造和组织能力。每一要素都要按照特强、稍强、中等、稍弱或特弱划分等级。

有时，企业发展慢并非因为其各部门缺乏优势，而是因为它们不能很好地协调配合。例如有一家大电子公司，工程师们轻视销售员，视其为“不懂技术的工程师”；而推销人员则瞧不起服务部门的人员，视其为“不会做生意的推销员”。因此，评估内部各部门的工作关系作为一项内部审计工作是非常重要的。

营销管理小贴士

企业在制定和调整营销战略和计划时，要根据其掌握的市场信息，进行营销机会和环境威胁分析。企业应当注意识别宏观营销环境的变化及其趋势。趋势能够揭示未来，并且产生较长时间的影响。顺势而为方能大有作为。

第十八课　市场机会分析

市场机会是指某种特定的营销环境条件，在该营销环境条件下企业可以通过一定的营销活动创造利益。市场机会可以为企业赢得利益的大小表明了市场机会的价值，市场机会的价值越大，对企业利益需求的满

足程度也越高。市场机会的产生来自于营销环境的变化，如新市场的开发、竞争对手的失误以及新产品新工艺的采用等，都可能产生新的待满足需求，从而为企业提供市场机会。

认识市场机会的特点，分析市场机会的价值，有效地识别市场机会，对于避免环境威胁及确定企业营销战略具有重要的意义。

一、市场机会的特点

市场机会作为特定的市场条件，是以其针对性、利益性、时效性、公开性四个特征为标志的。

（一）针对性

特定的营销环境条件只对于那些具有相应内部条件的企业来说是市场机会。因此，市场机会是具体企业的机会，市场机会的分析与识别必须与企业的具体条件结合起来进行。确定某种环境条件是不是企业的市场机会，需要考虑企业所在行业及本企业在行业中的地位与经营特色，包括企业的产品类别、价格水平、销售形式、工艺标准、对外声誉等。例如，折扣销售方式的出现，对生产价低量大产品的企业来说是一个可以加以研究利用的市场机会；对在顾客心目中一直是生产高质、高价产品的企业来说，就不能算作是一个市场机会。

（二）利益性

可以为企业带来经济的或社会的效益，是市场机会的又一特性。市场机会的利益特性意味着企业在确定市场机会时，必须分析该机会是否能为企业真正带来利益、能带来什么样的利益以及利益的多少。

（三）时效性

对现代企业来讲，由于其营销环境的发展变化越来越快，它的市场

机会从产生到消失的过程通常也是很短暂的，即企业的市场机会往往稍纵即逝。同时，环境条件与企业自身条件最为适合的状况也不会维持很长时间，在市场机会从产生到消失这一短短的时间里，市场机会的价值也快速经历了一个价值逐渐增加、再逐渐减少的过程。市场机会的这种价值与时而变的特点，便是市场机会的时效性。

（四）公开性

市场机会是某种客观的、现实存在的或即将发生的营销环境状况，是每个企业都可以去发现和共享的。与企业的特有技术、产品专利不同，市场机会是公开化的，是可以为整个营销环境中所有企业所共用的。市场机会的公开化特性要求企业尽早去发现那些潜在的市场机会。

市场机会的上述四个特性表明，在市场机会的分析和把握过程中，必须结合企业自身的内部、外部环境的具体条件，发挥竞争优势，适时、迅速地做出反应，以争取使市场机会为企业带来的利益达到最大。

二、市场机会的价值分析

不同的市场机会可以为企业带来的利益大小也不一样，即不同市场机会的价值具有差异性。为了在千变万化的营销环境中找出价值最大的市场机会，企业需要对市场机会的价值进行更为详细具体的分析。

（一）市场机会的价值因素

市场机会的价值大小由市场机会的吸引力和可行性两方面因素决定。

1. 市场机会的吸引力

市场机会对企业的吸引力是指企业利用该市场机会可能创造的最大利益。它表明了企业在理想条件下充分利用该市场机会的最大极限。反映市场机会吸引力的指标主要有市场需求规模、利润率、发展潜力。

（1）市场需求规模。市场需求规模表明市场机会当前所提供的待满足的市场需求总量的大小，通常用产品销售数量或销售金额来表示。事实上，由于市场机会的公开性，市场机会提供的需求总量往往由多个企业共享，特定企业只能拥有该市场需求规模的一部分，因此，这一指标可以由企业在该市场需求规模中当前可能达到的最大市场份额代替。尽管如此，若提供的市场需求规模大，则该市场机会使每个企业获得更大需求份额的可能性也大一些。因此，一般说来，该市场机会对这些企业的吸引力也在不同程度上更大一些。

（2）利润率。利润率是指市场机会提供的市场需求中单位需求量当前可以为企业带来的最大利益（这里主要是指经济利益）。不同经营现状的企业其利润率是不一样的。利润率反映了市场机会所提供的市场需求在利益方面的特性。它和市场需求规模一起决定了企业当前利用该市场机会可创造的最高利益。

（3）发展潜力。发展潜力反映市场机会为企业提供的市场需求规模、利润率的发展趋势及其速度情况。发展潜力同样也是确定市场机会吸引力大小的重要依据。即使企业当前面临的某一市场机会所提供的市场需求规模很小或利润率很低，但由于整个市场规模或该企业的市场份额抑或利润率有迅速增大的趋势，则该市场机会对企业来说仍可能具有相当大的吸引力。

2. 市场机会的可行性

市场机会的可行性是指企业把握住市场机会并将其转化为具体利益的可能性。从特定企业角度来讲，只有吸引力的市场机会并不一定能成为本企业实际上的发展良机，具有大吸引力的市场机会必须同时具有超强可行性才会是企业高价值的市场机会。例如，某公司在准备进入数据终端处理市场时，意识到尽管该市场潜力很大（吸引力大），但公司缺乏必要的技术能力（可行性差，市场机会对该公司的价值不大），所以开始并未进入该市场。后来，公司通过收购另一家公司，具备了应有的技术（此时可行性已增强，市场机会价值已增大），这时公司才正式进入该市场。

（二）市场机会的评估方法

明确了营销机会的吸引力与可行性，就可以综合这两个方面，对市场机会进行评估。按吸引力大小和可行性强弱组合，可构成营销机会的价值评估矩阵，见下图：

吸引力	大	Ⅰ	Ⅱ
	小	Ⅲ	Ⅳ
		弱	强
		可行性	

营销机会的价值评估矩阵

区域Ⅰ为吸引力大可行性弱的市场机会。一般来说，该种市场机会的价值不会很大。除了少数好冒风险的企业，一般企业不会将主要精力放在此类市场机会上。但是，企业应时刻注意决定其可行性大小的内、外环境条件的变动情况，并做好当其可行性变大，迅速进入区域Ⅱ的准备。

区域Ⅱ为吸引力、可行性俱佳的市场机会，该类市场机会的价值最大。通常，此类市场机会既稀缺又不稳定。企业营销人员的一个重要任务就是要及时、准确地发现有哪些市场机会进入或退出了该区域。该区域的市场机会是企业营销活动最理想的经营内容。

区域Ⅲ为吸引力、可行性皆差的市场机会。通常企业不会去注意该类价值最低的市场机会。该类市场机会不大可能直接跃居到区域Ⅰ中，它们通常需经由区域Ⅰ、Ⅳ才能向区域Ⅰ转变。当然，有可能在极特殊的情况下，该区域的市场机会的可行性、吸引力突然同时大幅度增加。企业对这种现象的发生也应有一定的准备。

区域Ⅳ为吸引力小可行性大的市场机会。该类市场机会的风险低，获利能力也小，通常稳定型企业、实力薄弱的企业以该类市场机会作为其常规营销活动的主要目标。对该区域的市场机会，企业应注意其市场需求规模、发展速度、利润率等方面的变化情况，以便在该类市场机会进入区域Ⅱ时可以立即有效地予以把握。

需要注意的是，该矩阵是针对特定企业的。同一市场机会在不同企业的矩阵中出现的位置是不一样的。这是因为对不同经营环境条件的企业，市场机会的利润率、发展潜力等影响吸引力大小的因素状况以及可行性均会有所不同。

在上述矩阵中，市场机会的吸引力与可行性大小的具体确定方法一般采用加权平均估算法。该方法将决定市场机会的吸引力（或可行性）的各项因素设定权值，再对当前企业这些因素的具体情况确定一个分数值，最后加权平均之和即从数量上反映了该市场机会对企业的吸引力（或可行性）的大小。

营销管理小贴士

市场机会来源于“未满足的需求”，产生于营销环境的变化。如果能够把握适当的市场机会，企业就可以通过一定的营销活动创造利益。但市场机会并不等于企业营销机会，并不是企业发现了市场机会就一定能很好地利用市场机会。

第三单元

市场竞争分析与战略

市场竞争是商品经济运动的客观规律。只要存在商品生产，就必然存在市场竞争。企业高层和营销经理有必要认真研究竞争者的优势与劣势、竞争者的战略和策略，明确自己的竞争地位，制定竞争战略和策略，在激烈的市场竞争中求得生存与发展。

第十九课　市场竞争概述

一、市场竞争的产生

市场竞争是商品与生产者之间，为了争夺更好的销售和购买条件，从而获取更多的经济利益而展开的斗争。市场竞争就是在商品经济条件下，商品的生产者、经营者、消费者为取得自身的产、购、销条件，及生存、发展和利益进行的经济斗争活动。我国处于社会主义初期阶段，呈现出多层次的全民、集体、个体、合资、联营等相互竞争、相互补充的市场格局。市场竞争这种机制，是和商品生产紧紧地联系在一起的。只要商品生产还在继续，市场竞争就不会停止，就必然会每时每刻起作用。

关于这一点，我们可以从两个方面去观察。

从商品生产的特性来看，商品是一种为了交换而进行的产品生产，在交换过程中，每个商品生产者都希望自己生产出来的产品耗能低，耗物少，性能强，质量高，都希望自己的产品可以迅速卖出去，让产品更快地从生产者手中向消费者转移，以便加速资金周转，达到扩大再生产的目的。因此，在商品生产的过程中，商品生产者为了在生产和交换中夺得生产和销售的有利地位，必然产生竞争。所以，在生产过程中，市场竞争就成了无时不在、无处不有的客观经济规律。

从商品生产中的价值规律来看，价值规律必然在商品生产的存在中发生作用。

二、市场竞争的特点

（1）行业竞争由独立经营到多种经营。

（2）包括商品质量、品种、价格、款式及批量等的竞争。

（3）流通竞争由单渠道到多环节、由多环节到少环节、由少环节到产销直接见面。

（4）信息竞争由单纯靠资料、广告获取信息发展到全面建立商情信息组织、形成网络。

（5）人才竞争全方位聘请“能人”。

（6）经营竞争完善内部机制的多样化管理。

（7）信誉竞争广泛征求意见，赢得用户信任。

（8）广告竞争广告力求简明、艺术、新奇，寓广告于娱乐之中。

（9）招待竞争提高服务质量，改善服务环境。

三、市场竞争的形式

（一）价格竞争

价格竞争是指企业运用价格手段，通过价格的提高、维持或降低，以及对竞争者定价或变价的灵活反应等，来与竞争者争夺市场份额的一种竞争方式。长期以来，价格竞争一直深受商品生产者、经营者的重视，甚至一谈到竞争，就会想到削价。在一定条件下，价格竞争是必要的。但是，把价格看成决定交易成败的唯一因素，难免会造成价格竞争的泛滥。

价格竞争是竞争对手易于仿效的一种方式，很容易招致竞争对手以牙还牙的报复，以致两败俱伤，最终不能提高经济效益。以削价为手段，虽然可以吸引顾客于一时，但一旦恢复正常价格，销售额也将随之大大减少。定价太低，往往迫使产品或服务质量下降，以致失去买主，损害

企业形象。价格竞争往往使资金力量雄厚的大企业能继续生存，而资金短缺、竞争能力脆弱的小企业将蒙受更多不利。因此，在现代市场经济条件下，非价格竞争已逐渐成为市场营销的主流。

（二）非价格竞争

企业间竞争大致可分为两类：价格竞争和非价格竞争。价格竞争是通过降价来使顾客花更少的钱却得到同样满足的一种竞争。非价格竞争，就是为顾客提供更好、更有特色，或者更能适合各自需求的产品和服务的一种竞争。

1. 非价格竞争相对于价格竞争，具有相对广泛的市场针对性和适应性

随着社会经济的发展和人们生活水平的提高，消费者的消费水平开始由温饱型向小康型转变，消费结构和消费心理也发生着变化。需求的个性化、差异化、多样化、层次化、动态化已逐步成为当今市场消费的基本特征。单一的价格竞争当然是无法适应和满足这一市场需求的。而非价格竞争则可以通过了解消费者需求的变化，不断按照消费者潜在的和现实的需求改进产品，改进营销策略，以丰富多彩的竞争手段和形式，满足消费者的消费需求，应付竞争者的挑战。

2. 非价格竞争相对于价格竞争，具有相对无限的竞争空间

价格竞争仅通过价格的升降来刺激消费，达到竞争的目的，而非价格竞争则可以通过产品升级、技术革新、质量改良、品牌建树、超值服务等多种手段来吸引消费，达到扩大产销量的目的。

3. 非价格竞争相对于价格竞争，更具有市场开拓创新能力

价格竞争对市场的开拓主要表现为对消费者求廉心理的满足，通过低价刺激消费者对产品的购买需求，最终实现产销量的增加。非价格竞争以其竞争手段的多样性，针对多样化的需求和消费质量的提高来开展市场竞争。因此，非价格竞争的市场开拓能力是强劲的，具有创造性。

4. 非价格竞争相对于价格竞争，更突出了竞争的公平性和兼容性

价格永远是产品对消费者具有较强诱惑力和影响力的方面。但目前

价格竞争却因诸多原因而变成了一种恶性竞争。一味地盲目降价，对消费者、企业乃至整个经济都是得不偿失的。而非价格竞争，则通过增加科技投入、开发新产品、提高产品质量、提供优质服务等来满足消费者的不同需要。这样的竞争公平、公正、公开，有利于推进企业进步。同时，非价格竞争更容易使企业联合起来，互相兼容，形成良好的市场竞争环境。非价格竞争是价格竞争的发展、升华，是社会经济发展和市场竞争发展的必然。

营销管理小贴士

市场竞争是市场经济中的普遍现象。获得市场经营的最大利益是市场竞争的本质特征。市场竞争形式随着市场经济的不断发展也在不断发展，最初是以行业内价格竞争为主要形式，后逐渐转向多个层次的非价格竞争。

第二十课　竞争者分析

一、市场竞争者

（一）市场竞争者的含义

对于一个企业来说，广义的竞争者是来自于多方面的。企业与自己的顾客、供应商之间，都存在着某种意义上的竞争关系。狭义地讲，竞争者是那些与本企业提供的产品或服务相类似且所服务的目标顾客也相似的其他企业。

（二）市场竞争者的类型

1. 愿望竞争者

愿望竞争者指提供不同的产品以满足不同需求的竞争者。例如消费者要选择一种万元消费品，他所面临的选择就可能有电脑、电视机、摄像机、出国旅游等，这时电脑、电视机、摄像机以及出国旅游之间就存在着竞争关系，成为愿望竞争者。

2. 普通竞争者

普通竞争者指提供不同的产品以满足相同需求的竞争者。如面包车、轿车、摩托车、自行车都是交通工具，在满足需求方面是相同的，它们就是普通竞争者。

3. 产品形式竞争者

产品形式竞争者指生产同类但规格、型号、款式不同的产品的竞争者。如自行车中的山地车与城市车，男式车与女式车，就互为产品形式竞争者。

4. 品牌竞争者

品牌竞争者指生产相同规格、型号、款式的产品，但品牌不同的竞争者。以电视机为例，索尼、长虹、夏普、金星等众多产品之间就互为品牌竞争者。

二、发现竞争者

从产品和市场两个角度结合在一起的分析是最客观的：既要考虑与本企业所提供的产品（或服务）的相似性和替代性，又要考虑与本企业所欲满足的消费者的一致性。一般情况下，如果这两方面的程度都最高，便可以认定该企业为本企业的主要竞争对手。

（一）从本行业角度来发现竞争者

由于竞争者首先存在于本行业之中，企业先要从本行业出发来发现竞争者。提供同一类产品或服务的企业，或者提供可相互替代产品的企业，共同构成一个行业。如家电行业、食品行业、运输行业等。由于同行业企业产品的相似性和可替代性，彼此间形成了竞争的关系。在同行业内部，如果一种商品的价格变化，就会引起相关商品的需求量的变化。例如，如果滚筒式洗衣机的价格上涨，就可能使消费者转向购买其竞争产品波轮式洗衣机，这样，波轮式洗衣机的需求量就可能增加。反之，如果滚筒式洗衣机的价格下降，消费者就会转向购买滚筒式洗衣机，使得波轮式洗衣机的需求量减少。因此，企业需要全面了解本行业的竞争状况，制定企业针对行业竞争者的战略。

（二）从市场消费需求角度来发现竞争者

企业还可以从市场、从消费者需要的角度出发来发现竞争者。凡是满足相同的市场需要，或者服务于同一目标市场的企业，无论是否属于同一行业，都可能是企业的潜在竞争者。例如，从行业来看，电影可能是以同属于影视业的电视的主要竞争对手。但是从市场的观点来看，特别是从满足消费者需要来看，消费者感兴趣的是满足其对欣赏影视作品的需要。因此，能够直接在线播放的电子计算机构成了对电影业的竞争威胁。从满足消费者需求出发发现竞争者，可以从更广泛的角度认识现实竞争者和潜在竞争者，有助于企业在更宽的领域中制定相应的竞争战略。

（三）从市场细分角度来发现竞争者

为了更好地发现竞争者，企业可以同时从行业和市场这两个方面，结合产品细分和市场细分来进行分析。假设市场上同时销售五个品牌的某产品，而且整个市场可以分为十个细分市场。如果某品牌打算进入其他细分市场，就需要估计各个细分市场的容量、现有竞争者的市场占有率，以及各个竞争者当前的实力及其在各个细分市场的营销目标与战略。从细分市场出发发现竞争者，可以使企业更具体、更明确地制定相应的竞争战略。

三、竞争者策略分析

（一）竞争者的市场目标分析

1. 不同竞争者的目标组合的侧重点不同

企业必须了解每个竞争者的目标重点，才能对其竞争行为的反应做出正确的估价。例如，一个以“技术领先”为主要目标的竞争者，将对其他企业在研究与开发方面的进展做出强烈的反应，而对价格方面的变化相对不那么敏感。

2. 竞争者的市场目标及其行为变化

通过密切观察和分析竞争者目标及其行为变化，可以为企业的竞争决策提供方向。例如，当发现竞争者开辟了一个新的细分市场时，也就意味着可以产生一个新的市场机会；当发现竞争者试图打入自己的市场时，需要加以认真对待。

3. 竞争者的市场目标存在的差异

竞争企业的市场目标可能存在着差异，从而影响到企业的经营模式。例如竞争者是寻求长期业绩还是寻求短期业绩最大化，将影响到竞争者在利润与收入增长之间的权衡。竞争者的目标差异对企业制定营销战略有影响。

（二）竞争者的竞争策略特点分析

1. 同一策略群体的竞争者

凡采取类似竞争策略的企业，可以划为同一策略群体。例如，某些

豪华百货公司采取的是面向高档市场的高价策略，而连锁商店采取的则是面向工薪阶层的低价策略。属于同一策略群体的竞争者一般采用类似的策略，相互之间存在着激烈的竞争。

2. 不同策略群体的竞争者

凡采取不同竞争策略的企业，可以划为不同策略群体。在不同的策略群体之间也存在着竞争。

（1）企业具有相同的目标市场，从而相互之间存在着争夺市场的竞争。

（2）策略差异的不明确性，使顾客混淆了企业之间的差别。

（3）企业策略的多元性，使不同策略群体企业的策略发生了交叉。

（4）企业可能改变或扩展自己的策略，加入另一策略群体的行列。属于不同策略群体的企业尽管采用不同的策略，但仍然存在着不同程度的竞争。

四、市场竞争者优劣势分析

（一）竞争者优劣势分析的必要性

在市场竞争中，企业需要分析竞争者的优势与劣势，只有做到知己知彼，才能有针对性地制定正确的市场竞争战略，以避其锋芒、攻其弱点、出其不意，利用竞争者的劣势来争取市场竞争的优势，从而实行企业营销目标。

（二）竞争者优劣势分析的内容

1. 产品

包括竞争企业产品在市场上的地位、产品的适销性以及产品系列的宽度与深度。

2. 销售渠道

包括竞争企业销售渠道的广度与深度、销售渠道的效率与实力、销售渠道的服务能力。

3. 市场营销

包括竞争企业市场营销组合的水平、市场调研与新产品开发的能力、销售队伍的培训与技能。

4. 生产与经营

包括竞争企业的生产规模与生产成本水平、设施与设备的技术先进性与灵活性、专利与专有技术、生产能力的扩展、质量控制与成本控制、区位优势、员工状况、原材料的来源与成本、纵向整合程度。

5. 研发能力

包括竞争企业内部在产品、工艺、基础研究、仿制等方面所具有的研究与开发能力，研究与开发人员的创造性、可靠性、简化能力等方面的素质与技能。

6. 资金实力

包括竞争企业的资金结构、筹资能力、现金流量、资信度、财务比率、财务管理能力。

7. 组织

包括竞争企业组织成员价值观的一致性与目标的明确性、组织结构与企业策略的一致性、组织结构与信息传递的有效性、组织对环境因素变化的适应性与反应程度、组织成员的素质。

8. 管理能力

包括竞争企业管理者的领导素质与激励能力、协调能力，管理者的专业知识，管理决策的灵活性、适应性、前瞻性。

五、竞争者的市场反应行为

（一）迟钝型竞争者

某些竞争企业对市场竞争措施的反应不强烈，行动迟缓。这可能是因为竞争者受到自身在资金、规模、技术等方面的能力的限制，无法做出适当的反应；也可能是因为竞争者对自己的竞争力过于自信，不屑于采取反应行为；还可能是因为竞争者对市场竞争措施重视不够，未能及时捕捉到市场竞争变化的信息。

（二）选择型竞争者

某些竞争企业对不同的市场竞争措施的反应是有区别的。例如，大多数竞争企业对降价这样的价格竞争措施总是反应敏锐，倾向于做出强烈的反应，力求在第一时间采取报复措施进行反击，而对改善服务、增加广告、改进产品、强化促销等非价格竞争措施则不大在意，认为不构成对自己的直接威胁。

（三）强烈反应型竞争者

许多竞争企业对市场竞争因素的变化十分敏感，一旦受到来自竞争对手的挑战就迅速地做出强烈的市场反应，进行激烈的报复和反击，势必将挑战自己的竞争者置于死地而后快。这种报复措施往往是全面的、致命的，甚至是不计后果的。这些强烈反应型竞争者通常都是市场上的领先者，具有某些竞争优势。一般企业轻易不敢或不愿挑战其在市场上的权威，尽量避免与其进行直接的正面交锋。

（四）不规则型竞争者

这类竞争企业对市场竞争所做出的反应通常是随机的，往往不按规则出牌，使人感到不可捉摸。例如，不规则型竞争者在某些时候可能会对市场竞争的变化做出反应，也可能不做出反应；他们可能迅速做出反应，也可能反应迟缓；其反应可能是剧烈的，也可能是柔和的。

营销管理小贴士

一个公司在确定它的主要竞争者之后，就要分析它们的目标、战略、反应模式和优势、劣势。在动态的竞争环境中，目前很不起眼的对手说不定就是未来强劲的竞争者。公司被未来强劲的竞争者击败的可能性大于现实的竞争者。

第二十一课　成本领先战略

一、基本竞争战略

基本竞争战略是由美国哈佛商学院著名的战略管理学家迈克尔·波特提出的。

基本竞争战略有三种：成本领先战略、差异化战略、集中战略。企业必须从这三种战略中选择一种，作为其主导战略。要么把成本控制到比竞争者更低的程度；要么在企业产品和服务中形成与众不同的特色，让顾客感觉到你提供了比其他竞争者更多的价值；要么企业致力于服务某一特定的市场细分、某一特定的产品种类或某一特定的地理范围。这

三种战略架构上差异很大，成功地实施它们需要不同的资源和技能。由于企业文化混乱、组织安排缺失、激励机制冲突，夹在中间的企业还可能因此而遭受更大的损失。

二、成本领先战略概述

成本领先战略是指企业通过降低自己的生产和经营成本，以低于竞争对手的产品价格，获得市场占有率，并获得同行业平均水平以上的利润。

成本领先战略也许是三种通用战略中最清楚明了的。在这种战略的指导下，企业决定成为所在产业中实行低成本生产的厂家。企业经营范围广泛，为多个产业部门服务甚至可能经营属于其他有关产业的生意。企业的经营面往往对其成本优势举足轻重。成本优势的来源因产业结构不同而异。它们可以包括追求规模经济、专利技术、原材料的优惠待遇和其他因素。典型的低成本生产厂商销售实惠的产品，并且在强调从一切来源中获得规模经济的成本优势或绝对成本优势上大做文章。

如果一个企业能够取得并保持全面的成本领先地位，那么它只要能使价格相等或接近于该产业的平均价格水平，就会成为所在产业中高于平均水平的超群之辈。当成本领先的企业的价格相当于或低于其竞争厂商时，它的低成本地位就会转化为高收益。然而，一个在成本上占领先地位的企业不能忽视使产品别具一格的基础，一旦成本领先的企业的产品在客户眼里不被看作是与其他竞争厂商的产品不相上下或可被接受时，它就要被迫削减价格，使之大大低于竞争厂商的水平以增加销售额。这就可能抵消了它有利的成本地位所带来的好处。

尽管一个成本领先的企业是依赖其成本上的领先地位来取得竞争优势的，而它要成为经济效益高于平均水平的超群者，则必须与其竞争厂商相比，在产品别具一格的基础上取得价值相等或价值近似的有利地位。产品别具一格基础上的价值相等使成本领先的企业得以将其成本优势直接转化为高于竞争厂商的利润；产品别具一格基础上的价值近似意味着为取得令人满意的市场占有率所必需的降低幅度还不至于冲销成本领先企业的成本优势，因此，成本领先企业能赚取高于平均水平的收益。

成本领先地位的战略一般必然地要求一个企业就是成本领先者，而不只是争夺这个位置的若干厂商中的一员。许多厂商未能认识到这一点，从而在战略上铸成大错。当渴望成为成本领先者的厂商不止一家时，他们之间的竞争通常是很激烈的，因为每一个百分点的市场占有率都被认为是至关重要的。除非一个企业能够在成本上领先，并“说服”其他厂商放弃其战略，否则，对营利能力以及长期产业结构所产生的后果就可能像一些化工行业中出现的情况那样，是灾难性的。所以，除非重大的技术变革使一个企业得以彻底改变其成本地位，否则小成本领先就是特别依赖于先发制人策略的一种战略。

三、成本领先战略的类型

根据企业获取成本优势的方法不同，我们把成本领先战略概括为如下几种主要类型。

（1）简化产品型成本领先战略。就是使产品简单化，即将产品或服务中添加的花样全部取消。

（2）改进设计型成本领先战略。

（3）材料节约型成本领先战略。

（4）人工费用降低型成本领先战略。

（5）生产创新及自动化型成本领先战略。

四、成本领先战略的适用条件

成本领先战略的适用条件如下。

（1）现有竞争企业之间的价格竞争非常激烈。

（2）企业所处产业的产品基本上是标准化或者同质化的。

（3）实现产品差异化的途径很少。

（4）多数顾客使用产品的方式相同。

（5）消费者的转换成本很低。

（6）消费者具有较大的降价谈判能力。

企业实施成本领先战略，除具备上述外部条件之外，企业本身还必须具备如下技能和资源。

（1）持续的资本投资和获得资本的途径。

（2）生产加工工艺技能。

（3）认真的劳动监督。

（4）设计容易制造的产品。

（5）低成本的分销系统。

营销管理小贴士

成本领先战略是指企业通过降低自己的生产和经营成本，以低于竞争对手的产品价格，获得市场占有率，并获得同行业平均水平以上的利润。成本领先战略也许是三种通用战略中最清楚明了的。在这种战略的指导下企业决定成为所在产业中实行低成本生产的厂家。

第二十二课　差异化战略

一、差异化战略概述

差异化战略又称别具一格战略，是指为使企业产品、服务、企业形象等与竞争对手有明显的区别，以获得竞争优势而采取的战略。这种战略的重点是创造被全行业和顾客都视为独特的产品和服务。差异化战略的方法多种多样，如产品差异化、服务差异化和形象差异化等。实现差异化战略，可以培养用户对品牌的忠诚。因此，差异化战略是使企业获得高于同行业平均水平利润的一种有效的竞争战略。

实现差异化战略可以有许多方式：设计或品牌形象、技术特点、外观特点、客户服务、经销网络及其他方面的独特性。例如，卡特皮勒推土机公司不仅以其经销网络和优良的零配件供应服务著称，而且以其极为优质耐用的产品享有盛誉。所有这些对于大型设备都至关重要，因为大型设备使用时发生故障的代价是昂贵的。应当强调，差异化战略并不意味着公司可以忽略成本，但此时成本不是公司的首要战略目标。

如果差异化战略成功地实施了，它就成为在一个产业中赢得高水平收益的积极战略，因为它建立起防御阵地对付五种竞争力量，虽然其防御的形式与成本领先有所不同。波特认为，推行差异化战略有时会与争取占有更大的市场份额的活动相矛盾。推行差异化战略往往要求公司对于这一战略的排他性有思想准备。这一战略与提高市场份额两者不可兼顾。在建立公司的差异化战略的活动中总是伴随着很高的成本代价，有时即便全产业范围的顾客都了解公司的独特优点，也并不是所有顾客都将愿意或有能力支付公司要求的高价格。

产品差异化带来较高的收益，可以用来对付供方压力，同时可以缓解买方压力，当客户缺乏选择余地时其价格敏感性也就不高。最后，采取差异化战略而赢得顾客忠诚的公司，在面对替代品威胁时，所处地位比其他竞争对手也更为有利。

二、差异化战略的类型

（一）产品差异化战略

产品差异化的主要因素有：特征、工作性能、一致性、耐用性、可靠性、易修理性、式样和设计。

（二）服务差异化战略

服务的差异化主要包括送货、安装、顾客培训、咨询服务等因素。

（三）人事差异化战略

训练有素的员工应能体现出下面的六个特征：胜任、礼貌、可信、可靠、反应敏捷、善于交流。

（四）形象差异化战略

形象差异化战略是指在产品的核心部分与竞争者类同的情况下塑造不同的形象以获得差别优势。

三、差异化战略的适用条件

（1）可以有很多途径创造企业与竞争对手产品之间的差异，并且这种差异被顾客认为是有价值的。

（2）顾客对产品的需求和使用要求是多种多样的，即顾客需求是有差异的。

（3）采用类似差异化途径的竞争对手很少，即真正能够保证企业是差异化的。

（4）技术变革很快，市场上的竞争主要集中在不断地推出新的产品特色上。

除上述外部条件之外，企业实施差异化战略还必须具备如下内部条件：

（1）具有很强的研究开发能力，研究人员要有创造性的眼光。

（2）企业具有以其产品质量或技术领先的声望。

（3）企业在这一行业有悠久的历史或吸取其他企业的技能并自成一体。

（4）很强的市场营销能力。

（5）研究与开发、产品开发以及市场营销等职能部门之间要具有很强的协调性。

（6）企业要具备能吸引高级研究人员、创造性人才和高技能职员的物质设施。

（7）各种销售渠道强有力的合作。

营销管理小贴士

差异化战略是指为使企业产品、服务、企业形象等与竞争对手有明显的区别，以获得竞争优势而采取的战略。这种战略的重点是创造被全行业和顾客都视为独特的产品和服务。差异化战略是使企业获得高于同行业平均水平利润的一种有效的竞争战略。

第二十三课　专一化战略

一、专一化战略概述

专一化战略是主攻某个特殊的顾客群、某产品线的一个细分区段或某一地区市场。正如差别化战略一样，专一化战略可以具有许多形式。低成本与差别化战略都要在全产业范围内实现其目标，专一化战略的整体却是围绕着很好地为某一特殊目标服务这一中心建立的，它所开发推行的每一项职能化方针都要考虑这一领域中心思想的崭新焦点。

二、专一化战略的类型

专一化战略有两种类型，即企业在目标细分市场中寻求成本优势的成本集中和在细分市场中寻求差异化的差异集中。

三、专一化战略的适用条件

专一化战略一般是集中一点进攻对手的弱点，或是通过专有的业务活动方式以低成本形成对竞争对手的优势，要获得这方面的优势需要具备以下某些条件：

拥有特殊的受欢迎的产品。如可口可乐、Dynasty 干白葡萄酒。

开发了专有技术。如专有的胶黏接技术形成了稳定的车辆减震器市场；瑞士手表以其高质量的生产技术始终控制着名贵手表市场。

不渗透的市场结构。由于地理位置、收入水平、消费习惯、社会习俗等因素的不同，将形成专门化市场，这些市场之间的隔离性越强，越有利于专一化战略的实施。例如，专为大型建筑物提供中央空调系统的远大中央空调集团形成了专一化战略优势。

不易模仿的生产、服务以及消费活动链。例如，为顾客开辟服装专门设计、定制服务的服装企业将拥有自己的专门化市场。

当然，上述构成专一化的战略条件需要企业去寻找和创造，已具备专一化战略优势的企业仍须不断改善自身的地位或巩固已有市场。

四、专一化战略与其他战略的联系

专一化战略实质上是针对不同的顾客群或专门的特殊市场而采取的成本领先战略或者差异化战略。或者说，专一化战略是以成本领先战略和差异化战略为基础的竞争战略，在特殊市场中形成成本优势或者差异化优势。

三类基本市场竞争战略的关系如下。

总成本领先战略与差异化战略在很多地方是相互矛盾的，而专一化战略又是以这两种通用战略为基础的。能否正确地分析企业所处的竞争环境即产业竞争结构，寻找其战略优势，合理选择、使用竞争战略，加强其优势和竞争能力，是企业成功的关键。若采用专一化战略的企业既拥有差异化优势，又在扩大市场规模而实现低成本时不抵消差异化，使这一对矛盾的战略恰到好处地糅合在一起，这个企业一定会极其成功。如可口可乐公司等企业就是典型的成功实行专一化战略的例子。

但是，任何一个实行专一化战略的企业总是或从差异化战略入手，或从总成本领先战略入手，逐步形成企业的专一化战略，这才是成功的途径。若一个企业不断徘徊在这几类战略之间则是很危险的，最终会使企业处于极为不利的战略地位。前面已经多次强调，差异化战略与总成本领先战略之间存在矛盾性，在还没有利用某种通用战略而形成企业的优势地位之前，任何企业都不可能将差异化和总成本领先融合在一起。

过早地这样做或者在几种战略之间徘徊，会使不同战略的优势互相抵消，企业必须特别注意这一点。

营销管理小贴士

专一化战略是主攻某个特殊的顾客群、某产品线的一个细分区段或某一地区市场。专一化战略的整体是围绕着很好地为某一特殊目标服务这一中心建立的，它所开发推行的每一项职能化方针都要考虑这一领域中心思想的崭新焦点。

第二十四课 市场领先者战略

一、市场领先者

（一）市场领先者的含义

市场领先者是指其产品在行业同类产品的市场上市场占有率最高的企业。一般而言，在绝大多数行业中都有一个被公认的市场领先者。领先者企业的行为在行业市场中有举足轻重的作用，处于主导地位。市场领先者的地位是在市场竞争中自然形成的。

（二）市场领先者的特点

（1）该公司在价格变动、新产品开发、分销渠道的宽度和促销力量等方面处于主导地位，为同业者所公认。

（2）该公司是市场竞争的导向者，也是其他企业挑战、效仿或躲避

的对象。

（3）其地位是在竞争中自然形成的，但不是固定不变的。

二、市场领先者战略

（一）扩大市场需求量

处于市场主导地位的领先企业，其营销战略首先是扩大总市场，即增加总体产品需求数量。通常可以运用三条途径。

1. 发现新用户

通过发现新用户来扩大市场需求量，其产品必须具有能够吸引新的使用者，增加购买者数量的竞争潜力。可以运用以下有效策略寻找到新的使用者：

（1）市场渗透策略。

（2）市场开发策略。

（3）地理扩展策略。

2. 开辟产品新用途

通过开辟产品的新用途扩大市场需求量。领先企业往往最有能力根据市场需求动态，为自己的产品寻找和开辟新的用途。美国杜邦公司不断开辟尼龙产品的新用途就是一个公认的成功的范例。

3. 增加用户使用量

通过说服产品使用者增加使用量也是扩大市场需求量的有效途径。说服产品的使用者增加使用量的办法有许多，但最常用的是：

（1）促使消费者在更多的场合使用该产品。

（2）增加使用产品的频率。

（3）增加每次消费的使用量。

（二）保持现有市场份额

领先企业必须防备竞争对手的进攻和挑战，保护企业现有的市场阵地。最佳的战略方案是不断创新，以壮大自己的实力，还应抓住竞争对手的弱点主动出击。当市场领先者不准备或不具备条件组织或发起进攻时，至少也应使用防御力量，坚守重要的市场阵地。防御战略的目标是使市场领先者在某些事关企业领导地位的重大机会或威胁中采取最佳的战略决策。可以选择采用以下六种防御战略。

1. 阵地防御

市场领先者在其现有的市场周围建造一些牢固的防卫工事，以各种有效战略、战术防止竞争对手侵入自己的市场阵地。这是一种静态的、被动的防御，阵地防御是最基本的防御形式。

2. 侧翼防御

市场领先者建立一些作为防御的辅助性基地。对挑战者的侧翼进攻要准确判断，改变营销战略、战术，用以保卫自己较弱的侧翼，防止竞争对手乘虚而入。

3. 先发制人防御

在竞争对手尚未动作之前，先主动攻击，并挫败竞争对手，在竞争中掌握主动地位。具体做法是当某一竞争者的市场占有率达到对本企业可能形成威胁的某一危险高度时，就主动出击，对它发动攻击，必要时还需采取连续不断的正面攻击。

4. 反攻防御

面对竞争对手发动的降价或促销攻势，主动反攻入侵者的主要市场阵地。可实行正面回击战略，也可以向进攻者实行“侧翼包抄”或“钳形攻势”，以切断进攻者的后路。

5. 运动防御

市场领先者把自己的势力范围扩展到新的领域中去，而这些新扩展的领域可能成为未来防御和进攻的中心。市场扩展可通过两种方式实现：

（1）市场扩大化。

（2）市场多角化。

6. 收缩防御

市场领先者逐步放弃某些对企业不重要的、疲软的市场，把力量集中用于主要的、能获取较高收益的市场。

（三）提高市场占有率

市场领先者实施这一战略是设法通过提高企业的市场占有率来增加收益，保持自身成长和市场主导地位。企业在确定自己是否以提高市场占有率为主要努力方向时应考虑：

（1）是否引发反垄断行为。

（2）经营成本是否提高。

（3）采取的营销策略是否准确。

需要注意的是，提高市场占有率不一定能给企业增加利润。只有当具备以下两项条件时利润才会增加：

第一，产品的单位成本能够随市场占有率的提高而下降。市场领先者常常拥有较高的生产和经营能力，能够通过提高市场占有率来获得规模经济成本，追求行业中的最低成本，并以较低的价格销售产品。

第二，产品价格的提高超过为提高产品质量所投入的成本。通常，具有较高质量的产品才能得到市场的认可，并有可能获取较高的市场占有率。但高质量并不意味过高的投入成本。美国管理学家克劳斯比指出，质量是免费的，因为质量好的产品可减少废品损失和售后服务的开支，所以保持产品的高质量并不会花费太多的成本，而且，高质量的产品会受到顾客的欢迎，使顾客愿意支付较高的价格。

营销管理小贴士

市场领先者指占有最大的市场份额，在价格变化、新产品开发、分销渠道建设和促销战略等方面对本行业其他公司起着领导作用的公司。要击退其他公司的挑战，保持第一位的优势，必须从三个方面努力：扩大总需求，保护现有市场份额，扩大市场份额。

第二十五课　市场挑战者战略

一、市场挑战者

市场挑战者是指那些相当于市场领先者来说在行业中处于第二、第三和以后位次的企业。处于次要地位的企业如果选择挑战战略，向市场领先者进行挑战，首先必须确定自己的策略目标和挑战对象，然后选择适当的进攻策略。

二、市场挑战者战略

（一）确定战略目标和挑战对象

大多数市场挑战者的战略目标是提高市场占有率，进而达到提高投资收益率和利润率的目标。

挑战者在明确战略目标时，必须确定谁是主要竞争对手。一般来说，挑战者可以选择下列几种类型的攻击目标。

1. 攻击市场领先者

这是一种既有风险又具潜在价值的战略。一旦成功，挑战者企业的市场地位将会发生根本性的改变，因此颇具吸引力。企业采用这一战略时，应十分谨慎、周密策划，以提高成功的可能性。

进攻市场领先者需要满足的基本条件：

（1）拥有一种持久的竞争优势，比如成本优势或创新优势。以前者之优创造价格之优，继而扩大市场份额；或以后者之优创造高额利润。

（2）在其他方面程度接近。挑战者必须有某种办法部分或全部地抵消领先者的其他固有优势。

（3）具备某些阻挡领先者报复的办法。必须使领先者不愿或不能对挑战者实施旷日持久的报复。如果没有一些阻挡报复的办法，拥有资源和稳固地位的领先者一旦卷入战斗就能用进攻性的报复，迫使挑战者付出无法承受的经济和组织代价。

2. 攻击与自身实力相当的企业

抓住有利时机，向那些势均力敌的企业发动进攻，把竞争对手的顾客吸引过来，夺取它们的市场份额，壮大自己的市场。这种战略风险小，若几番出师大捷或胜多败少的话，可以对市场领先者造成威胁，甚至有可能改变企业的市场地位。

3. 攻击实力较弱的企业

当某些中小企业出现经营困难时，可以通过兼并、收购等方式，夺取这些企业的市场份额，以壮大自身的实力和扩大市场占有率。

（二）选择进攻策略

1. 正面进攻

市场挑战者集中优势兵力向竞争对手的主要市场阵地正面发动进攻，即进攻竞争对手的强项而不是它的弱点。采用此战略需要进攻者必须在提供的产品（或劳务）、广告、价格等主要方面大大超过竞争对手，才有可能成功，否则采取这种进攻战略必定失败。为了确保正面进攻的成功，进攻者需要有超过竞争对手的实力优势。

2. 侧翼进攻

市场挑战者集中优势力量攻击竞争对手的弱点。此战略进攻者可采取声东击西的做法，佯攻正面，实际攻击侧面或背面，使竞争对手措手不及。具体可采取以下两种策略。

（1）地理性侧翼进攻。即在某一地理范围内针对竞争者力量薄弱的地区市场发动进攻。

（2）细分性侧翼进攻。即寻找还未被领先企业覆盖的商品和服务的细分市场，迅速填空补缺。

3. 围堵进攻

市场挑战者开展全方位、大规模的进攻策略。市场挑战者必须拥有优于竞争对手的资源，能向市场提供比竞争对手更多的质量更优、价格更廉的产品，并确信围堵计划的完成足以成功时，可采用围堵进攻策略。例如，日本精工公司对美国手表市场的进攻就是采用围堵进攻战略成功的范例。

4. 迂回进攻

市场挑战者完全避开竞争对手现有的市场阵地而迂回进攻。具体做法有以下三种：

（1）实行产品多角化经营，发展某些与现有产品具有不同关联度的产品。

（2）实行市场多角化经营，把现有产品打入新市场。

（3）发展新技术产品、取代技术落后的产品。

5. 游击进攻

以小型的、间断性的进攻干扰对方，使竞争对手的士气衰落，不断削弱其力量。向较大竞争对手市场的某些角落发动游击式的促销或价格攻势，逐渐削弱对手的实力。游击进攻战略的特点是不能依仗个别战役的结果决出战局的最终胜负。

营销管理小贴士

市场挑战者指在行业中占据第二位及以后位次，有能力对市场领先者和其他竞争者采取攻击行动，希望夺取市场领导者地位的公司。如果选择挑战战略，向市场领先者进行挑战，首先必须确定自己的策略目标和挑战对象，然后选择适当的进攻策略。

第二十六课　市场跟随者战略

一、市场跟随者

（一）市场跟随者的定义

市场跟随者是指安于次要地位，不热衷于挑战的企业。在大多数情况下，企业更愿意采用市场跟随者战略。

（二）市场跟随者的特征

市场跟随者的主要特征是安于次要地位，在和平共处的状态下求得尽可能多的收益。

在资本密集的同质性产品的行业中，如钢铁、原油和化工行业中，市场跟随者策略是大多数企业的选择。这些企业的主要特点是：

（1）产品的同质程度高，产品差异化和形象差异化的机会较低。

（2）服务质量和服务标准的趋同。

（3）消费者对价格的敏感程度高。

（4）行业中任何价格挑衅都可能引发价格大战。

（5）大多数企业准备在此行业中长期经营下去。

企业之间保持相对平衡的状态，不采用从对方的目标市场中拉走顾客的做法。在行业中形成这样一种格局，大多数企业跟随市场领先者走，各自的势力范围互不干扰，自觉地维持共处局面。

（三）市场跟随者的基本要求

市场跟随者不是盲目、被动地单纯追随领先者，其任务是确定一个不致引起竞争性报复的跟随战略，在不同的情形下有自己的策略组合和实施方案。其战略要求：必须懂得如何稳定自己的目标市场，保持现有顾客，并努力争取新的消费者或用户；必须设法创造独有的优势，给自己的目标市场带来如地点、服务、融资等某些特有的利益；还必须尽力降低成本并提供较高质量的产品和保证较高的服务质量，提防挑战者的攻击，因为市场跟随者的位置是挑战者的首选攻击目标。

二、市场跟随者战略

（一）紧密跟随

此战略突出“仿效”和“低调”。跟随企业在各个细分市场和市场营销组合，尽可能仿效领先者，以至于有时会使人感到这种跟随者好像是挑战者，但是它从不激进地冒犯领先者的领地，在刺激市场方面保持“低调”，避免与领先者发生直接冲突。有些跟随企业甚至被看作靠拾取主导者的残余谋生的寄生者。

（二）距离跟随

此战略突出在“合适地保持距离”。跟随企业在市场的主要方面，如目标市场、产品创新与开发、价格水平和分销渠道等方面都追随领先者，但仍与领先者保持若干差异，以形成明显的距离。对领先者既不构成威胁，又因跟随者各自占有很小的市场份额而使领先者免受独占市场份额的指责。采取距离跟随策略的企业，可以通过兼并同行业中的一些小企业来发展自己的实力。

（三）选择跟随

此战略突出在选择“追随和创新并举”。跟随者在某些方面紧跟领先者，而在另一些方面又别出心裁。这类企业不是盲目跟随，而是择优跟随，在对自己有明显利益时追随领先者，在跟随的同时还不断地发挥自己的创造性，但一般不与领先者进行直接竞争。采取这类战略的跟随者之中有些可能发展成为挑战者。

营销管理小贴士

市场跟随者指那些在产品、技术、价格、分销和促销等大多数营销战略上模仿或跟随市场领导者的公司。跟随者获得的利益是，让市场领先者和挑战者承担新产品开发、信息收集所需的经费，避免向市场领先者挑战带来的重大损失。

第二十七课　市场补缺者战略

一、市场补缺者

在市场经济发展中，人们非常关注成功的企业，往往忽略每个行业中存在的小企业，但正是这些不起眼的星星之火，在大企业的夹缝中求得生存和发展后，成为燎原之势。这些小企业就是所谓的市场补缺者。

美国有一个著名的营销战略对利润的影响研究（PIMS 研究），这个研究除了给出了一个著名的盈利率是随着市场份额线性上升的结论外，还从理论上给出了这些中小企业为何能在与大企业的竞争中处于不败地位的秘密（著名的“V”形曲线）。由于这些中小企业集中力量来专心致力于市场中被大企业忽略的某些细分市场，在这些小市场上专业化经营，因而获取了最大限度的收益。这些可以为中小企业带来利润的有利市场位置称为“利基（Niche）”，因而市场补缺者又被称为市场利基者。

市场补缺又称市场补白，是指选择某一特定、较小的区隔市场为目标，提供专业化的服务，并以此为经营战略的企业。

二、市场补缺者的理想补缺基点

（一）理想的补缺基点应该有足够的市场潜力和购买力

这种市场应该拥有众多的人口，他们具有很强的需求欲望，有为满足这种需求的极强的购买能力，缺一不可。只有三者结合起来才能决定市场的规模和容量，才能组成有潜力的大市场。如果人口众多，但收入很低，则购买力有限；虽然购买力大，但人口少，也不是大市场；有足够潜力和购买力的市场是上述三个因素的统一，如果补缺基点具备了这些条件，剩下的是企业应该生产足以引起人们的购买欲望的产品，使其成为理想的补缺基点，使潜在市场转变为现实的市场。

（二）理想的补缺基点应该有利润增长潜力

这个潜力是利润增长的速度要大于销售增长的速度，销售增长的速度大于成本增长的速度。它应该由企业来发掘，即企业将潜在的市场需求转变为现实的市场。值得注意的是必须讲究经济核算，加强管理，改进技术，提高劳动生产率，降低成本，在判断理想的补缺基点是否具有

利润增长潜力时，预先考虑利润发生的时间，考虑资金的时间价值，考虑风险问题，克服短期行为。

（三）理想的补缺基点对主要竞争者不具有吸引力

作为企业应该建立竞争情报系统，从产业、市场两个方面识别自己的竞争者，确定竞争对象；判定竞争者的战略、战术原则与目标；评估竞争者的实力与反应，从而推断出自己选定的补缺基点是否对竞争者具有吸引力，以此预测这个补缺基点对企业的理想程度。

（四）企业应该具备占有理想补缺基点所需的资源、能力和足以对抗竞争者的信誉

企业发掘补缺基点时，需要考虑自身的突出特征；周围环境的发展变化及会给企业造成的环境威胁或市场机会；企业的资源情况和特有能力、信誉。只有掌握资源，企业才能确定以市场为导向，寻找切实可行、具体明确的理想的补缺基点，否则，即使是很好的补缺基点，也不是该企业理想的补缺基点。

三、市场补缺者战略

（一）市场补缺者的主要战略是专业化市场营销

（1）专门致力于为某类最终用户服务的最终用户专业化。

（2）专门致力于分销渠道中的某些层面的垂直层面专业化。

（3）专门为那些被大企业忽略的小客户服务的顾客规模专业化。

（4）只对一个或几个主要客户服务的特定顾客专业化。

（5）专为国内外某一地区或地点服务的地理区域专业化。

（6）只生产一大类产品的某一种产品或产品线专业化。

（7）专门按客户订单生产预订的产品的客户订单专业化。

(8）专门生产经营某种质量和价格的产品的质量和价格专业化。

(9）专门提供某一种或几种其他企业没有的服务项目专业化。

(10）专门服务于某一类分销渠道的分销渠道专业化。

（二）创造、扩大、保护补缺市场

企业不断开发适合特殊消费者的产品，这样就开辟了无数的补缺市场。每当开辟出这样的特殊市场后，针对产品生命周期阶段的特点扩大产品组合，以扩大市场占有率，达到扩大补缺市场的目的。最后，如果有新的竞争者参与时，应保住其在该市场的领先地位，保护补缺市场。作为补缺者选择市场补缺基点时，多重补缺基点比单一补缺基点更能增加保险系数，分散风险。因此，企业通常选择多个补缺基点，以确保企业的生存和发展。

总之，只要善于经营，随时关注市场上被大企业忽略的细小部分，通过专业化经营，精心服务于顾客，小企业总有机会获利。

营销管理小贴士

市场补缺者指专门为规模较小的或大的公司不感兴趣的细分市场提供产品和服务的公司。市场补缺者的作用是拾遗补漏，见缝插针，虽然在整体市场上仅占有很小的份额，但是比其他公司更充分地了解和满足某一细分市场的需求。

第二十八课　竞合战略

一、竞合战略的含义

竞合战略泛指通过与其他企业合作来获得企业竞争优势或战略价值的战略。竞合战略就是竞争中求合作，合作中有竞争。竞争与合作是不可分割的整体，通过合作中的竞争、竞争中的合作，实现共存共荣，一起发展，这是企业竞争所追求的最高境界。竞合的着眼点在于把产业蛋糕做大，在做大蛋糕的基础上大家都有可能比以前得到的更多，从而使企业能在一个较小风险、相对稳定、渐进变化的环境中获得较为稳定的利润。竞合的实质是实现企业优势要素的互补，增强竞争双方的实力，并且将其作为竞争战略之一加以实施，从而促成双方建立和巩固各自的市场竞争地位。

二、竞合战略的作用

无论多么强大的企业，都处于一条供应链当中的一部分。这是一条从起点到终点贯穿于供应商和用户全部过程的利益的链条，在这条长长的产业供应链中，不同层面的企业均有些基本的使整个企业保持长期稳定的竞争优势去获得稳定超额利润的核心竞争力。但在市场竞争的环境下，这些核心竞争力从力量、本质、范围等方面来说往往是相对竞争优势，没有哪一个企业可以做到一统天下，所以若需达到效益的最优化，这时就需要合作。

通过竞合这种合作博弈可以使整个供应链减少了因对抗性而产生的

资源浪费，企业间可以产生联合的最大化垄断利润，使社会财富增加。同时，竞合企业之间可以形成稳定的供应链，稳定的质量及价格，减少库存、检验、交易成本的发生。而在合作伙伴内部，分工与协作有利于各企业间的优势互补，可以形成更为有效的专业化分工，发挥规模效益，以使产品整体成本降低。相反，如果只有竞争而没有合作，那么整个供应链也就会因此而运转不畅或断裂，大家就会陷入争夺市场、瓜分利益的“红海”中去。

三、竞合战略的条件

（一）行业采取竞合的条件

第一是看交易成本，因为竞争与合作均是有代价的，如果市场交易成本过高，同时企业内部的协调成本比较低，则经济活动应该在企业内部进行。市场的交易成本足够低，经济活动就应该通过市场进行。

第二是该产业的市场要足够大，并且要具有诱人的增长空间，只有这样才有做大的可能。

第三是产品差异性越大，越有可能出现合作。

第四是产业技术变化速度越快、越具有不确定性，同业合作的可能越大。

第五是行业内商业知识和经营知识的隐性程度越高，越可能出现合作。

当前随着多元化的深化，整体上来说企业是个庞然大物，整体实力强大，可是具体到各个局部来说并不是每个企业的产品或服务都可以做到占有市场的主导地位，其中大部分是处于相关行业的中上游水平，但因集团的战略眼光我们进入的都是一些新兴的朝阳产业，发展空间巨大。这时我们要发展，就应向业内龙头看齐、更要“与狼共舞”，要采取纵向联合或横向联合这样的竞合之道，充分获得行业快速发展期的收益。

（二）合作伙伴的条件

首先是合作伙伴之间的协同优势或战略配合。这意味着两个公司的核心能力必不可少的互补性，双方的合作是 1+1>2 的合作，会带来产品价值的提升。如果合作双方力量相差悬殊，有可能会导致优势一方对另一方的利益侵占，最终致使合作破裂。

其次一定是要有自身特色的竞争对手，合作双方的能力很难相互复制，只有通过合作方可互为对方带来收益。

最后是在合作的过程中保持自身的独立性并有相近的企业文化的伙伴。

合作是美好的，但竞争更美好，因为没有真正的竞争，就不会有真正的合作。

四、产业集群内的竞合理念

（一）产业集群对企业竞合的影响

产业集群是企业竞争合作的表现形式之一。根据波特教授的定义，产业集群是一组在地理上靠近的相互联系的公司和关联的机构，它们同处或相关于一个特定的产业领域，由于具有共性和互补性而联系在一起，又可称为产业簇群、产业群集。集群中的企业相互关联、相互支撑，密集分布于相应产业链上下游的众多环节上，相互之间形成了多重、多样的超稳定关系结构。

毫无疑问，集群为双赢的实现提供了条件。

首先，产业集群所在区域已基本上形成了比较成熟的劳动力市场，储备了许多富有经验的雇员。集群内企业间高层管理人员的流动性较强，竞争一方面迫使企业要留住高素质的员工，另一方面高层管理人员面临的挑战也加大。在这种环境中，企业家的精神被锻炼出来，素质得到了提高，集群内的企业在人力资源这一要素领域已基本具备创新的条件。

其次，由于企业间地理位置接近以及同质性和关联性，各种新思想、新观念、新技术能够更快地传播和扩散，来自竞争企业、供应商、研究机构、消费者等方面的知识能更快地形成溢出效应，获取“学习经济”，增强企业的研究和创新能力。

再次，由于集群内的企业靠利益分配机制无形地结合在一起，易形成一致的声音，能以更快的速度对付来自外部环境的技术、市场和政策等方面的挑战。

最后，集群内企业在信息、技术、资源和服务的获得方面都具有更低的搜索成本、交易成本和运输成本。这些往往使企业达到资源共享，获得任何个体企业不能抓住的市场机会。

因此，集群为竞合提供了最为便利的条件，也最能体现竞合的要求。

（二）产业集群内的竞合战略的制定

集群内企业的竞争是企业创新的最初动力，而合作加速了创新外溢，为集群内企业的再创新提供了便利，同时，也降低了创新的成本和风险。企业的竞合战略是企业综合运用集群内的资源以及每一项关键技术，减少重复劳动、扩大业务、降低成本，以更快速度提高技术创新水平的谋划和行动，它强调在合作中提高技术创新能力。

竞合战略的制定主要包括以下几个方面。

1. 树立共赢（竞合）理念

竞合关系有利于构成集群内企业持续的创新动力，并由此带来一系列的创新活动，进而提高整个集群的技术水平和竞争力。

2. 选择竞合主体

竞合主体的选择是非常关键的一环，主体选择不当很可能导致竞合的战略失败。集群使得企业选择竞合主体对象的成本降低，集群内企业同处一地，由于与竞争对手之间存在着共同的供应商和客户以及员工在企业间相互流动等原因，企业更易于获得竞合主体的信息，有较全面、准确认识的可能。

3. 建立竞合关系

竞合关系是在选择竞合主体的基础上建立的，主体不同将导致竞合关系的不同。同一时期同一企业可以有多种竞合关系并存。

4. 进行竞合行为

在这里要强调的是，在各种竞合关系中，竞争与合作并非此消彼长，而是分属于不同的强度。具有较强竞争行为的企业，可能同时也会表现出较强的合作行为。竞合行为主要有四种表现：弱竞争弱合作的行为、弱竞争强合作的行为、强竞争弱合作的行为和强竞争强合作的行为。企业与某一参与主体，如供应商、客户、同行业者和互补品生产者之间的竞合关系可能表现为以上行为中的一种。

5. 提高竞争优势

企业积极创造各种有利条件，灵活多变并最大限度地利用企业自身的竞争优势，与其他企业在资源、技术、人才和市场地位等方面进行单项或多项合作。这有别于传统意义上的纯粹竞争，是获得竞争优势的合作方式、秩序及过程，目的是为了维持、强化自身的竞争优势。

营销管理小贴士

竞合策略是在市场竞争日益激烈与经济全球化的趋势下产生的一种全新的竞争模式。通过和其他企业的紧密合作，使不同企业间的资本、人才、技术和信息资源得以有效地优化组合，从而达到优势互补、共同发展的目的。

第四单元

消费者市场购买行为分析

消费者市场是最终产品市场。掌握消费者市场的特点，认识消费者的购买行为，是营销经理必备的知识。消费品生产经营企业要提高市场营销的效率，制定产品、价格、渠道和促销策略，实现发展目标，必须认识消费者市场的特点，把握消费者购买行为。

第二十九课　消费者与消费者市场概述

一、消费者

狭义的消费者是指购买、使用各种消费品或服务的个人与家庭。广义的消费者是指购买、使用各种产品与服务的个人或组织。本节主要是从狭义的角度讨论消费者、消费者市场及消费者行为。

在现实生活中，同一消费品或服务的购买决策者、购买者、使用者可能是同一个人，也可能是不同的人。例如，大多数成人消费者，很可能由使用者自己制定购买决策并实施，而大多数儿童用品的使用者、购买者与决策者则很有可能是分离的。如果把产品的购买决策、实际购买和使用视为一个统一的过程，那么，处于这一过程任一阶段的人，都可以被称作消费者。

二、消费者市场的含义

消费者市场是个人或家庭为了生活消费而购买产品或服务的市场。生活消费是产品和服务流通的终点，因而消费者市场也称为最终消费者市场、消费品市场或生活资料市场。消费者市场的商品购买者是消费者个人，购买的商品是最终产品，主要是生活资料；购买活动是经常的、零星的或少量的，并且由于商品的消费是可以相互替代的，因而购买活动具有一定的弹性；购买者一般缺乏专门的商品知识，服务质量的高低对商品的销售量影响极大。

消费者市场是市场体系的基础，是起决定作用的市场。成功的营销者是那些能够有效地开发对消费者有价值的产品，并运用具有吸引力和说服力的方法将产品有效地呈现给消费者的企业和个人。

以最终消费者为销售对象的企业必须重视研究消费者，必须深刻了解消费者市场的特点，把握消费者行为、影响消费者行为的因素及消费者的购买决策过程的特点。

三、消费者市场的特点

（1）消费者市场是最终市场，是体现整个社会最终供给和最终需求的矛盾关系的场所。如市场上之所以发生对生产资料的需求，归根到底是为了通过对其进行加工制造后提供消费品。所以，生产者市场需求是建立在消费者市场的需求基础上的。例如市场上对钢铁的需求是由于消费者需要缝纫机、自行车、电冰箱等；对皮革的需求是由于消费者需要皮鞋、皮包、皮箱等。因此，消费者市场需求的变化将直接影响其他市场的需求量。

（2）市场广阔，购买人数多而分散，市场潜力大。世界上所有人，从初生婴儿到暮年的老年人，为了维持生存，都要消费商品，无论他是否直接参与购买，都是消费者市场的一员。因此，消费需求无处不在，无时不有，只要有人群的地方，就存在着消费需求，存在着消费者市场。随着居民收入水平的提高，消费者市场中潜在需求很大，即市场潜力大。

（3）消费者多属非专家购买。他们在购买时往往只凭个人的感情和印象，因此，他们的购买决定容易受广告宣传、商品包装、推销方式、服务质量的影响。因此，消费品的推销更应注意研究和运用各种促销策略和手段，改进包装，提高服务质量，以引起消费者的购买欲望。

（4）消费者需求差异性大。消费者需求受政治、经济、社会、法律、心理、自然、科技等因素的影响，不同地区、不同民族、不同职业、不同收入水平、不同教育水平、不同年龄、不同性别的消费者，有着不同的消费习惯，表现出不同的需求特征。

（5）消费者市场的专用性不强。大多数消费品具有较强的互替性。例如，缝制衣服，可以用这种面料做，也可以用那种面料做；写字，既可以用钢笔，也可以用圆珠笔、铅笔等。所以，增加消费品的花色品种，对于促进消费者购买商品具有现实意义。

（6）购买力流动性大。由于人们购买力水平的限制，消费者对商品的购买（特别是对选购品和特殊品的购买）往往持慎重态度，因此造成购买力在不同地区、不同企业及互为代替品的商品间的流动。经济结构的变化和人口的流动，也会造成购买力的流动。

（7）消费者市场上购买者购买次数较多，购买的时间分散，每次的购买数量较少。

四、消费品的分类

（一）按消费者购买习惯分类

在消费者市场中，消费者所面对的购买对象是多种多样的。如果以消费者的购买习惯为标准，消费者的购买对象一般分为三类，即便利品、选购品和特购品。

1. 便利品

便利品又称日用品，是指消费者日常生活所需、需要经常购买、单价较低、购买风险较小的商品，如牙膏、肥皂、洗衣粉、油、盐等。消费者在购买这类商品时，已经熟悉该产品的性能和用途，一般不愿花很多的时间比较价格和质量。因此，便利品的生产者，应注意分销的广泛性和经销网点的合理分布，以便消费者能及时就近购买。

2. 选购品

是指价格比便利品要贵，消费者购买时愿花较多的时间对不同商家的产品的适用性、价格、品质及样式进行比较之后才决定购买的商品。如高级服装、家电等。消费者在购买前，对这类商品了解不多，因而在决定购买前总是要对同一类商品从价格、款式、质量等方面进行比较。选购品的生产者应该将销售网点设在商业网点较多的商业区，并将同类商品的销售点相对集中，以便顾客进行比较和选择。

3. 特购品

是指那些具有独特的性能和使用方法，消费者对其有特殊的偏好并愿意花较多时间与精力去购买的商品，如电视机、电冰箱、化妆品等。消费者在购买前对这类商品有一定的认识，偏爱特定的品牌和厂家，不愿意接受替代品。所以，企业应争取创建名牌产品，以赢得消费者的青睐，要加强广告宣传，扩大本企业产品的知名度，同时要切实做好售后服务和维修工作。

（二）按商品的耐用程度和使用频率分类

按商品的耐用程度和使用频率分类，消费者的购买对象可分为耐用品和非耐用品。

1. 耐用品

指能多次使用、寿命较长的商品。如电视机、电冰箱、电脑等。消费者购买这类商品时，决策较为慎重。生产这类商品的企业，要注意技术创新，提高产品质量，同时要做好售后服务，满足消费者的购买需求。

2. 非耐用品

指使用次数较少，消费者需经常购买的商品，如食品等。生产这类商品的企业，除应保证产品质量外，要特别注意销售点的设置，以方便消费者的购买。

营销管理小贴士

消费者市场又称最终消费者市场或消费品市场，是指个人或家庭为了生活消费而购买产品和服务的市场。在消费者市场中，购买者购买产品或服务的目的是为了自身的消费，不是为了谋取利润，也不是为了集团消费。

第三十课 什么是消费者购买行为

一、消费者购买行为的含义

消费者购买行为是指人们为满足需要和欲望而寻找、选择、购买、使用、评价、处置产品和服务时介入的过程活动，包括消费者的主观心理活动和客观物质活动两个方面。

消费者的购买行为是由一系列环节、要素构成的完整过程。在这一过程中，购买决策居于核心地位；决策的正确与否直接决定购买行为的发生方式、指向及效用大小。储蓄与投资是相对于即期购买行为的远期或逆消费行为；链式消费则是消费行为中一种带有规律性的表现形式。

消费者购买行为是复杂的，其购买行为的产生是受到其内在因素和外在因素的相互促进交互影响的。企业营销通过对消费者购买的研究，来掌握其购买行为的规律，从而制定有效的市场营销策略，实现企业营销目标。

二、消费者购买的特征

企业要在市场竞争中适应市场、驾驭市场，必须掌握消费者购买的基本特征。

（一）购买者多而分散

消费者购买涉及每个人和每个家庭，购买者多而分散。为此，消费者市场是一个人数众多、幅员广阔的市场。由于消费者所处的地理位置各不相同，闲暇时间不一致，造成购买地点和购买时间的分散性。

（二）购买量少，多次购买

消费者购买是以个人和家庭为购买和消费单位的，由于受到消费人数、需要量、购买力、储藏地点、商品保质期等诸多因素的影响，消费者为了保证自身的消费需要，往往购买批量小、批次多，购买频繁。

（三）购买的差异性大

消费者购买因受年龄、性别、职业、收入、文化程度、民族、宗教等影响，其需求有很大的差异性，对商品的要求也各不相同，而且随着社会经济的发展，消费者的消费习惯、消费观念、消费心理不断发生变化，从而导致消费者购买差异性大。

（四）大多属于非专家购买

绝大多数消费者购买缺乏相应的专业知识、价格知识和市场知识，尤其是对某些技术性较强、操作比较复杂的商品，更显得知识缺乏。在多数情况下，消费者购买时往往受感情的影响较大。因此，消费者很容易受广告宣传、商品包装、装潢以及其他促销方式的影响，产生购买冲动。

（五）购买的流动性大

消费者购买必然慎重选择，加之在市场经济比较发达的今天，人口在地区间的流动性较大，因而导致消费购买的流动性很大，消费者购买经常在不同产品、不同地区及不同企业之间流动。

（六）购买的周期性

有些商品，消费者需要常年购买、均衡消费，如食品、副食品、牛奶、蔬菜等生活必需商品；有些商品，消费者需要季节购买或节日购买，如一些时令服装、节日消费品；有些商品，消费者需要等商品的使用价值基本消费完毕才重新购买，如电话机与家用电器。这就表现出消费者购买有一定的周期性可循。

（七）购买的时代特征

消费者购买常常受到时代精神、社会风俗习俗的导向，从而使人们对消费购买产生一些新的需要。如APEC会议以后，唐装成为时代的风尚，随之流行起来；又如社会对知识的重视，对人才的需求量增加，从而使人们对书籍、文化用品的需要明显增加。这些显示出消费购买的时代特征。

（八）购买的发展性

随着社会的发展和人们消费水平、生活质量的提高，消费需求也在不断向前推进。过去只要能买到商品就行了，现在追求名牌；过去不敢问津的高档商品如汽车等，现在有人消费了；过去自己承担的劳务现在由劳务从业人员承担了等。这种新的需要不断产生，而且是永无止境的，使消费者购买具有发展性特点。

认清消费者购买的特点意义是十分重大的，它有助于企业根据消费者购买特征来制定营销策略，规划企业经营活动，为市场提供消费者满意的商品或劳务，更好地开展市场营销活动。

营销管理小贴士

消费者购买行为是指人们为满足需要和欲望而寻找、选择、购买、使用、评价、处置产品和服务时介入的过程活动，包括消费者的主观心理活动和客观物质活动两个方面。企业营销通过研究消费者购买行为，掌握其中规律，以此制定市场营销策略，实现营销目标。

第三十一课　消费者购买行为模式

一、冲动购买

冲动购买常常与无计划的和突然的购买有关，伴随着强大的催促力和愉快兴奋的感觉。它包括两个核心因素：

（1）认知方面缺乏对所购产品的计划、了解和详尽考虑。

（2）感情方面有情感反应，这种情感反应可能在一个无计划购买的同时或之后被引出，如愉快、兴奋和内疚等。某种情绪状态（如愉快、兴奋）也会引发冲动购买行为，消费者可能以冲动购买作为释放紧张和沮丧情绪的手段。

因素（1）是对产品低度涉入和对品牌特性或差异没有辨别察觉的表现，而因素（2）中的这种购买行为所带来的情感激发和释放则是显著的享乐主义的表现，属于享乐主义消费。

二、习惯性购买

当产品被重复购买或者产品相对不重要时，消费者就不会被激发在大脑里从事大量的决策活动。

习惯性的购买行为来自于消费者履行习惯行为以减少思考成本的需要。习惯性购买不会有强烈的、积极的品牌评价和比较，重复购买不是因为对品牌的强烈偏好，它代表减少认知付出的一种便利的方式。所以习惯购买的“惰性”及所购买商品低廉的价格注定消费者不会深度涉入（低涉入度）；在无明显缺陷的情况下也不会反复广泛比较“品牌差异”（低知觉差异）；同时现实生活的经验告诉我们，只有在购买价格低廉的日常实用品（如盐、大米）时才会有惯性购买（实用商品）。

三、寻求多样化购买

寻求多样化的购买行为在现象上表现为频繁的品牌转换，而制约品牌转换的最重要的因素是“转换成本”，所以消费者只有在购买成本较低的产品（如饮料、饼干、小饰品）时才会有频繁的品牌转换。而对于这种不重要、低成本的产品，消费者在购买时不会有复杂的认知和信息搜索过程，即涉入程度较低。追究寻求多样化购买的原因，其一是察觉了同类产品中其他品牌的优点（差异性），对另一个品牌的属性满意；其二是希望通过尝试不熟悉的品牌或多种品牌，体验一种新鲜、刺激的感觉，享受情感激发的享乐主义价值。

四、忠诚购买

品牌忠诚的消费者可能愿意为品牌支付更高的价格，因为他们察觉了品牌中蕴含的而其他品牌不能提供的独特价值。这种独特来源于对品牌可靠性的极大信任或消费者使用这个品牌时的赞赏的感情。忠诚购买者会长期、持续、重复选择众多替代品中的一个品牌，过往的消费经历使消费者对该品牌“独特的价值”非常了解（高知觉品牌差异）。消费者越是察觉各种品牌间的质量差异，就越觉得区别这些品牌的重要性，个人就越可能忠诚购买。知觉品牌差异可能是品牌忠诚度的最重要的预测因素之一。

同时对品牌的极端信任和有特殊的感情，使忠诚消费者对该品牌所具有的独特品质深信不疑，在购买时不会过多思考、付出认知，也不会再反复评价和比较品牌。通常情况下消费者持续、重复购买的产品都是实用型的产品。

五、促销反应购买

促销反应购买行为是促销倾向和价值意识两方面的表现，消费者履行促销行为是因为促销形式降低的价格和价值增加双重原因。在价值意识的作用下，消费者不仅关心低价，还要关心产品质量、关心是否物有所值。购买促销产品时消费者更倾向于搜索产品质量和价值信息，了解更多的产品知识和价格知识，所以可以预测是持久高度涉入和高知觉品牌差异的表现。另外促销倾向的消费者最有可能发现“不可拒绝的购买”，可能他们购买的东西从来不用，因此可以设想消费者购买的促销品不是为了实用，而是从购买促销品的过程中得到一种心理的享受，即享乐价值。例如促销活动降低购买价格从而增加交易效用，使消费者感觉自己得了便宜，或者觉得自己很精明。

六、复杂购买

表现为较长的较为复杂的认知过程、有广泛且深入的信息搜集行为、有品牌比较的行为、对商品的种种属性进行深入的理解与比较，这些是高度涉入和高知觉品牌差异的表现。

同时消费者一般对花钱多的产品、偶尔购买的产品、风险大的产品和引人注目的产品等的购买都非常专心仔细，这些产品多是功能型的实用产品。

七、减少失调购买

失调来源于情感与行为知识元素间的不一致，也就是认知错位。决策过程中，判断难度越大或决策越重大，这种失调效应越强烈。在消费者购买产品前，往往把一些产品的许多替代品牌看成基本相似的（如地毯），即使由于产品贵重的原因使消费者会深度介入了解产品的各种特性，但由于品牌差异性确实很小和一般消费者专业水平的限制，这种相似的概念不会改变。但实际上所有的品牌都不可能完全相同，即使非常相似的品牌也都有各自的优缺点。

这种认知上的错位使消费者无论购买哪个品牌，事后都会发现该品牌的缺点或其他品牌的优点，从而产生失调感。失调的购买者会产生后悔的感觉，事后设法自圆其说来圆满其实有缺点的消费。

八、影响购买

在影响型的购买行为中，消费者的购买行为之所以要受外界因素的影响，多是因为消费者对产品缺乏了解，凭眼看手摸难以对商品品质及品牌间差别做出判断（低知觉差异），此时亲朋好友的使用口碑及专家、权威人士的推荐或广告代言人的宣传被视为非常有力的证据，弥补了消费者关于这个品牌的信息知识的不足，导致认可和接受某一产品或品牌。通常咨询权威人士而购买产品多是功能性、实用性的。我们还可以预测，消费者受到外界因素的影响产生购买欲望后，会继续深度涉入，了解品牌的功能特性。

营销管理小贴士

消费者的购买决策过程是一种思想过程。了解消费者购买行为的不同模式，有助于企业根据不同的产品和消费者情况去制定和安排其营销计划，明确推广和宣传的重点内容和次要内容，以使企业的营销资源得到合理的分配和使用。

第三十二课 消费者购买行为影响因素

一、影响消费者购买行为的内在因素

影响消费者购买行为的内在因素很多，主要有消费者的个体因素与心理因素。购买者的年龄、性别、经济收入、教育程度等因素会在很大程度上影响消费者的购买行为。这部分内容已在第二单元第十二课中的“人口环境分析”和“经济环境分析”进行了分析。在此主要分析影响消费者购买的心理因素。

消费者心理是消费者在满足需要活动中的思想意识，它支配着消费者的购买行为。影响消费者购买的心理因素有动机、感受、态度、学习。

（一）动机

1. 需要引起动机

需要是人们对于某种事物的要求或欲望。就消费者而言，需要表现为获取各种物质需要和精神需要。马斯洛的“需要五层次”理论，即生理需要、安全需要、社会需要、尊重需要和自我实现的需要。需要产生动机，消费者购买动机是消费者内在需要与外界刺激相结合使主体产生一种动力而形成的。

2. 购买动机的类型

动机是为了使个人需要满足的一种驱动和冲动。消费者购买动机是指消费者为了满足某种需要，产生购买商品的欲望和意念。购买动机可分为两类：

（1）生理性购买动机。生理性购买动机指由人们因生理需要而产生的购买动机，如饥思食、渴思饮、寒思衣，又称本能动机。包括：①维持生命动机；②保护生命动机；③延续和发展生命的动机。生理动机具有经常性、习惯性和稳定性的特点。

（2）心理性购买动机。心理性购买动机是指人们由于心理需要而产生的购买动机。根据对人们心理活动的认识，以及对情感、意志等心理活动过程的研究，可将心理动机归纳为以下三类：

①感情动机。指由于个人的情绪和情感心理方面的因素而引起的购买动机。根据感情不同的侧重点，可以将其分为三种消费心理倾向：求新、求美、求荣。

②理智动机。指建立在对商品的客观认识的基础上，经过充分的分析比较后产生的购买动机。理智动机具有客观性、周密性的特点。在购买中表现为求实、求廉、求安全的心理。

③惠顾动机。指对特定的商品或特定的商店产生特殊的信任和偏好而形成的习惯重复光顾的购买动机。这种动机具有经常性和习惯性的特点，表现为嗜好心理。

人们的购买动机不同，购买行为必然是多样、多变的，要求企业营销深入细致地分析消费者的各种需求和动机，针对不同的需求层次和购买动机设计不同的产品和服务，制定有效的营销策略，获得营销成功。

（二）感受

消费者购买如何行动，还要看其对外界刺激物或情境的反映，这就是感受对消费者购买行为的影响。感受指的是人们的感觉和知觉。

所谓感觉，就是人们通过感官对外界的刺激物或情境的反应或印象。随着感觉的深入，各种感觉到的信息在头脑中被联系起来进行初步的分析综合，形成对刺激物或情境的整体反映，就是知觉。知觉对消费者的购买决策、购买行为影响较大。在刺激物或情境相同的情况下，消费者有不同的知觉，他们的购买决策、购买行为就截然不同。因为消费者知觉是一个有选择性的心理过程。

（1）有选择的注意。

（2）有选择的曲解。

（3）有选择的记忆。

分析感受对消费者购买的影响，目的是要求企业营销掌握这一规律，充分利用企业营销策略，引起消费者的注意，加深消费者的记忆，正确理解广告，影响其购买。

（三）态度

态度通常指个人对事物所持有的喜欢与否的评价、情感上的感受和行动倾向。消费者态度对消费者的购买行为有着很大的影响。企业营销人员应该注重对消费者态度的研究。

1. 消费者态度的来源

（1）与商品的直接接触。

（2）受他人直接、间接的影响。

（3）家庭教育与本人经历。

2. 消费者态度的内容

包含信念、情感和意向，它们对购买行为都有各自的影响作用。

（1）信念。指人们认为确定和真实的事物。在实际生活中，消费者不是根据知识，而常常是根据见解和信任作为他们购买的依据的。

（2）情感。指商品和服务在消费者情绪上的反应，如对商品或广告喜欢还是厌恶。情感往往受消费者本人的心理特征与社会规范影响。

（3）意向。指消费者采取某种方式行动的倾向，是倾向于采取购买行动，还是倾向于拒绝购买。消费者态度最终落实在购买的意向上。

研究消费者的态度，目的在于企业充分利用营销策略，让消费者了解企业的商品，帮助消费者建立对本企业的正确信念，培养对企业商品和服务的情感，让本企业产品和服务尽可能适应消费者的意向，使消费者的态度向着企业的方面转变。

（四）学习

学习是指由于经验引起的个人行为的改变。即消费者在购买和使用商品的实践中，逐步获得和积累经验，并根据经验调整自己购买行为的过程。学习是通过驱策力、刺激物、提示物、反应和强化的相互影响、相互作用而进行的。

“驱策力”是诱发人们行动的内在刺激力量。例如，某消费者重视身份地位，尊重需要就是一种驱策力。这种驱策力被引向某种刺激物——高级名牌西服时，驱策力就变为动机。在动机支配下，消费者需要做出购买名牌西服的反应。但购买行为发生往往取决于周围的“提示物”的刺激，如看了有关电视广告、商品陈列，他就会完成购买。如果穿着很满意的话，他对这一商品的反应就会加强，以后如果再遇到相同诱因时，就会产生相同的反应，即采取购买行为。如反应被反复强化，久之，就成为购买习惯了。这就是消费者的学习过程。

企业营销要注重消费者购买行为中“学习”这一因素的作用，通过各种途径给消费者提供信息，如重复广告，目的是达到加强诱因，激发驱策力，将人们的驱策力激发到马上行动的地步。同时，企业的商品和提供的服务要始终保持优质，消费者才有可能通过学习建立起对企业品牌的偏爱，形成购买本企业商品的习惯。

二、影响消费者购买的外在因素

（一）相关群体

相关群体是指那些影响人们的看法、意见、兴趣和观念的个人或集体。研究消费者行为可以把相关群体分为两类：参与群体与非参与群体。

1. 参与群体

参与群体是指消费者置身于其中的群体，有两种。

（1）主要群体是指个人经常性受其影响的非正式群体，如家庭、亲密朋友、同事、邻居等。

（2）次要群体是指个人并不经常受到其影响的正式群体，如工会、职业协会等。

2. 非参与群体

非参与群体是指消费者置身于外，但对购买有影响作用的群体。有两种情况：一种是期望群体；另一种是游离群体。期望群体是个人希望成为其中一员或与其交往的群体，游离群体是遭到个人拒绝或抵制，极力划清界限的群体。

企业营销应该重视相关群体对消费者购买行为的影响作用，利用相关群体的影响开展营销活动。企业营销还要注意，不同的商品受相关群体影响的程度不同。商品能见度越强，受相关群体影响越大。商品越特殊、购买频率越低，受相关群体影响越大。对商品越缺乏知识，受相关群体影响越大。

（二）社会阶层

社会阶层是指一个社会按照其社会准则将其成员划分为相对稳定的不同层次。不同社会阶层的人，他们的经济状况、价值观念、兴趣爱好、生活方式、消费特点、闲暇活动、接受大众传播媒体等各不相同。这些都会直接影响他们对商品的品牌、商店、购买习惯和购买方式。

企业营销要关注本国的社会阶层划分情况，针对不同的社会阶层爱好要求，通过适当的信息传播方式，在适当的地点，运用适当的销售方式，提供适当的产品和服务。

（三）家庭状况

一家一户组成了购买单位。在企业营销中应关注家庭对购买行为的重要影响。研究家庭中不同购买角色的作用，可以利用有效营销策略，使企业的促销措施引起购买发起者的注意，诱发主要营销者的兴趣，使决策者了解商品，解除顾虑，建立购买信心，使购买者购置方便。研究家庭生命周期对消费购买的影响，企业营销可以根据不同的家庭生命周期阶段的实践需要，开发产品和提供服务。

（四）社会文化状况

每个消费者都是社会的一员，其购买行为必然受到社会文化因素的影响，文化因素有时对消费者购买行为起着决定性的作用。企业营销必须予以充分的关注。

营销管理小贴士

一个人的购买行为是文化、社会、个人和心理因素之间相互影响和作用的结果。其中很多因素是市场营销者无法改变的，但这些因素在识别那些对产品有兴趣的购买者方面颇有用处。研究消费者需求及购买过程，是市场营销成功的基础。

第三十三课　消费者购买决策

一、消费者购买决策的含义

消费者购买决策是指消费者谨慎地评价某一产品、品牌或服务的属性，并进行选择、购买能满足某一特定需要的产品的过程。

广义的消费者购买决策是指消费者为了满足某种需求，在一定的购买动机的支配下，在可供选择的两个或者两个以上的购买方案中，经过分析、评价、选择并且实施最佳的购买方案，以及购后评价的活动过程。它是一个系统的决策活动过程，包括需求的确定、购买动机的形成、购买方案的抉择和实施、购后评价等环节。

二、消费者购买决策的特点

（一）消费者购买决策的目的性

消费者进行决策，就是要促进一个或若干个消费目标的实现，这本身就带有目的性。在决策过程中，要围绕目标进行筹划、选择、安排，就是实现活动的目的性。

（二）消费者购买决策的过程性

消费者在受到内、外部因素刺激，产生需求，形成购买动机，抉择和实施购买方案，购后经验又会反馈回去影响下一次的消费者购买决策，从而形成一个完整的循环过程。

（三）消费者购买决策主体的需求个性

由于购买商品行为是消费者主观需求、意愿的外在体现，受许多客观因素的影响。除集体消费之外，个体消费者的购买决策一般都是由消费者个人单独进行的。随着消费者支付水平的提高，购买行为中独立决策特点将越来越明显。

（四）消费者购买决策的复杂性

1. 心理活动和购买决策过程的复杂性

决策是人大脑复杂思维活动的产物。消费者在做决策时不仅要开展感觉、知觉、注意、记忆等一系列心理活动，还必须进行分析、推理、判断等一系列思维活动，并且要计算费用支出与可能带来的各种利益。因此，消费者的购买决策过程一般是比较复杂的。

2. 决策内容的复杂性

消费者通过分析，确定在何时、何地，以何种方式、何种价格购买何种品牌商品等一系列复杂的购买决策内容。

3. 购买决策影响因素的复杂性

消费者的购买决策受到多方面因素的影响和制约，具体包括消费者个人的性格、气质、兴趣、生活习惯与收入水平等主体相关因素；消费者所处的空间环境、社会文化环境和经济环境等各种刺激因素，如产品本身的属性、价格、企业的信誉和服务水平，以及各种促销形式等。这些因素之间存在着复杂的交互作用，它们会对消费者的决策内容、方式及结果有不确定的影响。

（五）消费者购买决策的情景性

由于影响决策的各种因素不是一成不变的，而是随着时间、地点、环境的变化不断发生变化。因此，对于同一个消费者的消费决策具有明显的情景性，其具体决策方式因所处情景不同而不同。由于不同消费者的收入水平、购买传统、消费心理、家庭环境等影响因素存在着差异性，因此，不同的消费者对于同一种商品的购买决策也可能存在着差异。

三、消费者购买决策的过程

（一）问题认知

消费者认识到自己有某种需要时，是其决策过程的开始，这种需要可能是由内在的生理活动引起的，也可能是受到外界的某种刺激引起的。

例如，看到别人穿新潮服装，自己也想购买；或者是内外两方面因素共同作用的结果。因此，营销者应注意不失时机地采取适当的措施，唤起和强化消费者的需要。

（二）搜寻信息

信息来源主要有四个方面：

个人来源，如家庭、亲友、邻居、同事等；

商业来源，如广告、推销员、分销商等；

公共来源，如大众传播媒体、消费者组织等；

经验来源，如操作、实验和使用产品的经验等。

（三）评价备选方案

消费者得到的各种有关信息可能是重复的，甚至是互相矛盾的，因此还要进行分析、评估和选择，这是决策过程中的决定性环节。

在消费者的评估选择过程中，有以下几点值得营销者注意。

（1）产品性能是购买者所考虑的首要问题。

（2）不同消费者对产品的各种性能给予的重视程度不同，或评估标准不同。

（3）多数消费者的评选过程是将实际产品同自己理想中的产品相

比较。

（四）购买决策

消费者对商品信息进行比较和评选后，已形成购买意愿，然而从购买意图到决定购买之间，还要受到以下两个因素的影响。

（1）他人的态度。反对态度愈强烈，或持反对态度者与购买者关系愈密切，修改购买意图的可能性就愈大。

（2）意外的情况。如果发生了意外的情况——失业、意外急需、涨价等，则很可能改变购买意图。

（五）购后评价

购后评价包括购后的满意程度和购后的活动。

消费者购后的满意程度取决于消费者对产品的预期性能与产品使用中的实际性能之间的对比。购买后的满意程度决定了消费者的购后活动，决定了消费者是否重复购买该产品，决定了消费者对该品牌的态度，并且还会影响到其他消费者，形成连锁效应。

四、消费者购买决策的类型

不同消费者购买决策过程的复杂程度不同，究其原因，受诸多因素影响，其中最主要的是参与程度和品牌差异大小。同类产品不同品牌之间的差异越大，产品价格越昂贵，消费者越是缺乏产品知识和购买经验，感受到的风险越大，购买过程就越复杂。比如，牙膏、火柴与计算机、轿车之间的购买复杂程度显然是不同的。阿萨尔根据购买者的参与程度和产品品牌差异程度区分出四种购买类型。

（一）复杂的购买行为

如果消费者属于高度参与，并且了解现有各品牌、品种和规格之间具有的显著差异，则会产生复杂的购买行为。复杂的购买行为指消费者需要经历大量的信息收集、全面的产品评估、慎重的购买决策和认真的购后评价等各个阶段。比如，家用计算机价格昂贵，不同品牌之间差异大，某人想购买家用计算机，但又不知硬盘、内存、主板、中央处理器、分辨率等为何物，对于不同品牌之间的性能、质量、价格等无法判断，贸然购买有极大的风险。因此他要广泛收集资料，弄清很多问题，逐步建立对此产品的信念，然后转变成态度，最后才会做出谨慎的购买决定。

（二）习惯性购买行为

对于价格低廉的、经常性购买的商品，消费者的购买行为是最简单的。这类商品中，各品牌的差别极小，消费者对此也十分熟悉，不需要花时间进行选择，一般随买随取就行了。例如，买油、盐之类的商品就是如此。这种简单的购买行为不经过搜集信息、评价产品特点，最后做出重大决定这种复杂的过程。

（三）寻求多样化的购买行为

有些商品牌子之间有明显差别，但消费者并不愿在上面多花时间，而是不断变化他们所购商品的牌子。如在购买点心之类的商品时，消费者往往不花过多的时间来选择和估价，下次买时再换一种新花样。这样做往往不是因为对产品不满意，而是为了寻求多样化。比如购买饼干，他们上次购买的是巧克力夹心饼干，下次购买的是奶油夹心饼干。这种品种的更换并非对上次购买的饼干不满意，而是想换换口味。

（四）化解不协调的购买行为

有些选购品，牌子之间区别不大，而消费者又不经常购买，购买时

有一定的风险性。对这类商品，消费者一般先转几家商店看看有什么货，进行一番比较，而后，不花多长时间就买回来，这是因为各种牌子之间没有什么明显的差别。一般如果价格合理，购买方便，机会合适，消费者就会决定购买。如购买沙发，虽然也要看它的款式、颜色，但一般差别不太大，有合适的就会买回来。

购买以后，消费者也许会感到有些不协调或不够满意，也许商品的某个地方不够称心，或者听到别人称赞其他种类的商品。在使用期间，消费者会了解更多情况，并寻求种种理由来减轻、化解这种不协调，以证明自己的购买决策是正确的。

营销管理小贴士

消费者购买决策是指消费者谨慎地评价某一产品、品牌或服务的属性并进行选择、购买能满足某一特定需要的产品的过程。市场营销人员通过了解购买者决策的全过程，可以获得许多有助于满足消费者的线索，有利于制定有效的市场营销计划。

第五单元

组织市场购买行为分析

组织市场由生产企业、商业企业、政府部门等各类形式的组织组成。组织市场是市场体系的重要组成部分。由于受到多种因素的影响，组织市场的特点与消费者市场有很大的差异。经理要充分了解其特点与差异，制定正确有效的营销方案。

第三十四课　组织市场概述

一、组织市场的含义

组织市场是由各种组织机构形成的对企业产品和劳务需求的总和。

二、组织市场的分类

（一）产业市场

产业市场，又叫生产者市场或企业市场。它是指一切购买产品和服务并将之用于生产其他产品或劳务，以供销售、出租或供应给他人的个人和组织。通常由以下产业组成：农业、林业、水产业；制造业；建筑业；通信业；公用事业；银行业、金融业和保险业；服务业等。

（二）转卖者市场

转卖者市场是指那些通过购买商品和劳务，以转售或出租给他人获取利润为目的的个人和组织。转卖者不提供形式效用，而是提供时间效用、地点效用和占有效用。转卖者市场由各种批发商和零售商组成。批发商是指这样的商业单位：它购买商品和劳务并将之转卖给零售商和其他商人以及产业用户、公共机关用户和商业用户等，但它不把商品大量卖给

最终消费者；而零售商的主要业务则是把商品或劳务直接卖给消费者。

（三）政府市场

政府市场是指那些为执行政府的主要职能而采购或租用商品的各级政府单位，也就是说，一个国家政府市场上的购买者是该国各级政府的采购机构。由于各国政府通过税收、财政预算等，掌握了相当大一部分国民收入，所以形成了一个很大的政府市场。

三、组织市场的特点

组织市场和消费者市场虽然相关，却截然不同。因此，搞清楚组织市场的特征有助于区分组织市场和消费者市场，特别是那些与消费者市场特别相似的组织市场。

（一）规模和复杂性

通常组织市场的顾客数量较消费者市场的少，并且每个顾客每次交易的规模和价值相对比较大。同时组织市场的购买者往往集中在某些区域，以至于这些区域的业务用品购买量在全国市场中占据相当的比重。例如，中国汽车业的零部件供应商把产品卖给为数不多的几个汽车制造企业：一汽集团、上汽集团、北汽集团、广汽集团和东风集团等，它们多集中在北京、上海、广州、武汉等地。显然每个顾客对于供应商都是十分重要的，如果失去任何一个顾客，这将严重影响供应企业的销售额。大客户一般都是很重要的，企业要设法与他们建立密切长期的关系，有时要有专门为大客户服务的营销队伍，进行多次长期的访问，从而赢取并保持持续的订单。

组织市场在总交易量、每笔交易的当事人数、客户经营活动的规模和多样性、生产阶段的数量和持续时间等方面，要比消费者市场大得多，复杂得多。此外，组织市场的数量并不受其下游消费者市场数量的限制，因为有些组织不参加任何消费者市场。一些组织对消费者提供服务而不直接收取费用（如慈善机构、教堂、学会等），另外有些组织中则根本看不到消费者这一角色的作用（如军队）。

（二）需求的特性

组织市场通过一系列的增值阶段为消费者市场提供产品，所以对最终消费的需求是引发组织市场供给的最终力量。组织市场的需求是从组织市场到消费者市场间各增值阶段一系列需求的派生。例如，出版社用纸市场的需求取决于对书籍和杂志的需求。如果对于最终消费品需求疲软，那么对所有用于生产这些消费品的企业产品的需求也将下降。组织市场的供应商必须密切关注最终消费者的购买类型和影响他们的各种环境因素。

组织市场对产品或服务的总需求量受价格波动影响较小。一般来说，原材料的价值越低或原材料成本在制成品成本中所占的比重越小，其需求弹性就越小。在短期内组织市场的需求无弹性，因为任何组织不能随时对其生产方式或运营模式做许多变动。

人们对企业用品和服务的需求要比对消费品及服务的需求更为多变。消费品需求增加一定比例，往往能够引起生产追加产出所必需的工厂和设备上升更大的比例。经济学家把这种现象称为加速原理。有时候，消费品需求仅上升 10%，却能在下一阶段引起企业用品需求上升 200%；而当消费品需求下降 10%，可能会在企业需求上造成雪崩。

（三）购买的特性

由于组织市场具有购买者数量较少而其购买规模较大的特性，与消费者市场相比，通常影响组织购买决策的人较多。大多数组织有专门的采购委员会，由技术专家、高层管理人员和一些相关人员组成。特别是在购买重要的商品时，决策往往是由采购委员会中的成员共同做出的。供应企业的营销人员不得不雇用一些受过精良训练、有专业知识和人际

交往能力的销售代表和销售队伍，与经过专业训练、具有丰富专业知识的采购人员打交道。

由于专业性采购，且交易涉及的金额较大，组织购买者通常直接从生产厂商那里购买产品，而不经过中间商，那些技术复杂和价格昂贵的项目更是如此。同时，由于组织市场购买者处于谈判强有力的地位，可以让卖方做出让步，反过来购买自己的产品。有些情况下，购买者要求卖方反过来购买自己的产品以确保订单的安全。

许多组织购买者日益转向大设备租赁，以取代直接购买。承租人能得到一系列好处：获得更多的可用资本，得到出租人最新的产品和上乘的服务以及一些税收利益。出租人则最终将得到较多的净收益，并有机会将产品出售给那些无力支付全部贷款的顾客。

营销管理小贴士

企业的市场营销对象不仅包括广大的消费者，也包括生产企业、商业企业、政府机构等各类组织机构，这些机构构成了庞大的市场。为了提高企业产品的市场占有率，扩大产品销售，企业必须了解组织市场购买行为及其决策过程。

第三十五课　产业市场概述

一、产业市场的含义

产业市场又叫生产者市场或工业市场，是由那些购买货物和劳务，并用来生产其他货物和劳务，以出售、出租给其他人的个人或组织构成。

一般认为，产业市场主要由以下产业组成：农业、林业、渔业、采矿业、制造业、建筑业、运输业、通信业、公用事业、银行业、金融业、保险业和服务业等。与向最终消费者销售产品相比，对产业用户的销售，要涉及更多的资金流动及商品项目。比如，就服装的生产与销售来说，首先需要农民将生产的棉花卖给纺织厂，纺织厂生产的坯布再卖给印染厂，印染企业加工过的布再卖给服装生产商，而生产的服装又需依次经过批发商、零售商，最终才到达消费者。生产和销售链条上的每一环节都需要购买许多商品和服务，这就说明了生产者的购买要远多于消费者的购买。

二、产业市场的特点

（一）购买者数量较少，购买者规模较大

在消费者市场上，购买者是个人和家庭，购买者数量很大，但规模较小。而生产者市场上的购买者，绝大多数都是企事业单位，购买的目的是为了满足其一定规模生产经营活动的需要，因而购买者的数量很少，但购买规模很大。由于有生产集中和规模经济，要达到一定的生产批量，一次的购买额必然很大。但是，在生产者市场内部，购买者的规模和购买批量的分布是不均衡的。

（二）地理位置集中

由于国家的产业政策、自然资源、地理环境、交通运输、社会分工与协作、销售市场的位置等因素对生产力空间布局的影响，容易导致其在生产分布上的集中。我国现代化大工业主要集中于东北、华北、东南沿海一带。因为这样一来，企业把生产资料卖给企业购买者的费用就可以降低。

（三）生产者市场的需求是派生需求

派生需求又叫引申需求，即生产者市场的需求是由消费者市场需求派生和引申出来的。例如，消费者对电视机的需求，引申出电视机厂对电视机生产资料的需求。派生需求要求生产者市场的企业不仅要了解直接服务对象的需求情况，而且要了解连带的消费者市场的需求动向，同时企业还可通过刺激最终消费者对最终产品的需求来促进自己的产品销售。

（四）生产者市场的需求波动性较大

生产者市场比消费者市场的需求波动性更大。这是因为，生产者市场内部的各种需求之间具有很强的连带性和相关性，而且消费品市场需求的结构性变化会引起生产者市场需求的一系列连锁反应；受经济规律的影响，消费品市场需求的少量增加与减少，会导致生产者市场需求较大幅度的增加和减少；生产者市场的需求更容易受各种环境因素（尤其是宏观环境因素）的影响，从而产生较大的波动。

（五）生产者市场的需求一般都缺乏弹性

在生产者市场上，生产资料购买者对价格不敏感，一般不受市场价格波动的影响。生产者市场的需求在短期内尤其缺乏弹性。这首先是因为生产者不能在短期内明显改变其生产工艺。例如，建筑业不能因水泥涨价而减少用量，也不能因钢材涨价而用塑料代替钢材。其次是因为生产者市场需求的派生性，只要最终消费品的需求量不变（或基本不变），引申的生产资料价格变动不会对其销量产生大的影响。最后是因为一种产品通常是由若干零件组成的，如果某种零件的价值很低，这种零件的成本在整个产品的成本中所占比重很小，即使其价格变动，对产品的价格也不会有太大影响，因此这些零件的需求也缺乏弹性。

（六）长期联系

生产者市场上的买卖双方倾向于建立长期的业务联系，相互依存，卖方在顾客购买决策的各个阶段往往要参与决策，帮助顾客解决一些购买过程的问题，提供完善的售前咨询、答疑及售中、售后服务，有时要帮助顾客寻找能满足其需要的商品，甚至按顾客要求的品种、性能、规格和时间定期向顾客供货。生产者市场的供方一定要通过有效的服务与顾客建立长期的业务联系，以保持自己产品的市场占有率和企业的稳定客户。

（七）生产资料的购买要求较为严格

这是因为，生产资料所购买的产品将被用于生产经营活动，不易替代，且单位产品价值较高，购买的数量较大，其质量好坏、适用性、经济性、供应等会给企业的生产经营过程、满足市场需求、应变能力、竞争能力及营利能力等方面形成较大的影响。因此，生产资料购买者对所购产品在技术、经济性等方面有着严格的要求。

营销管理小贴士

产业市场也称工业品市场或生产资料市场，它是组织市场的一个组成部分。这个市场购买者的目的是为了通过加工来盈利，而不是为了个人消费。组成产业市场的主要行业是农业、林业、渔业、采矿业、制造业、建筑业、运输业、通信业、金融业、服务业等。

第三十六课　购买类型及购买行为影响因素

一、生产者购买类型

生产者购买的类型可分为三种：直接重购、修正重购和新购。

（一）直接重购

这是一种在供应者、购买对象、购买方式都不变的情况下而购买以前曾经购买过的产品的购买类型。这种购买类型所购买的多是低值、易耗品，花费的人力较少，无须联合采购。面对这种采购类型，原有的供应者不必重复推销，而应努力使产品的质量和服务保持一定的水平，争取稳定的关系。

（二）修正重购

指购买者想改变产品的规格、价格、交货条件等，这需要调整或修订采购方案，包括增加或调整决策人数。对于这样的购买类型，原有的供应者要清醒地认识到面临的挑战，积极改进产品规格和服务质量，大力提高生产率，降低成本，以保持现有的客户；新的供应者要抓住机遇，积极开拓，争取更多的业务。

（三）新购

指生产者首次购买某种产品或服务。由于是第一次购买，买方对新购产品心中无数，因而在购买决策前，要收集大量的信息，因而制定决策所花时间也就越长。首次购买的成本越大，风险就越大，参加购买的

决策人员就越多。“新购”是营销人员的机会，要采取措施，影响决策的中心人物；要通过实事求是的广告宣传，使购买者了解本产品。为了达到这一目标，企业应将最优秀的推销人员组成一支庞大的营销队伍，以赢得采购者的信任和采取行动。

二、生产者购买行为影响因素

同消费者购买行为一样，生产者的购买行为也同样会受到各种因素的影响。美国学者韦伯斯特和温德将影响生产者购买行为的各种因素概括为四个主要因素：环境因素、组织因素、人际因素和个人因素。

（一）环境因素

在影响生产者购买行为的诸多因素中，经济环境是主要的。生产资料购买者受当前经济状况和预期经济状况的严重影响，当经济不景气或前景不佳时，生产者就会缩减投资，减少采购，压缩原材料的库存和采购。此外，生产资料购买者也受科技、政治和竞争发展的影响。营销者要密切注视这些环境因素的作用，力争将问题变成机遇。

（二）组织因素

每个企业的采购部门都有自己的目标、政策、工作程序和组织结构。产业市场营销者应了解并掌握购买者企业内部的采购部门在它的企业里处于什么地位——是一般的参谋部门，还是专业职能部门；它们的购买决策权是集中决定还是分散决定；在决定购买的过程中，哪些参与最后的决策等。只有对这些问题做到心中有数，才能使自己的营销有的放矢。

（三）人际因素

这是企业内部的人事关系的因素。生产资料购买的决定，是由公司各个部门和各个不同层次的人员组成的“采购中心”做出的。“采购中心”

的成员由质量管理者、采购申请者、财务主管者、工程技术人员等组成。这些成员的地位不同，权力有异，说服力有区别，他们之间的关系亦有所不同，而且对生产资料的采购决定所起的作用也不同，因而在购买决定上呈现出较为复杂的人际关系。生产资料营销人员必须了解用户购买决策的主要人员及其决策方式和评价标准，以及决策中心成员间相互影响的程度等，以便采取有效的营销措施，获得用户的光临。

（四）个人因素

产业市场的购买行为虽为理性活动，但参加采购决策的仍然是一个一个具体的人，而每个人在做出决定和采取行动时，都不可避免地受其年龄、收入、所受教育、职位和个人特性以及对风险态度的影响。因此，市场营销人员应了解产业市场采购员的个人情况，以便采取因人而异的营销措施。

营销管理小贴士

生产者购买的类型可分为三种：直接重购、修正重购和新购。生产者购买行为会受到各种因素的影响。美国学者韦伯斯特和温德将影响生产者购买行为的各种因素概括为四个主要因素：环境因素、组织因素、人际因素和个人因素。

第三十七课　生产者购买决策

一、购买决策的参与者

产业用品供货企业不仅要了解谁在市场上购买和产业市场的特点，而且要了解谁参与产业购买者的购买决策过程，他们在购买决策过程中充当什么角色，起什么作用，也就是说要了解其顾客的采购组织。

各企业的采购组织有所不同。小企业只有几个采购人员。大公司有很大的采购部门，由一位副总裁主管。有些公司的采购经理有权决定采购什么规格的产品、由谁供应；有些采购经理只负责把订货单交给供应商。通常，采购经理只对小产业用品有决策权，至于主要设备的采购，采购经理只能按照决策者的意图办事。

在任何一个企业中，除了专职的采购人员之外，还有一些其他人员也参与购买决策过程。所有参与购买决策过程的人员构成采购组织的决策单位，市场营销学称之为采购中心。企业的“采购中心”一般由下列五种人组成。

（一）使用者

即具体使用欲购买的某种产业用品的人员。公司要购买实验室用的电脑，其使用者是实验室的技术人员；要购买打字机，其使用者是办公室的秘书。使用者往往是最初提出购买某种产业用品意见的人，他们在计划购买产品的品种、规格中起着重要作用。

（二）影响者

这是从企业的内部和外部直接或间接影响购买决策的人。他们常协助企业确定产品规格。在众多的影响者中，企业外部的咨询机构和企业内部的技术人员影响最大。

（三）采购者

指企业中具体执行采购决定的人。他们是企业里有组织采购工作正式职权的人员，其主要任务是交易谈判和选择供应者。在较复杂的采购工作中，采购者还包括企业的高层管理人员。

（四）决定者

指企业里有权决定购买产品和供应者的人。在通常的采购中，采购者就是决定者。而在复杂的采购中，决定者通常是公司的主管。

（五）控制者

指控制企业外界信息流向的人，如采购代理商、技术人员、秘书等，他们可以阻止供应者的推销人员与使用者和决定者见面。

应该指出的是，并不是所有的企业采购任何产品都必须上述五种人员参加决策。一个企业的采购中心的规模和参加的人员，会因欲购产品种类的不同和企业自身规模的大小及企业组织结构的不同而有所区别。如企业欲购一部传真机和一部普通电话，前者由于技术性强，价格较高，因而参与决策的人较多，采购中心的规模较大，而后者因其技术性和价格都没有特殊之处，属普通购买，因此其决策者可能就是采购者，采购中心的人员较少，规模亦较小。

在一些企业中，采购的中心成员只有一人或几人，而另一些企业的采购中心人员则由数人或数十人组成，有的企业还设有专管采购的副总裁。

对生产资料供应者的营销人员来说，关键是了解一个企业的采购中心的组成人员各自所具有的相对决定权，以及采购中心的决策方式，以便采取富有针对性的营销措施。供货企业的市场营销人员必须了解谁是主要的决策参与者，以便影响最有影响力的重要人物。对采购中心成员较多的企业，营销人员可以只针对几个主要成员做工作，如果本企业的实力较强，则可采取分层次、分轻重、层层推进、步步深入的营销方针。

二、购买决策的过程

生产资料的购买者和消费资料的购买者一样，也有决策过程。供货企业的最高管理层和市场营销人员还要了解其顾客购买过程的各个阶段的情况，并采取适当措施，以适应顾客在各个阶段的需要，才能成为现实的卖主。产业购买者购买过程的阶段多少，也取决于产业购买者购买情况的复杂程度。在直接重购这种最简单的购买情况下，产业购买者的购买过程的阶段最少；在修正重购情况下，购买过程的阶段多一些；而在新购这种最复杂的情况下，购买过程的阶段最多，要经过八个阶段。

（一）提出需要

提出需求是生产者购买决策过程的起点。需求的提出，既可以是内部的刺激，也可以由外部的刺激引起。如内部的刺激，或因企业决定生产新产品，需要新的设备和原材料；或因存货水平开始下降，需要购进生产资料；或因发现过去采购的原料质量不好，需更换供应者。外部刺激诸如商品广告、营销人员的上门推销等，使采购人员发现了质量更好、价格更低的产品，促使他们提出采购需求。

（二）确定需要

指确定所需产品的数量和规格。简单的采购，由采购人员直接决定，而复杂的采购，则须由企业内部的使用者和工程技术人员共同决定。

1. 对设备的确认需求

为生产某新产品，提高某种老产品的质量、产量或降低消耗，经工艺研究需购置某种设备，并已被厂务会批准购置若干台。

2. 对原材料、标准件的确认需求

根据企业计划产量和定额资料可以确定某种原材料、标准件的需要量，再查阅该物资的库存量，进而确定需购买的数量。

企业的采购组织确定需要以后，要指定专家小组，对所需品种进行价值分析，做出详细的技术说明。价值分析法是美国通用电器公司的采购经理迈尔斯于 1947 年发明的。1954 年美国国防部开始采用价值分析技术，并改称为价值工程。价值分析中所说的“价值”，是指某种产品的“功能”与这种产品所耗费的资源（即成本或费用）之间的比例关系，也就是经营效益（或经营效果）。其公式为：

V（价值）$=F/C$

公式中的 F（功能）是指产品的用途、效用、作用，也就是产品的使用价值；C 为成本或费用。

采购单位的专家小组要对所需品种进行价值分析，并写出文字精练的技术说明，作为采购人员取舍的标准。供货企业的市场营销人员也要运用价值分析技术，向顾客说明其产品有良好的功能。

最后，还要把各种原材料的技术特性要求、规格和数量的详尽的明细表格上交，经主管部门审核后，报主管生产的副厂长和厂务会议研究批准。

（三）产品规格

指由专业技术人员对所需产品的规格、型号、功能等技术指标做具体分析，并做出详细的说明，供采购人员参考。在对产品进行分析时，一般采用价值分析法。企业通过对某一产品的价值分析，明确某产品可能产生的经济效益，从而指导采购者选购产品。

（四）物色供应商

为了选购满意的产品，采购人员要通过工商企业名录等途径，物色服务周到、产品质量高、声誉好的供应商。生产者对所需原材料、标准件及外协件的供应者，必须进行深入的调查、了解、分析和比较后才能确定。对原材料、标准件供应商，主要从产品的质量、价格、信誉及售后服务方面进行分析、比较。对大批量外协件供应商的了解内容除上述的几个方面外，还必须深入提供外协件的各企业内部，调查了解该企业的生产技术检验水平及企业管理的能力，经分析、比较后再确定。

供货企业应通过广告等方式，努力提高企业在市场上的知名度。

（五）征求建议

对已物色的多个候选供应商，购买者应请他们提交供应建议书，尤其是对价值高、价格贵的产品，还要求他们写出详细的说明，对经过筛选后留下的供应商，要他们提出正式的说明。因此，供应商的营销人员应根据市场情况，写出实事求是而又别出心裁、具有打动人心的产品说明，力求全面而形象地表达所推销产品的优点和特性，力争在众多的竞争者中获得成交。

（六）选择供应商

在收到多个供应商的有关资料后，采购者将根据资料，选择比较满意的供应商。在选择供应商时，不仅考虑其技术能力，还要考虑其能否及时供货，能否提供必要的服务。其遴选的主要条件是：

（1）交货快慢。

（2）产品质量。

（3）产品价格。

（4）企业信誉。

（5）产品品种。

（6）技术能力和生产设备。

（7）服务质量。

（8）付款结算方式。

（9）财务状况。

（10）地理位置。

根据上述条件遴选出数个供应商。企业在最后确定供应商之前，有时还要和供应商面谈，争取更优惠的条件。不少企业最后确定的供应商，不限于一个，其目的在于，一方面有多个供应商，以免受制于人；另一方面，也可以通过几个供应商的竞争，促使他们改进服务质量。当然，企业在确定的几个供应商中，必定有一个为主，其他几个为辅。比如购买者最后确定了三个供应商，便向为主的供应商购买所需产品总量的60%，向为辅的两个供应商分别购买所需产品总量的30%和10%。

（七）发出正式订单

企业的采购中心最后选定供应商以后，第七步是采购经理开订货单给选定的供应商，在订货单上列举技术说明、需要数量、期望交货期等。现在许多企业日趋采用“一揽子合同”，即和某一供应商建立长期的供货关系，这个供应商允许只要购买者需要购买时，供应商就会按原定的价格条件及时供货。这种“一揽子合同”对供求双方都带来了方便，对采购者而言，不但减少了多次购买签约的麻烦和由此增加的费用，也减轻了库存的压力。因为由于这一“合同”，实际上购买者将存货放在了供应商的库里。如果需要进货时，只需用计算机自动打印或电传一份订货单给供应商。因此“一揽子合同”又称为“无库存采购计划”。就供应商而论，他的产品有了固定的销路，减轻了竞争的压力。

（八）绩效评价

产品购进后，采购者还会及时向使用者了解其对产品的评价，考查各个供应商的履约情况，并根据了解和考查的结果，决定今后是否继续采购某供应商的产品。为此，供应商在产品销售出去以后，要加强追踪调查和售后服务，以赢得采购者的信任，保持长久的供求关系。同时，对本次购买活动进行总结。有两个方面的内容：一方面对购买的工业品的质量要验证，看是否符合明细表和设计图纸的要求；另一方面对所付出的购买金额和差旅费等进行分析，是突破还是节余，查明原因，以利于继续购买或改换供应单位。

营销管理小贴士

产业用品供货企业不仅要了解谁在市场上购买和产业市场的特点，而且要了解谁参与产业购买者的购买决策过程。供货企业的最高管理层和市场营销人员还要了解其顾客购买过程的各个阶段的情况，并采取适当措施，以适应顾客在各个阶段的需要。

第三十八课　中间商市场概述

一、中间商市场的含义

中间商市场也称转卖者市场或再售者市场，是由所有以营利为目的的从事转卖或出租业务的个人和组织所组织的市场。中间商不提供形式效用，而只提供时间效用、地点效用和占有效用。

二、中间商市场的特点

（1）购买者数目多，供应范围广，网点多。

（2）属引发性需求，要研究消费者动态。

（3）要求商品组合配套，商品花色品种要丰富。

（4）购买业务量大，需求缺乏弹性。少谈价格，多谈市场销售。

三、中间商的购买类型

（一）新产品采购

指中间商对是否购进以及向谁购进以前未经营过的某一新产品做出决策。即首先考虑“买”与“不买”，然后再考虑“向谁购买”。中间商会通过对该产品的进价、售价、市场需求和市场风险等因素分析后做出决定。

（二）最佳供应商选择

指中间商已经确定需要购进的产品，在寻求最合适的供应商。这种购买类型的发生往往与下列情况有关：各种品牌货源充裕，但是中间商缺乏足够的经营场地，只能选择经营某些品牌。若中间商打算用自创的品牌销售产品，则选择愿意为自己制造品牌产品的生产企业。

（三）改善交易条件的采购

指中间商希望现有的供应商在原交易条件上再做些让步，使自己得到更多的利益。如果同类产品的供应增多或其他供应商提出了更有诱惑力的价格或供货条件，中间商就会要求现有供应商加大折扣、增加服务或给予信贷优惠等。他们并不想更换供应商，但是会作为一种施加压力的手段。

（四）直接重购

指中间商的采购部门按照过去的订货目录和交易条件继续向原先的

供应商购买产品。中间商会对以往的供应商进行评估，选择感到满意的作为直接重购的供应商，在商品库存低于规定水平时就按照常规续购。

四、采购者的购买风格

采购者个人的购买风格对中间商的购买行为的影响不可忽视。销售经理人狄克森把采购者个人的购买风格分为七类。

（一）忠诚的采购者

指长期忠实地从某一供应商处进货的采购者。这种采购者对供应商是最有利的，供应商应当分析能够使采购者保持“忠实”的原因，采取有效的措施使现有的忠实采购者保持忠实，将其他类型采购者转变为忠实的采购者。

（二）随机型采购者

这类采购者事先选择若干符合采购要求、满足自己长期利益的供应商，然后随机地确定交易对象并经常更换。他们喜欢变换和不断地尝试，对任一供应商都没有长期的合作关系和感情基础，也不认为某一供应商的产品和交易条件优于他人。对于这类采购者，供应商在保证产品质量的前提下提供理想的交易条件，同时增进交流，帮助解决业务的和个人的有关困难，加强感情投资，使之成为忠实的采购者。

（三）最佳交易采购者

指力图在一定时间和场合中实现最佳交易条件的采购者。这类采购者在与某一供应商保持业务关系的同时，还会不断地收集其他供应商的信息，一旦发现产品或交易条件更佳的供应商，就立即转换购买。他们一般不会成为某一供应商的长期顾客，除非该供应商始终保持其他竞争对手无法比拟的交易条件。这类采购者的购买行为理智性强，不太受情感因素支配，供应商若单纯依靠感情投资来强化联系则难以奏效，最重要的是提供比竞争对手更多的利益。

（四）创造性的采购者

指经常对交易条件提出一些创造性的想法并要求供应商接受的采购者。这类采购者有思想，爱动脑，喜欢创新，常常提出一些新的尝试性的交易办法，在执行决策部门制定的采购方案时，最大限度地利用自己的权限，按照自己的想法去做。对于交易中的矛盾分歧能提出多种解决方案以使双方接受，如果实在无法调和，则更换供应商。对于这类采购者，供应商要给予充分尊重，对好的想法给予鼓励和配合，不成熟的想法也不要讥笑，在不损害自己根本利益的前提下，要尽可能地接受他们的意见和想法。

（五）追求广告支持的采购者

指把获得广告补贴作为每笔交易的一个组成部分，甚至是首要目标的采购者。这些要求符合买卖双方的利益，在力所能及或合理的限度内，供应商可考虑给予满足。

（六）斤斤计较的采购者

指每笔交易都反复地讨价还价，力图得到最大折扣的采购者。这类采购者只选择价格最低或折扣最大的供应商。与这类采购者打交道是比较困难的，让步太多则无利可图，让步太少则丢了生意。供应商在谈判过程中要有耐心和忍让的态度，以大量的事实和数据说明自己已经做出了最大限度的让步，争取达成交易。

（七）琐碎的采购者

这类采购者每次购买的总量不大，但品种繁多，重视不同品种的搭配，力图实现最佳的产品组合。供应商与这类采购者打交道会增加许多工作量，如算账、开单、包装和送货等。对于这类采购者，供应商应当提供细致周到的服务，不能有丝毫厌烦之意。

营销管理小贴士

中间商市场，也被称为转卖者市场，是指购买产品用于转售或租赁以获取利润的单位和个人，包括批发商和零售商。中间商的购买类型主要包括新产品采购、最佳供应商选择、改善交易条件的采购与直接重构。

第三十九课 中间商购买决策

一、购买决策的参与者

中间商购买决策参与者的多少与商店规模和类型有关。在大公司里，有专人或专门的组织从事采购工作，重要的项目有更高层次和更多的人员参与。这些人和组织分别扮演着七种角色中的一种或几种。虽然不同类型的中间商如百货公司、超级市场、杂货批发商等采购方式不同，同类中间商的采购方式也有差别，但是其中也有很多共性。以连锁超市为例，参与购买决策的人员和组织主要包括：

（一）商品经理

商品经理是连锁超市公司总部的专职采购人员，分别负责各类商品的采购任务，收集同类产品不同品牌的信息，选择适当的品种和品牌。有些商品经理被赋予较大的权力，可以自行决定接受或拒绝某种新产品或新品牌。有些商品经理权力较小，只是负责审查等，然后向公司的采购委员会提出接受或拒绝的建议。

（二）采购委员会

采购委员会通常由公司总部的各部门经理和商品经理组成，负责审查商品经理提出的新产品采购建议，做出购买与否的决策。由于商品经理控制信息和提出建议，事实上具有决定性作用。采购委员会只是起到平衡各种意见的作用，在新产品评估和购买决策方面产生重要影响，并代替商品经理向供应商提出购买的理由，充当两者之间的调节者。

（三）分店经理

分店经理是连锁超市下属各分店的负责人，掌握着分店一级的采购权。美国连锁超市各个分店的货源有2/3是由分店经理自行决定采购的。即使某种产品被连锁公司总部的采购委员会接受，也不一定被各个分店接受，这就加大了制造商的推销难度。

二、购买决策的过程

中间商完整的购买决策过程分为八个阶段，即认识需要、确定需要、说明需要、物色供应商、征求供应建议书、选择供应商、签订合约和绩效评价。

（一）认识需要

认识需要是指中间商认识自己的需要，明确所要解决的问题。认识需要可以由内在刺激和外在刺激引起。内在刺激是指中间商通过销售业绩分析，认为目前经营的品种陈旧落后，不适应市场需求潮流，从而主动寻求购进新产品，改善产品结构。外在刺激是指中间商在采购人员通过广告、展销会、供应商的推销人员或消费者等途径了解到有更加适销对路的新产品，产生购买欲望。

（二）确定需要

确定需要是指中间商根据产品组合策略确定购进产品的品牌规格和数量。批发商和零售商的产品组合策略主要有四种。

1. 独家产品

即所销售的不同花色品种的同类产品都由同一品牌或同一厂家生产。

2. 深度产品

即所销售的不同花色品种的同类产品由不同品牌或不同厂家搭配而成。

3. 广度产品

即经营某一行业的多系列、多品种的产品。如电器商店经营电视机、电冰箱、洗衣机、收录机等。

4. 混合产品

即跨行业经营多种互不相关的产品。例如某商店经营电视机、电冰箱、服装、食品、鞋帽等。

（三）说明需要

说明所购买产品的品种、规格、质量、价格、数量和购进时间，写出详细的采购说明书，作为采购人员的采购依据。中间商为了减少“买进卖出”带来的风险，对产品购进时间的要求极其严格，或者要求立即购进以赶上消费潮流，或者把购进时间一拖再拖以看清消费趋向。中间商决定购买数量的主要依据是现在的存货水平、预期的需求水平和成本/效益的比较。当大量进货能够获得较大折扣时，则大量进货；当小量进货能够减少存货成本时，则小量进货。供应商应了解中间商的购买意图，采取相应的营销策略。

（四）物色供应商

采购人员根据采购说明书的要求通过多种途径收集信息，寻找最佳

供应商。如果新产品采购或所需品种复杂，这项工作的工作量就大些。

（五）征求供应建议书

邀请合格的供应商提交供应建议书，筛选后留下少数选择对象。

（六）选择供应商

采购部门和决策部门分析评价供应建议书，确定所购产品的供应商。中间商的购买多属专家购买、理性购买，希望从供应商那里得到最大限度的优惠条件。选择供应商主要考虑的因素是：有强烈的合作欲望和良好的合作态度；产品质量可靠，适销对路，与本店的经营风格一致；价格低廉，折扣大，可以推迟付款；信用保证，减少中间商进货风险，补偿因商品滞销、跌价而产生的损失；交货及时；给予广告支持或广告津贴；提供完善的售后服务，有专门的维修点，可以退换有缺陷破损的商品，遇到顾客投诉或产品质量事故等纠纷时无条件地承担责任等。

（七）签订合约

中间商根据采购说明书和有关交易条件与供应商签订订单。他们也倾向丁签订长期有效的合同，以保证货源稳定，供货及时，减少库存成本。

（八）绩效评价

中间商对各个供应商的绩效、信誉、合作诚意等因素进行评价，以决定下一步是否继续合作。

营销管理小贴士

虽然不同类型中间商的采购方式不同，同类中间商的采购方式也有差别，但是其中也有许多共性。中间商完整的购买过程分为八个阶段：认识需要、确定需要、说明需要、物色供应商、征求供应建议书、选择供应商、签订合约和绩效评价。

第六单元

市场营销调查研究

市场调查研究是系统地收集、分析和提供与企业面临的特定营销问题有关信息的活动。市场调查研究对企业做出正确的营销决策具有重要的作用。随着外部环境不确定的增强，市场调查作为获取外部信息的重要手段，对企业经营成败的作用越来越大。

第四十课　营销信息系统

一、营销信息系统的含义

市场营销信息系统是指有计划有规则地收集、分类、分析、评价与处理信息的程序和方法，有效地提供有用信息，供企业营销决策者制定规划和策略的由人员、机器和计算机程序所构成的一种相互作用的有组织的系统。

二、营销信息系统的构成与职能

（一）营销信息系统的构成

根据对市场信息系统的要求和市场信息系统收集、处理和利用各种资料的范围，其基本框架一般由四个子系统构成。

1. 内部报告系统

内部报告的主要任务是由企业内部的财务、生产、销售等部门定期提供控制企业全部营销活动所需的信息，包括订货、销售、库存、生产进度、成本、现金流量、应收应付账款及盈亏等方面的信息。企业营销管理人员通过分析这些信息，比较各种指标的计划和实际执行情况，可以及时发现企业的市场机会和存在的问题。企业的内部报告系统的关键是如何

提高这一循环系统的运行效率，并使整个内部报告系统能够迅速、准确、可靠地向企业的营销决策者提供各种有用的信息。

2. 市场营销情报系统

企业的市场营销情报系统是指企业营销人员取得外部市场营销环境中的有关资料的程序或来源。该系统的任务是提供外界市场环境所发生的有关动态的信息。企业通过市场营销情报系统，可能从各种途径取得市场情报信息，如通过查阅各种商业报刊、文件、网上下载；直接与顾客、供应者、经销商交谈；与企业内部有关人员交换信息等方式。也可通过雇用专家收集有关的市场信息，通过向情报商购买市场信息等。系统要求采取正规的程序提高情报的质量和数量；训练和鼓励营销人员收集情报；鼓励中间商及合作者互通情报；购买信息机构的情报；参加各种贸易展览会等。

3. 市场营销研究系统

市场营销研究系统是完成企业所面临的明确具体的市场营销情况的研究工作程序或方法的总体。其任务是：针对确定的市场营销问题，收集、分析和评价有关的信息资料，并对研究结果提出正式报告，供决策者针对性地用于解决特定问题，以减少由主观判断可能造成的决策失误。因各企业所面临的问题不同，所以需要进行市场研究的内容也不同。根据国外对企业市场营销研究的调查，发现主要有市场特性的确定、市场需求潜量的测量、市场占有率分析、销售分析、企业趋势研究、竞争产品研究、短期预测、新产品接受性和潜力研究、长期预测、定价研究等内容，企业研究得比较普遍。

4. 市场营销分析系统

市场营销分析系统是指一组用来分析市场资料和解决复杂的市场问题的技术和技巧。这个系统由统计分析模型和市场营销模型两个部分组成，第一部分是借助各种统计方法对所输入的市场信息进行分析的统计库；第二部分是专门用于协助企业决策者选择最佳的市场营销策略的模型库。

（二）营销信息系统的职能

通过以上市场营销信息系统的四个子系统所研究的内容及这些子系统之间的关系的分析，可以看出企业的市场营销信息系统具有以下重要职能：

（1）集中——搜寻与汇集各种市场信息资料。

（2）处理——对所汇集的资料进行整理、分类、编辑与总结。

（3）分析——进行各种指标的计算、比较、综合。

（4）储存与检索——编制资料索引并加以储存，以便需要时查找。

（5）评价——鉴明输入的各种信息的准确性。

（6）传递——将各种经过处理的信息迅速准确地传递给有关人员，以便及时调整企业的经营决策。

三、营销信息系统的信息

（一）收集营销信息的意义

一个企业的营销系统是由地域分散的销售部门、市场研究部门和决策机构组成的，并且由于竞争的加剧，企业必须能够及时地分辨市场环境和机遇，对客户的产品和服务需求能够及时满足，因而企业的营销信息系统是一个分布式的实时系统。

同时，市场营销活动是建立在对市场的了解和分析的基础上的，对市场的了解需要收集、整理大量的营销信息。市场营销信息具有很强的时效性，处于不断地更新变化之中，这就要求企业营销部门必须不断地、及时收集各种信息，以便不断掌握新情况，研究新问题，取得市场营销的主动权，通过企业营销信息系统，帮助管理者建立与企业内外部的信息连接。

（二）营销信息的类型

营销信息可以分为内部营销信息和外部营销信息。内部营销信息主要包括：有关订单、装运、成本、存货、现金流程、应收账款和销售报告等各种反映企业经营现状的信息。外部营销信息主要是指市场信息，它集中反映了商品供需变化和市场的发展趋势，主要包括以下内容。

1. 市场需求信息

主要由以下三个方面组成：购买力信息，它反映了社会购买能力，如用户的数量与收入情况、用户的构成、用户的各种分布等；购买动机信息，它反映了用户产生购买动机的各种原因；反映用户各种偏好等的潜在需求信息。

2. 竞争信息

市场经济的一个主要特征是竞争性，竞争信息主要反映了市场竞争状况，这对于企业制定正确的经营对策具有十分重要的意义。

3. 用户信息

用户信息包括企业用户的基本情况和潜在用户的分布情况、用户的主要特点和支付能力、信用程序等方面的评价。

4. 合作伙伴信息

由于企业在生产中需要购买各种原材料和零配件，并且需要一系列的销售商来将产品推向市场，在生产过程中，还可能需要其他厂商的协助生产，因此营销信息系统需要原材料与零配件供应商、合作生产企业和分销商等的信息。

总之，营销信息系统需要收集和处理大量信息，以便对市场做出快速响应，不但要及时响应顾客的产品和服务需求，还要能够根据市场变化，及时调整营销策略。

营销管理小贴士

市场营销信息系统是管理信息系统的一部分。营销信息系统的各个功能子系统分别用于组织中的不同管理层次。营销信息系统不但可用于营销管理，而且还支持具体的日常营销活动。营销信息系统的信息可以分为内部营销信息和外部营销信息。

第四十一课　什么是市场调查

一、市场调查的含义

市场调查就是指运用科学的方法，有目的、有系统地搜集、记录、整理有关市场营销信息和资料，分析市场情况，了解市场的现状及发展趋势，为市场预测和营销决策提供客观、正确的资料。

从广义上来说，市场调查泛指人们为了解决某种产品的营销问题而有意识地进行了解市场、认识市场的过程和努力；从狭义上来说，市场调查特指人们为了对某种产品的营销问题进行决策提供客观依据而系统地收集、整理、分析和处理资料的工作。无论我们从广义上或是狭义上来理解，市场调查是任何一个在市场经济体制下的企业，特别是活跃在国际市场上的进出口企业的营销活动不可缺少的组成部分，是企业赖以成功销售产品的基本条件。

二、市场调查的特点

（一）市场调查的内容是广泛的

市场调查可以用于测量很简单的东西，如被调查者的身高、体重或性别、年龄、文化程度等基本情况，也可以用于测量如态度或爱好之类的复杂问题。当然这是有一定限定的。有些问题被调查者可能不会回答，也可能是不知道这个问题该如何回答，或是问题太敏感不愿回答，例如与社会禁忌或忌讳有关的事情（如性行为、吸毒等）。通常仅靠一般的调查，要想从大部分被调查者都感为难的问题中得到所需的信息是不可能的。

（二）市场调查是按客户的具体情况“量体裁衣”的

在对一项调查进行设计时，首先想到的三个问题是：这项调查需要多少费用？需要多长时间？可以获取多少信息？这些问题我们常常无法准确地回答，需要具体问题具体分析，因为调查研究的不同项目情况可能是不相同的。由于市场调查可以按客户的具体情况“量体裁衣”，因此可以想法将方案设计得尽可能满足客户的信息需求和经费预算。一个调查项目可以只花几千元，也可以花费几十万、几百万甚至几千万元；可以在一天之内完成，也可长至几个月；可以只提供小范围的一点点数据，也可以给出覆盖大范围的大量的信息。总之，项目的设计要与客户的需要和财力相适应。例如，对经费少的客户，可以选用比较节约的调查方法，提供较为定性的数据等。

（三）市场调查的方法是多样的

调查研究的方案设计是多样的，收集数据的方法可以采用面访、电话访谈或直接邮寄。调查地点可在被访者的家中、在工作单位、在购物场所，甚至在他们娱乐的地方。被访者可能只需花几分钟，也可能花上一个小时。

（四）市场调查开展的程度是有伸缩性的

所收集数据的多少和复杂程度是可以选择的，这取决于所需求的信息和所拥有的经费。简单的调查可以设计得只需几页记录纸和一个可装在口袋里的计算器，结果也就是几页报告。复杂的大规模的调查要采用高级的计算机和数据分析程序，用于处理、计算并生成大量精确的信息，而这在一二十年前是不太可能得到的。

（五）市场调查的结果是有效的

因为调查采用抽样的方法，所以从一个相当小的样本就可以得到关于一个很大总体的信息。调查的样本量一般很少超过一千人的水平，即使调查的结果要用于推断千万人。很好的设计和组织对保证调查研究的效率十分重要。通过精心的设计和安排，上百个问题的问卷几分钟就可以答完，否则也可能会花上几个小时。

（六）市场调查是有局限性的

市场调查应该得到、也常常可以得到比投入的费用高几倍价值的信息。但调查除了需要时间和费用外，还需要智力和努力，特别是在设计和每一步方案的实施时对智力和努力的要求更高，对于一项调查，必须有一个人负全责。这个人虽然不需要做全部的决策和全部的工作，但他必须连续地全力以赴地领导、管理和监督方案的设计和实施过程。他对于一项调研进行的每一个步骤要有一个很具体的设想，否则早期某些步骤中的潜在问题将可能把调研进程引进死胡同，或在后期出现严重的问题。

（七）市场调查的结论不是完美无缺的

就像任何其他工作那样，市场调查也不可避免地会有错误、误差和疏忽。对方案的缜密设计和细心实施的目的就是为了避免较大的误差和疏忽。只要对调查信息的价值没有严重损害，细小的错误应当容忍。如果在调查或结束之后发现了细小的错误，就应当考察它们对调查信息有什么影响。仅仅因为一些细小的错误就贬低或抛弃调查的结果是不合适的。应当按照错误的具体情况进行修正处理，这样可能需要在解释结果时做些修改，或是对调查发现的依赖方面做些变动。

（八）市场调查不能直接指示决定

即使没有发现错误或疏忽，调查完全按所设计的方案进行，结果也不是完全确定的，不能指示或决定最终答案。调查结果只应被当成是另外一种证据。必须参考一般经验、普通的道理和其他信息来对它进行评价。人类的感性和判断总是必要的。对调查的结果要认真思考、理解，看与我们对问题的感性认识是否基本吻合，如果不相符，原因何在，必要时需进行进一步的调研和分析。调查结果是重要的决策参考依据，但并不等于准确地给出了决策答案。

营销管理小贴士

市场调查研究是系统、客观、有目的地收集、记录、整理、分析和解释所需的信息资料，以帮助企业决策者了解环境、分析问题、制定和评价市场营销策略的信息管理活动。市场调查具有多方面的特点。

第四十二课　市场调查的内容

市场调查的内容涉及市场营销活动的整个过程，主要包括以下内容。

一、市场环境的调查

市场环境的调查主要包括经济环境、政治环境、社会文化环境、科学环境和自然地理环境等。具体的调查内容可以是市场的购买力水平、经济结构、国家的方针、政策和法律法规、风俗习惯、科学发展动态、气候等各种影响市场营销的因素。

（一）政治法律环境

1. 企业政治环境

政治环境是指企业面临的外部政治形势、状况和制度，分为国内政治环境和国际政治环境。

对国内政治环境的调查，主要是分析党和政府的路线、方针、政策的制定与调整，及其对市场、企业产生的影响。

2. 企业法律环境

企业在市场经营活动中，必须遵守各项法律、法令、法规、条例等。

法律环境的调查，是分析研究国家和地区的各项法律、法规，尤其是其中的经济法规。

随着买方市场的形成，消费者组织对企业营销活动的影响日益增强，企业管理者在市场活动中必须认真考虑消费者利益，为消费者提供良好的产品和服务。

（二）经济技术环境

1. 企业经济环境

经济环境是指企业面临的社会经济条件及其运行状况、发展趋势、产业结构、交通运输、资源等情况。

经济环境是制约企业生存和发展的重要因素。

经济环境调查具体包括：社会购买力水平、消费者收支状况、居民

储蓄和信贷等情况变化的调查。

2. 企业技术环境

科学技术的发展，使商品的市场生命周期迅速缩短，生产的增长也越来越多地依赖科技的进步。

以电子技术、信息技术、新材料技术、生物技术为主要特征的新技术革命，不断改造着传统产业，使产品的数量、质量、品种和规格有了新的飞跃，同时也使一批新兴产业建立和发展了起来。

新兴科技的发展和新兴产业的出现，可能给某些企业带来新的市场机会，也可能给某些企业带来环境威胁。

（三）企业社会文化环境

文化是一个复杂的整体概念，它通常包括价值观念、信仰、兴趣、行为方式、社会群体及相互关系、生活习惯、文化传统和社会风俗等。

文化是人类通过后天学习而获得的，并为人类所共同享有。

文化使一个社会的规范、观念更为系统化，文化解释着一个社会的全部价值观和规范体系。

在不同国家、民族和地区之间，文化之间的区别要比其他生理特征更为深刻，它决定着人们独特的生活方式和行为规范。

文化环境不仅建立了人们日常行为的准则，也形成了不同国家和地区市场消费者态度和购买动机的取向模式。

市场社会文化环境调查对企业经营也至关重要。

（四）企业自然地理环境

一个国家和地区的自然地理条件也是影响市场的重要环境因素，与企业经营活动密切相关。

自然环境主要包括气候、季节、自然资源、地理位置等，都从多方面对企业的市场营销活动产生着影响。

一个国家或地区的海拔高度、温度、湿度等气候特征，影响着产品的功能与效果。人们的服装、食品也受到气候的明显影响。

地理因素也影响着人们的消费模式，还会对经济、社会发展、民族性格产生复杂的影响。

企业市场营销人员必须熟悉不同市场自然地理环境的差异，才能搞好市场营销。

（五）企业竞争环境

在任何市场上销售产品，企业都面临着竞争。

市场上从事同类商品生产经营的企业，其竞争者包括现实的竞争者和潜在的竞争者。

同一市场、同类企业数量的多少，构成了竞争强度的不同。

企业调查竞争环境，目的是认识市场状况和市场竞争强度，根据本企业的优势，制定正确的竞争策略。通过竞争环境调查，了解竞争对手的优势，取长补短，扬长避短，与竞争者在目标市场选择、产品档次、价格、服务策略上有所差别，与竞争对手形成良好的互补经营结构。

竞争环境调查，重在认识本企业的市场地位，制定扬长避短的有效策略，取得较高的市场占有率。

二、市场需求调查

市场需求调查主要包括消费者需求量调查、消费者收入调查、消费结构调查、消费者行为调查，包括消费者为什么购买、购买什么、购买数量、购买频率、购买时间、购买方式、购买习惯、购买偏好和购买后的评价等。

三、市场供给调查

市场供给调查主要包括产品生产能力调查及产品实体调查等。具体为某一产品市场可以提供的产品数量、质量、功能、型号、品牌以及生

产供应企业的情况等。

四、市场营销因素调查

市场营销因素调查主要包括产品、价格、渠道和促销的调查。产品的调查主要有了解市场上新产品开发的情况、设计的情况、消费者使用的情况、消费者的评价、产品生命周期阶段、产品的组合情况等。产品的价格调查主要有了解消费者对价格的接受情况，对价格策略的反应等。渠道调查主要包括了解渠道的结构、中间商的情况、消费者对中间商的满意情况等。促销活动调查主要包括各种促销活动的效果，如广告实施的效果、人员推销的效果、营业推广的效果和对外宣传的市场反应等。

营销管理小贴士

市场调查的内容十分广泛。从广义上来说，凡是直接或间接影响企业市场经营活动的资料，都应该收集、整理；凡是有关企业经营活动的信息，都有调查的必要。但由于每次调查的目的和要求不同，调查内容又有不同的侧重点。

第四十三课　市场调查的类型

从各种角度分类，将市场调查分为不同的类型，有利于市场调查进行全面系统的理解，也有利于市场调查实践中明确调查目的和确定调查内容。

一、按购买商品目的分类

按购买商品的不同，市场调查可分为消费者市场调查和产业市场调查。

（一）消费者市场调查

消费者市场的购买目的是为了满足个人或家庭的生活需要。消费者市场是最终产品的消费市场，是社会再生产消费环节的实现。消费者市场调查的目的主要是了解消费者需求数量和结构及变化。而消费者的需求数量和结构的变化受到多方面因素如人口、经济、社会文化、购买心理和购买行为等的影响。对消费者市场进行调查，除直接了解需求数量及其结构外，还必须对诸多的影响因素进行调查。

（二）产业市场调查

产业市场也称为生产资料市场，其购买目的是为了生产出新的产品或进行商品转卖。产业市场是初级产品和中间的消费市场，涉及生产领域和流通领域。产业市场调查主要是对市场商品供应量、产品的经济寿命周期、商品流通渠道等方面的内容进行调查。

二、按调查范围分类

按调查范围不同，市场调查可分为需求调查和供给调查。

（一）需求调查

需求调查是对市场中的消费的调查，包括现实的消费、潜在的消费、购买行为以及消费水平变化等调查。

（二）供给调查

供给调查是对某一时期内，在某市场中投放商品供给量的调查，包括进货途径、数量和货源结构的调查。

三、按商品流通环节分类

根据商品流通环节的不同，市场可分为批发市场调查和零售市场调查。

（一）批发市场调查

商品批发是为了生产加工或进一步转卖而出售商品的交易行为。批发市场调查主要是从批发商品交易的参加者、批发商品流转环节的不同层次、批发商品购销形式、批发市场的数量和规模等方面进行的调查。批发市场调查要着重掌握我国批发市场的商品交易状况，分析商品批发市场的流通数量、流通渠道与社会生产的关系和零售市场的关系等。

（二）零售市场调查

商品零售是为了满足个人或社会集团消费的商品交易。零售市场调查主要是调查不同经济形势下的零售商品流转情况，并分析、研究其发展变化的规律；调查消费者在零售市场上的购买心理和购买行为；调查零售商品的数量和结构等。

四、按产品层次分类

根据产品层次不同，市场调查可分为各种不同产品类型的市场调查。如按商品大类可分为食品类、衣着类、日用品类、医药类、燃料类等市场调查。按商品大类进行的市场调查，其资料可用以研究居民的消费结构及其变化，从总体上研究市场。各种商品大类的市场调查还可以进一

步划分为不同的小类或具体商品的商场调查。如食品类商品又可划分为粮食类、副食类、调味品类等小类商品的市场调查。按商品小类进行市场调查，所取得的资料对于研究不同商品的供求平衡、组织商品生产与营销、提高企业的经济效益是必需的，对于宏观上的研究也有重要作用。

五、按空间层次分类

根据空间不同，市场调查可分为国内市场调查与国际市场调查。

（一）国内市场调查

国内市场调查是指以国内市场为对象进行的调查。可以分为全国性、地区性市场调查，还可以划分为城市、农村市场调查。

（二）国际市场调查

国际市场调查是以世界市场的需求动向为对象进行的调查。我国国内市场是国际市场的重要组成部分，国际市场同时也影响着我国国内市场。按不同空间组织的市场调查资料，对于研究不同空间市场的特点，对于合理地组织各地区商品的生产与营销，对于地区间合理的商品流通，具有十分重要的价值。

六、按时间层次分类

根据时间层次不同，市场调查可分为定期市场调查和不定期市场调查。

（一）定期市场调查

定期市场调查是每隔一段时间就对市场现象进行一次调查。其目的在于获得关于事物全部发展变化过程及其结果的信息资料。

（二）不定期市场调查

不定期市场调查是为了解决某种市场问题而专门组织的一次性调查。其目的在于收集事物在某一特定时期的水平、状态的资料。如物价调查就是根据物价管理部门的需要，不定期进行的。

七、按调查组织的方式分类

市场调查的组织方式是指如何处理被调查对象总体，而不是具体的收集市场资料的方法。根据调查组织的方式不同，市场调查可分为全面市场调查和非全面市场调查。

（一）全面市场调查

全面市场调查又称为普查，是对市场调查对象总体的全部单位进行的调查，目的是了解市场的一些至关重要的基本情况，对市场状况做出全面、准确的描述，从而为制定有关政策、规划提供可靠的依据。其调查结果虽比较正确，但不易进行，需一定的人力物力。

（二）非全面市场调查

非全面市场调查是对总体中的部分单位调查。它又分为市场典型调查、市场重点调查和市场抽样调查。市场典型调查是从总体中选择具有代表性的部分单位作为典型进行的调查，其目的是通过典型单位的调查来认识同类市场现象总体规律及其本质。重点调查是从调查对象总体中选择少数重点单位进行调查，其目的是通过对这些重点单位的调查，反映市场的基本情况。市场抽样调查是根据概率原则抽出适当样本进行的调查，其结果可以控制，在市场调查中应用较广。

八、按调查的内容分类

根据调查的内容不同，市场调查可分为定性市场调查与定量市场调查。

（一）定性市场调查

定性市场调查是根据性质和内容对市场进行调查，如对市场环境、政治经济环境，以及来自消费者各个方面的反应等进行定性分析，为企业的营销决策提供可靠依据。

（二）定量市场调查

定量市场调查主要是指收集和了解有关市场变化的各种数据进行量化或模型分析，预测潜在的需求量和商品销售的变化趋势。

九、按调查的方法分类

按市场调查方法不同，市场调查可分为文案调查和实地调查。

（一）文案调查

文案调查是指通过收集各种历史和现实的动态统计资料，从中摘取与市场调查课题有关的信息。文案调查具有简单、快速、节省调查经费等特点，尤其是用于历史资料和现状的了解，它既可以作为一种独立方法来运用，也可以作为实地调查的补充。

（二）实地调查

实地调查是指调查者自身收集第一手市场资料的方法。它包括观察法、实验法和访问法。实地调查在借助科学研究方法的基础上，能够得到比较真实的资料和信息。

营销管理小贴士

市场调查研究既涉及市场营销的各个方面，又要运用许多经济学和统计学的方法，因而可以根据其特性、所使用的方法以及适用的范围做不同的分类。根据调查研究的目的或功能划分可以更好地理解营销问题的性质对调研方案的影响。

第四十四课　市场调查的步骤

市场调查是企业制订营销计划的基础。企业开展市场调查可以采用两种方式：一是委托专业市场调查公司来做；二是企业自己来做。企业可以设立市场研究部门，负责此项工作。市场调查工作的基本步骤包括：明确调查目标、设计调查方案、制订调查工作计划、组织实地调查、调查资料的整理和分析、撰写调查报告。

一、明确调查目标

进行市场调查，首先要明确市场调查的目标。按照企业的不同需要，市场调查的目标有所不同。企业实施经营战略时，必须调查宏观市场环境的发展变化趋势，尤其要调查所处行业未来的发展状况；企业制定市场营销策略时，要调查市场需求状况、市场竞争状况、消费者购买行为和营销要素情况；当企业在经营中遇到了问题，这时应针对存在的问题和产生的原因进行市场调查。

二、设计调查方案

一个完善的市场调查方案一般包括以下几方面内容。

（一）调查目的要求

根据市场调查目标，在调查方案中列出本次市场调查的具体目的要求。例如，本次市场调查的目的是了解某产品的消费者购买行为和消费偏好情况等。

（二）调查对象

市场调查的对象一般为消费者、零售商、批发商。零售商和批发商为经销调查产品的商家，消费者一般为使用该产品的消费群体。在以消费者为调查对象时，要注意到有时某一产品的购买者和使用者不一致，如对婴儿食品的调查，其调查对象应为孩子的母亲。此外还应注意到一些产品的消费对象主要针对某一特定消费群体或侧重于某一消费群体，这时调查对象应注意选择产品的主要消费群体，如对于化妆品，调查对象主要选择女性；对于酒类产品，其调查对象主要为男性。

（三）调查内容

调查内容是收集资料的依据，是为实现调查目标服务的，可根据市场调查的目的确定具体的调查内容。如调查消费者行为时，可按消费者购买、使用、使用后评价三个方面列出调查的具体内容项目。调查内容的确定要全面、具体，条理清晰、简练，避免内容过多、过于烦琐，避免把与调查目的无关的内容列入其中。

（四）调查表

调查表是市场调查的基本工具，调查表的设计质量直接影响到市场

调查的质量。设计调查表时要注意以下几点。

（1）调查表的设计要与调查主题密切相关，重点突出，避免可有可无的问题。

（2）调查表中的问题要容易让被调查者接受，避免出现被调查者不愿回答或令被调查者难堪的问题。

（3）调查表中的问题次序要条理清楚，顺理成章，符合逻辑顺序，一般可遵循容易回答的问题放在前面，较难回答的问题放在中间，敏感性问题放在最后或封闭式问题在前，开放式问题在后的顺序。

（4）调查表的内容要简明，尽量使用简单、直接、无偏见的词汇，保证被调查者能在较短的时间内完成调查表。

（五）调查地区范围

调查地区范围应与企业产品销售范围相一致，当在某一城市做市场调查时，调查范围应为整个城市；但由于调查样本数量有限，调查范围不可能遍及城市的每一个地方，一般可根据城市的人口分布情况，主要考虑人口特征中收入、文化程度等因素，在城市中划定若干个小范围调查区域，划分原则是使各区域内的综合情况与城市的总体情况分布一致，将总样本按比例分配到各个区域，在各个区域内实施访问调查。这样可相对缩小调查范围，减少实地访问工作量，提高调查工作效率，减少费用。

（六）样本的抽取

调查样本要在调查对象中抽取，由于调查对象分布范围较广，应制定一个抽样方案，以保证抽取的样本能反映总体情况。样本的抽取数量可根据市场调查的准确程度的要求确定，市场调查结果准确度要求愈高，抽取样本数量应愈多，但调查费用也愈高，一般可根据市场调查结果的用途情况确定适宜的样本数量。实际市场调查中，在一个中等以上规模城市进行市场调查的样本数量，按调查项目的要求不同，可选择 200 ～ 1000 个样本，样本的抽取可采用统计学中的抽样方法。具体抽样时，要注意对抽取样本的人口特征因素的控制，以保证抽取样本的人口特征分布与调查对象总体的人口特征分布相一致。

（七）资料的收集和整理方法

市场调查中，常用的资料收集方法有调查法、观察法和实验法，一般来说，前一种方法适宜于描述性研究，后两种方法适宜于探测性研究。企业做市场调查时，采用调查法较为普遍。调查法又可分为面谈法、电话调查法、邮寄法、留置法等。这几种调查方法各有其优缺点，适用于不同的调查场合，企业可根据实际调研项目的要求来选择。资料的整理方法一般可采用统计学中的方法，利用 Excel 工作表格，可以很方便地对调查表进行统计处理，获得大量的统计数据。

三、制订调查工作计划

（一）组织领导及人员配备

建立市场调查项目的组织领导机构，可由企业的市场部或企划部来负责调查项目的组织领导工作，针对调查项目成立市场调查小组，负责项目的具体组织实施工作。

（二）访问人员的招聘及培训

访问人员可从高校中的经济管理类专业的大学生中招聘，根据调查项目中完成全部问卷实地访问的时间来确定每个访问员一天可完成的问卷数量，核定需招聘访问人员的人数。对访问人员须进行必要的培训，培训内容包括：

（1）访问调查的基本方法和技巧。

（2）调查产品的基本情况。

（3）实地调查的工作计划。

（4）调查的要求及要注意的事项。

（三）工作进度

将市场调查项目整个进行过程安排一个时间表，确定各阶段的工作内容及所需时间。市场调查包括以下几个阶段。

（1）调查工作的准备阶段，包括调查表的设计、抽取样本、访问员的招聘及培训等。

（2）实地调查阶段。

（3）问卷的统计处理、分析阶段。

（4）撰写调查报告阶段。

（四）费用预算

市场调查的费用预算主要有调查表设计印刷费、访问人员培训费、访问人员劳务费礼品费、调查表统计处理费用等。企业应核定市场调查过程中将发生的各项费用支出，合理确定市场调查总的费用预算。

四、组织实地调查

市场调查的各项准备工作完成后，开始进行问卷的实地调查工作，组织实地调查要做好两方面工作。

（一）做好实地调查的组织领导工作

实地调查是一项较为复杂烦琐的工作。要按照事先划定的调查区域确定每个区域调查样本的数量，访问人员的人数，每位访问人员应访问样本的数量及访问路线，每个调查区域配备一名督导人员；明确调查人员及访问人员的工作任务和工作职责，做到工作任务落实到位，工作目标、责任明确。

（二）做好实地调查的协调控制工作

调查组织人员要及时掌握实地调查的工作进度完成情况，协调好各个访问人员间的工作进度；要及时了解访问人员在访问中遇到的问题，帮助解决，对于调查中遇到的共性问题，提出统一的解决办法。要做到每天访问调查结束后，访问人员首先对填写的问卷进行自查，然后由督导员对问卷进行检查，找出存在的问题，以便在后面的调查中及时改进。

五、调查资料的整理和分析

实地调查结束后，即进入调查资料的整理和分析阶段，收集好已填写的调查表后，由调查人员对调查表进行逐份检查，剔除不合格的调查表，然后将合格的调查表统一编号，以便于调查数据的统计。调查数据的统计可利用Excel电子表格软件完成。将调查数据输入计算机后，经Excel软件运行后，即可获得已列成表格的大量的统计数据，利用上述统计结果，就可以按照调查目的的要求，针对调查内容进行全面的分析工作。

六、撰写调查报告

撰写调查报告是市场调查的最后一项工作内容，市场调查工作的成果将体现在最后的调查报告中，调查报告将提交企业决策者，作为企业制定市场营销策略的依据。市场调查报告要按规范的格式撰写，一个完整的市场调查报告格式由题目、目录、概要、正文、结论和建议、附件等组成。

营销管理小贴士

市场调查研究是用科学的方法，系统地收集和分析资料的过程。为保证调查的科学性，必须依据一定的程序来进行。一般来说，科学的市场调查包括六个步骤：明确调查目标、设计调查方案、制订调查工作计划、组织实地调查、整理分析调查资料、撰写调查报告。

第四十五课　市场预测理论

一、市场预测的含义

所谓市场预测是指企业在通过市场调查获得一定资料的基础上，针对企业的实际需要以及相关的现实环境因素，运用已有的知识、经验和科学方法，对企业和市场未来发展变化的趋势做出适当的分析与判断，为企业营销活动提供可靠依据的一种活动。

二、市场预测的特点

市场预测具有如下特点。

（1）预测对象具有不确定性。

（2）市场预测具有目的性。

（3）市场预测具有科学性。

（4）市场预测具有综合性。

（5）预测误差具有不可避免性。

三、市场预测的作用

市场预测具有如下作用。

（1）有利于提高决策的科学性。

（2）有利于提高企业的竞争力。

（3）有利于提高企业的经济效益。

营销管理小贴士

市场预测是指企业运用科学的方法，对影响市场供求变化的各种因素进行调查研究，掌握市场供求变化的普遍规律，分析和预见市场的发展趋势，为企业经营决策提供可靠的依据。

第四十六课　市场预测的分类

一、市场预测的分类

市场预测按照不同标准可以有不同的分类。常用的有以下几种分类。

（一）按预测期长短分类

按预测期长短不同，可分为长期预测、中期预测和短期预测。

1. 长期预测

指五年以上市场发展前景的预测。它是制订中长期计划和经济发展

规划的依据。

2. 中期预测

指对一年以上五年以下的市场发展前景的预测。它是制订中期计划和经济发展规划的依据。

3. 短期预测

短期预测是指对一年以下的市场发展变化的预测。是经营决策的依据。

（二）按预测的范围分类

按预测的范围不同，可分为宏观市场预测和微观市场预测。

1. 宏观市场预测

是指以整个国民经济、部门、地区的市场活动为范围进行的各种预测，主要目标是预测市场供求关系的变化和总体市场的运行态势。

2. 微观市场预测

是指从事生产、流通、服务等不同产业领域的企业，对其经营的各种产品或劳务市场的发展趋势做出估计和判断，为生产经营决策提供支持。

（三）按预测的性质分类

按预测的性质不同，可分为定性预测和定量预测。

1. 定性预测

是指预测者通过对市场的调查研究，了解实际情况，凭自己的实践经验和理论水平、业务水平，对市场发展前景的性质、方向和程度做出判断预测。

2. 定量预测

是指根据历史和现实的统计数据和市场信息，运用统计方法和数学模型，对市场未来发展的规模、水平、速度和比例关系进行分析测定。

（四）按预测结果有无附加条件分类

按预测结果有无附加条件分类，可分为有条件预测和无条件预测。

1. 有条件预测

有条件预测是指市场预测的结果要以其他事件的实现为条件。

2. 无条件预测

无条件预测是指预测的结果不附加任何条件。

二、市场预测的要求

（一）对预测人员的要求

预测人员必须具有较高的综合性知识，具有预算、综合、分析、推断等各种能力，并具有一定的市场调研和预测经验，有良好的职业道德和敬业精神。

（二）对预测资料的要求

应重视数据和有关资料的收集整理和分析，完善数据系统，以确保市场预测所需要的各类数据和资料，使预测建立在充分的信息基础之上。

（三）对预测方法的要求

定性预测与定量预测应结合应用，定性预测应为定量预测的变量选择、现象发展方向的确定提供先导，定量预测的结果应采用定性分析的方法进行评价。

（四）对预测过程的要求

应做到先分析，后预测；先把握趋势和规律，后进行预测推断。

（五）对预测结果的要求

对预测结果应进行必要的评价，包括误差分析、模型检验、经济理论分析、预测结果可行性评价等。

三、市场预测的原理

（一）可知性原理

全部预测活动是建立在可知性原理基础上的。人们能否预测事物的未来发展趋向，全依赖于能否找出预测目标的演变规律。尽管市场变化多端，但只要我们敢于探索，善于分析，在预测中是可以逐步揭示它的变化规律的，从而提高市场预测的准确性。

（二）连续性原理

客观事物的发展具有合乎规律的连续性，事物未来的发展趋向同过去、现在的发展趋向必然具有一定的联系。依照这个原理预测事物的未来，必须建立在了解事物的过去和现状的基础上，从大量历史和现实的信息中，找出发展变化的规律性，才能据此推断未来。

（三）相似性原理

客观事物之间存在着某种类似的结构和发展模式，人们可以根据已知事物的某种类似的结构和发展模式，就可类推某个预测目标未来的结构和发展模式。

（四）系统性原理

市场预测应把预测对象看作一个由多种要素构成的系统，应注意分析系统内外各种要素的变化，从而做出预测推断。

（五）因果性原理

在市场预测中，必须重视对影响预测目标的因果关系的分析，可以把握影响预测目标诸因素的不同作用，由因推果，预测出市场的必然趋势和偶然因素可能产生的干扰。

（六）可控制性原理

人们对所预测的客观社会经济事件的来来发展趋向和进程，在一定程度上是可以控制的。在市场预测中应尽可能利用可以控制的因素，即利用不确定性较小的经济变量，来推测所要预测的市场变量。

（七）必然性原理

任何事物的发展变化都有一定的必然性和偶然性，偶然性中隐藏着必然性，必然性是通过对偶然性的大量观察而揭示出来的。在市场预测中，应注意运用大量观察，对大量数据进行对比研究，先揭示现象发展变化的必然性，然后进行预测推断。

（八）质量互变原理

事物的发展变化是从量变开始的，当量变积累到一定的程度后，必然会发生质的根本改变，而质的变化，又会带来新的量变。在市场预测中预测者应根据事物的数量变化，探寻事物质的变化，分析现象不同发展阶段有何本质区别，未来的发展与现在相比是否会发生质的改变，而不能简单地利用预测模型进行外推预测，否则就会得出错误的预测结果，产生质的预测误差。

总之，市场预测的原理是很多的，预测者只有掌握和运用这些原理或规则，才能够有效地认识市场、分析市场和预测市场，才能够不断提高市场预测的准确性和可靠性，最大限度地降低预测误差。

四、市场预测的基本要素

市场预测从确定预测目标、收集整理资料、选定合适的预测方法，到对预测对象的发展变化进行分析、对未来的发展变化态势和前景做出判断，构成了一个完整的预测过程。它包含了四个基本要素，即信息、方法、分析和判断。

（一）信息要素

市场预测必须大量收集社会经济发展的历史统计数据和当前市场的发展动态，进行预测分析和推断。无论是定性预测，还是定量预测，都是以大量的信息为基础的。

（二）方法要素

市场预测的质量，不仅依赖于所使用的信息，而且同选用什么样的方法密切相关。预测既是科学又是艺术。预测方法是科学的，但选用哪类、哪种方法却是一种艺术。

（三）分析要素

预测过程就是对预测事件进行分析和解释的过程。在市场预测中应注重预测前的识别性分析、预测中的过程性分析、预测结果做出之后的评价性分析。

（四）判断要素

预测信息的选用、预测方法的选择、预测结果的推断、预测值的合理性和可靠性的评价，等等，都需要运用判断要素，没有准确的判断，就没有较为准确的市场预测结果。

营销管理小贴士

市场预测按照不同标准可以有不同的分类。市场预测对预测人员、预测资料、预测方法、预测过程和预测结果都有一定的要求。市场预测要遵循一系列原理进行。市场预测作为一个完整的预测过程，它包含了四个基本要素，即信息、方法、分析和判断。

第四十七课　市场预测的内容与方法

一、市场预测的内容

从商品市场来看，市场预测的主要内容如下：

（一）市场环境预测

企业只有及时收集外部环境变化的信息，分析环境变化带来的威胁和机会，分析企业的优势与劣势，才能得出较为中肯的预测结论。

（二）市场需求预测

是指对特定时空内的市场需求量、需求水平、需求结构、需求变动因素进行分析预测。一般来说，市场性质和市场层次不同，市场需求预测的内容和方法也有所不同。

（三）市场供给预测

是指对特定时空内的市场供应量、供应水平、供应结构、供应变动因素等进行分析预测。

（四）市场供求状态预测

是指对特定时空内的市场供求总量失衡或结构性失衡进行分析预测，把握市场运行的供求态势，以便从供求两个方面寻找治理对策。

（五）消费者购买行为预测

分析预测消费者购买什么、购买多少、何时购买、何地购买、何处购买、由谁购买、如何购买等购买行为及其变化，为市场潜力测定、目标市场选择、产品研发、营销策略的制定提供依据。

（六）产品市场预测

对产品的生产能力、生产成本、价格水平、市场占有率、市场覆盖率、技术趋势、竞争格局、产品要素、产品组合、品牌价值等进行预测分析。为企业确定产品的市场前景，制定有效的营销策略提供依据。

（七）产品销售预测

对产品的销售规模、销售结构、销售变化趋势、销售季节变动规律、市场占有率和覆盖率、销售客户分布、销售渠道变动、销售费用与销售利润变动等做出预测分析，寻求扩大产品销售的路径。

（八）市场行情预测

预测分析市场周期波动的规律，判别市场的景气状态和走势，分析价格水平的变动趋向，为企业经营决策提供依据。

（九）市场竞争格局预测

主要对产品产量、销售量的分布格局，以及产品质量、成本、价格、品牌知晓度和满意度、新产品开发、市场开拓等要素构成的竞争格局及其变化态势进行分析、评估和预测。

（十）企业经营状况预测

主要对企业的资产、负债、权益、收入、成本费用、利润等方面，以及经营效率、偿债能力、盈利能力的变化趋势进行预测分析，为加强经营管理提供支持。

二、市场预测的方法

市场预测的方法很多，归纳起来可分为定性预测法、定量预测法和组合预测法三大类。

（一）定性预测法

1. 定性预测法的定义

定性预测法是对未来市场发展的性质进行预测分析和推断的方法。主要有特尔菲法、头脑风暴法、主观概率法、经验判断法、类推法、因素分析法、简单推算法等。

2. 定性预测法的优点

（1）具有一定的综合性和科学性。

（2）综合分析，简便易行。

（3）能综合分析各种影响因素，可以弥补数学预测方法的不足。

3. 定性判断法的不足

（1）定量往往欠精确。

（2）易产生主观片面性。

（3）经验判断具有一定的局限性。

（二）定量预测法

1. 时间序列预测法

时间序列预测法包括各种趋势模型预测法、季节变动预测法、周期波动预测法等。

时间序列预测法的主要优点是：只要利用历史统计资料，就能进行预测，因而简便易行，节约费用。但也存在一定的缺点，它只注意预测目标与时间的关系，而忽视其他因素的影响，有一定局限性。

2. 因果预测法

因果分析预测法主要包括回归分析预测法、计量经济模型预测法、多元统计分析预测技术、投入产出法等。

因果预测法的优点是，能够从现象之间的因果关系出发，由因推果，预测结果有根有据，可靠性比较强，预测精度较高。但因果预测法也有局限性，主要表现在模型的估计与检验的工作量大，模型所描述的经济结构关系不能完全等同于未来的经济结构关系，故模型的应变性较差。

（三）组合预测法

组合预测法是对同一个问题，采用两种以上不同预测方法的预测。它既可是几种定量方法的组合，也可是几种定性方法的组合，但实践中更多的则是利用定性方法与定量方法的组合。组合的主要目的是综合利用各种方法所提供的信息，尽可能地提高预测精度。

比如，在经济转轨时期，很难有一个单项预测模型能对宏观经济频繁波动的现实拟合得非常紧密并对其变动的原因做出稳定一致的解释。理论和实践研究都表明，在诸种单项预测模型各异且数据来源不同的情况下，组合预测模型可能导致一个比任何一个独立预测模型更好的预测值，组合预测模型能减少预测的系统误差，显著改进预测效果。

营销管理小贴士

市场预测的内容包括：市场环境预测、市场需求预测、市场供给预测、市场供求状态预测、消费者购买行为预测、产品市场预测、产品销售预测、市场行情预测、市场竞争格局预测与企业经营状况预测。方法分为定性预测法、定量预测法和组合预测法三大类。

第四十八课 市场预测的步骤

市场预测需按照一定的程序进行，否则将不能达到预期的效果。在长期的实践中，人们总结出以下工作程序。

一、确定预测目标

预测目标指通过预测要了解什么问题，解决什么问题，达到什么目的。预测目标是整个预测工作中首要的一步，它反映较长时期内市场发展变化应达到的水平和程度。

预测目标包括确定预测对象、确定预测范围和内容、确定预测方法的选择等一系列工作内容的安排，如果没有明确的预测目标，预测工作将会带有盲目性。预测目标既关系到当前的经济活动，又关系到预测的其他步骤，如搜集资料、规定预测方法等。预测目标的明确与否是整个预测工作的基础，只有目标明确，才能组织力量，各方协同配合，为共同实现预测目标而努力。

在确定预测目标的过程中，由于经济现象涉及的范围广泛，市场情况千变万化，为了有针对性地选择，为决策提供依据，还必须明确所要预测的具体对象。对象不同，所需的资料，预测的范围、内容，预测的层次和期限各不相同，采用的方法也不相同。所以，在预测之前必须事先明确具体的预测对象。

二、搜集整理预测资料

预测资料的数量和质量直接关系到预测的精确度，当然，影响预测工作精确度的还有计算与判断等因素。搜集整理资料，并按预测要求分门别类建立“商品档案”，是搞好市场预测的重要前提条件。一般来说，占有的资料越充分，对问题的分析就越详细、越深刻。为此，要扩大资料的来源。除现成的直接资料来源，即政府、主管部门及企业内部积累的信息资料（包括有关的政策法令、购买力及其投向的变化数据、主要商品市场供需资料等）外，还要注意第一手资料的搜集。有些新情况、新问题不断出现，需要进行直接调查，掌握更多有关预测的第一手资料。这类资料最能充分反映市场变化的实际情况，要花大力气进行搜集和整理。在搜集资料时，应从各个方面、不同渠道交叉搜集，相互配合，并不断更新，尽量使搜集的资料完整、全面而系统。

得到资料后，要对其进行系统整理、编号、汇编、列表、计算百分率等，使其变成有使用价值的资料，为预测服务。

三、选择预测方法

选择正确的预测方法是提高市场预测精确度的又一重要因素。各种预测方法都有其不同的原理、特点和适用性，要根据预测目标和资料占有情况，综合考虑，选择判断、数据计算相结合的预测方法。不能单打一，更不能“一刀切”。有些可建立数学模型，有些则可用简单的数学方法进行预测，有的又可凭经验推算，总之，要根据实际情况，选择行之有效的预测方法。

由于客观经济现象错综复杂，在预测时要同时采用几种预测方法，进行比较、验证，然后做出判断，以减少大的失误。在选择和运用预测方法时，还要注意事物的连续性和相关性。因为事物的未来发展都有一定的延续性，可以根据过去和现在推测未来事物之间还存在着的明显的因果关系，能够根据某一事物的变化推测出另一事物所产生的相应的变化。因此，在预测时要注意其中必然存在的各种依存关系，尽量剔除一些不可比的因素，使计算结果误差最小。

四、分析预测误差

预测误差是预测值与实际值之间的差。预测误差是客观存在的，因为预测值只是一个近似值，是在实际发生以前进行的。预测值与实际值之间有一定偏差，所以它只能近似地反映未来，不可能做到百分之百的精确。但是预测误差过大，就会直接影响到预测的精确度，失去预测的意义，所以要分析预测误差。

首先，要分析预测误差产生的原因，尽量避免误差过大。预测是根据过去和现在预见未来，根据已知推测未知，也是对未来不确定因素的推断和预算。虽然事物的发展总有一定的规律性和必然有序性，但事物的未来发展难免受到一系列不确定因素的影响，预测结果必然与实际结果产生一定的距离，存在一定的误差。另外，预测是一种有条件的预测，是假定未来变化基本是在过去变化基础上的延伸或重复，但在实际中往往并非如此，社会环境在不断变化和发展，各种影响因素在不断产生与变化，又造成了预测结果与实际结果的偏差，产生了一定的误差。当然造成误差的原因还有很多，如数据资料有误差，计算上有差错，或者建立的预测模型不够精确等。为了使误差达到最小，在预测中要深入分析预测误差产生的原因，提高预测的精确度。

其次，要采用正确的方法测定预测误差，求出标准误差，作为衡量误差的标准。测定误差的大小可分别采用平均误差、平均绝对误差、均方误差、均方误差方根等方法。通常采用均方误差方根来测定更为正确。采用均方误差方根方法需要先计算出各期某一事物的实际数与预测数的离差，再把每个离差平方起来，并计算这些平方数值的算术平均数，得

到均方误差，最后将均方误差开平方，所得的方根就是均方误差方根，又称标准误差。

在选择误差时为什么不直接用各期的误差，而用平方后的各期误差呢？这是因为各期误差可能有的是正值，有的是负值，直接相加就使得一部分误差被抵消，影响其正确程度，所以要平方后再相加，求均方误差；又因为我们要求的是误差，而不是平方后的误差，所以要再开一次平方。标准误差公式，把一段时期的全部预测值与实际值进行比较，求出标准误差，作为衡量误差的标准。如果预测的误差偏大，超越标准误差界限，预测人员就应该分析产生的原因，重新预测，使误差控制在界限之内，以提高预测的精确度。

五、确定预测值

市场预测的目的，就是为制定市场决策提供依据。通过上述各项工作后，预测者将不同的预测方案利弊得失进行比较，择优选定可靠而肯定的预测值，作为制订当前和今后必须采取的行动计划和策略的依据。在执行过程中还要进行跟踪检查，发现预测与现实不符时，应立即进行修改，逐步使预测者对事物发展的内在规律性有更进一步的认识，从而提高预测的科学性。

营销管理小贴士

市场预测的过程就是对各种调查资料按预测目的和要求进行整理、计算和分析的过程。通常包括确定预测目标、搜集整理预测资料、选择预测方法、分析预测误差和确定预测值等步骤。市场预测遵循一定的程序和步骤以使统筹规划和协作有序化。

第七单元

目标市场营销战略

任何企业在进行经营时，都必须进行市场分析，明确本企业的市场在何处，为满足哪些消费者的哪些需求而开展业务活动，这就要求制定目标市场营销战略。

第四十九课　市场细分理论

一、市场细分的含义

市场细分是指营销者通过市场调研，依据消费者的需要和欲望、购买行为和购买习惯等方面的差异，把某一产品的市场整体划分为若干消费者群的市场的分类过程。每一个消费者群就是一个细分市场，每一个细分市场都是具有类似需求倾向的消费者构成的群体。

二、市场细分的依据

（1）市场是商品交换关系的总和，本身可以细分。

（2）消费者异质需求的存在。

（3）以消费者需求的相似性来区分消费者需求的差异性。

（4）企业在不同方面具备自身优势。

三、市场细分的作用

细分市场不是根据产品品种、产品系列来进行的，而是从消费者（指最终消费者和工业生产者）的角度进行划分的，是根据市场细分的理论基础，即消费者的需求、动机、购买行为的多元性和差异性来划分的。

市场细分对企业的生产、营销起着极其重要的作用。

（一）有利于选择目标市场和制定市场营销策略

市场细分后的子市场比较具体，比较容易了解消费者的需求，企业可以根据自己的经营思想、方针及生产技术和营销力量，确定自己的服务对象，即目标市场。针对较小的目标市场，便于制定特殊的营销策略。同时，在细分的市场上，信息容易了解和反馈，一旦消费者的需求发生变化，企业可迅速改变营销策略，制定相应的对策，以适应市场需求的变化，提高企业的应变能力和竞争力。

（二）有利于发掘市场机会，开拓新市场

通过市场细分，企业可以对每一个细分市场的购买潜力、满足程度、竞争情况等进行分析对比，探索出有利于本企业的市场机会，使企业及时做出投产、制定销售决策或根据本企业的生产技术条件编制新产品开拓计划，进行必要的产品技术储备，掌握产品更新换代的主动权，开拓新市场，以更好地适应市场的需要。

（三）有利于集中人力、物力投入目标市场

任何一个企业的资源、人力、物力、资金都是有限的。通过细分市场，选择了适合自己的目标市场，企业可以集中人、财、物及资源，去争取局部市场上的优势，然后再占领自己的目标市场。

（四）有利于企业提高经济效益

前面三个方面的作用都能使企业提高经济效益。除此之外，企业通过市场细分后，企业可以面对自己的目标市场，生产出适销对路的产品，既能满足市场需要，又可增加企业的收入。产品适销对路可以加速商品流转，加大生产批量，降低企业的生产销售成本，提高生产工人的劳动熟练程度，提高产品质量，全面提高企业的经济效益。

营销管理小贴士

市场细分这一现代市场营销新概念的提出，顺应了产品市场由卖方市场向买方市场转变的新形势，为企业经营者所广泛接受。实践证明，科学合理地细分市场，对于企业通向成功营销之路具有重要作用。

第五十课　市场细分的标准

一、消费品市场的细分标准

消费品市场的细分标准可以概括为地理因素、人口统计因素、心理因素和行为因素四个方面，每个方面又包括一系列的细分变量。

（一）按地理因素细分

按地理因素细分，就是按消费者所在的地理位置、地理环境等变数来细分市场。因为处在不同地理环境下的消费者，对于同一类产品往往会有不同的需要与偏好，例如，对自行车的选购，城市居民喜欢式样新颖的轻便车，而农村的居民注重坚固耐用的加重车等。因此，对消费品市场进行地理细分是非常必要的。

1. 地理位置

可以按照行政区划来进行细分，如在我国，可以划分为东北、华北、西北、西南、华东和华南几个地区；也可以按照地理区域来进行细分，如划分为省、自治区、市、县等，或内地、沿海、城市、农村等。在不同地区，消费者的需求显然存在较大差异。

2. 城镇大小

可划分为大城市、中等城市、小城市和乡镇。处在不同规模城镇的消费者，在消费结构方面存在较大差异。

3. 地形和气候

按地形可划分为平原、丘陵、山区、沙漠地带等；按气候可分为热带、亚热带、温带、寒带等。防暑降温、御寒保暖之类的消费品就可按不同气候带来划分。如在我国北方，冬天气候寒冷干燥，加湿器很有市场；但在江南，由于空气中湿度大，基本上不存在对加湿器的需求。

（二）按人口统计因素细分

按人口统计因素细分，就是按年龄、性别、职业、收入、家庭人口、家庭生命周期、民族、宗教、国籍等变数，将市场划分为不同的群体。由于人口变数比其他变数更容易测量，且适用范围比较广，因而人口变数一直是细分消费者市场的重要依据。

1. 年龄

不同年龄段的消费者，由于生理、性格、爱好、经济状况的不同，对消费品的需求往往存在很大的差异。因此，可按年龄将市场划分为许多各具特色的消费者群，如儿童市场、青年市场、中年市场、老年市场等。从事服装、食品、保健品、药品、健身器材、书刊等商品生产经营业务的企业，经常采用年龄变数来细分市场。

2. 性别

按性别可将市场划分为男性市场和女性市场。不少商品在用途上有明显的性别特征。如男装和女装、男表与女表。在购买行为、购买动机等方面，男女之间也有很大的差异，如妇女是服装、化妆品、节省劳动力的家庭用具、小包装食品等市场的主要购买者，男士则是香烟、饮料、体育用品等市场的主要购买者。美容美发、化妆品、珠宝首饰、服装等许多行业，长期以来按性别来细分市场。

3. 收入

收入的变化将直接影响消费者的需求欲望和支出模式。根据平均收入水平的高低，可将消费者划分为高收入、次高收入、中等收入、次低收入、低收入五个群体。收入高的消费者就比收入低的消费者购买更高价的产品，如钢琴、汽车、空调、豪华家具、珠宝首饰等；收入高的消费者一般喜欢到大百货公司或品牌专卖店购物，收入低的消费者则通常在住地附近的商店、仓储超市购物。因此，汽车、旅游、房地产等行业一般按收入变数细分市场。

4. 民族

世界上大部分国家都拥有多种民族，我国更是一个多民族的大家庭，除汉族外，还有55个少数民族。这些民族都各有自己的传统习俗、生活方式，从而呈现出各种不同的商品需求，如我国西北少数民族饮茶很多、回族不吃猪肉等。只有按民族这一细分变数将市场进一步细分，才能满足各族人民的不同需求，并进一步扩大企业的产品市场。

5. 职业

不同职业的消费者，由于知识水平、工作条件和生活方式等不同，其消费需求存在很大的差异，如教师比较注重书籍、报刊方面的需求，文艺工作者则比较注重美容、服装等方面的需求。

6. 教育状况

受教育程度不同的消费者，在志趣、生活方式、文化素养、价值观念等方面都会有所不同，因而会影响他们的购买种类、购买行为、购买习惯。

7. 家庭人口

据此可分为单身家庭（1人）、单亲家庭（2人）、小家庭（2～3人）、大家庭（4～6人，或6人以上）。家庭人口数量不同，在住宅大小、家具、家用电器乃至日常消费品的包装大小等方面都会出现需求差异。

（三）按心理因素细分

按心理因素细分，就是将消费者按其生活方式、性格、购买动机、态度等变数细分成不同的群体。

1. 生活方式

越来越多的企业，如服装、化妆品、家具、娱乐等行业，重视按人们的生活方式来细分市场。生活方式是人们对工作、消费、娱乐的特定习惯和模式，不同的生活方式会产生不同的需求偏好，如“传统型”、“新潮型”、“节俭型”、“奢侈型”等。这种细分方法能显示出不同群体对同种商品在心理需求方面的差异性，如美国有的服装公司就把妇女划分为“朴素型妇女”、“时髦型妇女”、“男子气质型妇女”三种类型，分别为她们设计不同款式、颜色和质料的服装。

2. 性格

消费者的性格对产品选择影响很大。性格可以用外向与内向、乐观与悲观、自信、顺从、保守、急进、热情、老成等词语来描述。性格外向、容易感情冲动的消费者往往好表现自己，因而他们喜欢购买能表现自己个性的产品；性格内向的消费者则喜欢大众化，往往购买比较普通的产品；富于创造性和冒险心理的消费者，则对新奇、刺激性强的商品特别感兴趣。

3. 购买动机

即按消费者追求的利益来进行细分。消费者对所购产品追求的利益主要有求实、求廉、求新、求美、求名、求安等，这些都可作为细分的变量。例如，有人购买服装是为了遮体保暖，有人是为了美的追求，有人则是为了体现自身的经济实力等。因此，企业可对市场按利益变数进行细分，确定目标市场。

（四）按行为因素细分

按行为因素细分，就是按照消费者购买或使用某种商品的时间、购买数量、购买频率、对品牌的忠诚度等变数来细分市场。

1. 购买时间

许多产品的消费具有时间性，烟花爆竹的消费主要在春节期间，月饼的消费主要在中秋节以前，旅游点在旅游旺季生意最兴隆。因此，企业可以根据消费者产生需要、购买或使用产品的时间进行市场细分，如航空公司、旅行社在寒暑假期间大做广告，实行优惠票价，以吸引师生乘坐飞机外出旅游；商家在酷热的夏季大做空调广告，以有效增加销量；双休日商店的营业额大增，而在元旦、春节期间，销售额则更大等。因此，企业可根据购买时间进行细分，在适当的时候加大促销力度，采取优惠价格，以促进产品的销售。

2. 购买数量

据此可分为大量用户、中量用户和少量用户。大量用户人数不一定多，但消费量大，许多企业以此为目标，反其道而行之，也可取得成功。如文化用品大量使用者是知识分子和学生，化妆品大量使用者是年轻妇女等。

3. 购买频率

据此可分为经常购买、一般购买、不常购买（潜在购买者）。如铅笔，小学生经常购买，高年级学生按正常方式购买，而工人、农民则不常买。

4. 购买习惯（对品牌忠诚度）

据此可将消费者划分为坚定品牌忠诚者、多品牌忠诚者、转移的忠诚者、无品牌忠诚者等。例如，有的消费者忠诚于某些产品，如柯达胶卷、海尔电器、中华牙膏等；有的消费者忠诚于某些服务，如东方航空公司、某某酒店或饭店等，或忠诚于某一个机构、某一项事业等。为此，企业必须辨别其忠诚顾客及特征，以便更好地满足他们的需求，必要时给忠诚顾客以某种形式的回报或鼓励，如给予一定的折扣。

二、生产资料市场的细分标准

上述消费品市场的细分标准有很多都适用于生产资料市场的细分，如地理环境、气候条件、交通运输、追求利益、对品牌的忠诚度等。但由于生产资料市场有它自身的特点，企业还应采用其他一些标准和变数来进行细分，最常用的有最终用户要求、用户规模、用户地理位置等变数。

（一）按用户的要求细分

产品用户的要求是生产资料市场细分常用的标准。不同的用户对同一产品有不同的需求，如晶体管厂可根据晶体管的用户不同将市场细分为军工市场、工业市场和商业市场，军工市场特别注重产品质量；工业用户要求有高质量的产品和服务；商业市场主要用于转卖，除要求保证质量外，还要求价格合理和交货及时；飞机制造公司对所需轮胎要求的安全性比一般汽车生产厂商要高许多；同是钢材，有的用于生产机器，有的用于造船，有的用于建筑等。因此，企业应针对不同用户的需求，提供不同的产品，设计不同的市场营销组合策略，以满足用户的不同要求。

（二）按用户经营规模细分

用户经营规模也是细分生产资料市场的重要标准。用户经营规模决定其购买能力的大小。按用户经营规模划分，可分为大用户、中用户、小用户。大用户户数虽少，但其生产规模、购买数量大，注重质量、交货时间等；小客户数量多，分散面广，购买数量有限，注重信贷条件等。许多时候，和一个大客户的交易量相当于与许多小客户的交易量之和，失去一个大客户，往往会给企业造成严重的后果。因此，企业应按照用户经营规模建立相应联系机制和确定恰当的接待制度。

（三）按用户的地理位置细分

每个国家或地区大都在一定程度上受自然资源、气候条件和历史传统等因素影响，形成若干工业区，例如江浙两省的丝绸工业区、以山西为中心的煤炭工业区、东南沿海的加工工业区等。这就决定了生产资料市场往往比消费品市场在区域上更为集中，地理位置因此成为细分生产资料市场的重要标准。企业按用户的地理位置细分市场，选择客户较为集中的地区作为目标，有利于节省推销人员往返于不同客户之间的时间，而且可以合理规划运输路线，节约运输费用，也能更加充分地利用销售力量，降低推销成本。

营销管理小贴士

要把产品的整体市场划分为若干不同的细分市场就必须依据一定的标准来进行。顾客需求的差异性是市场细分的理论基础，造成顾客需求差异的因素构成了市场细分的标准。只要能将顾客需求的差异区分开来，就可以作为市场细分的标准。

第五十一课　市场细分的阶段与步骤

一、市场细分的阶段

市场细分一般都要经历三个阶段，即调查阶段、分析阶段和细分阶段。

（一）调查阶段

这个阶段，企业营销人员要与消费者先进行一种非正式的交谈，并且把调查对象分成若干个不同的专题小组，了解他们的购买动机、态度及行为。在此基础上，再以问卷的形式向广大消费者搜集以下几方面的资料。

（1）消费者的人口变动、心理变化情况及他们对宣传媒体所持的态度和习惯。

（2）在消费者心中品牌的知名度和品牌的级别。

（3）消费者使用该产品的形式。

（4）消费者对该品牌的产品所属类别持什么样的态度。

（5）消费者对该产品的属性及其重要性的看法。

为使搜集到的信息更全面、准确，营销者应合理确定调查该样本的数量。

（二）分析阶段

这个阶段，企业营销人员通常采用因子分析法来分析市场信息，首先排除相关性非常大的变数，然后再用集群分析法划分出一些差异性比较大的细分市场。

（三）细分阶段

首先根据消费者的态度、行为、人口、心理状况，以及一般的消费习惯来划分每个集群，然后再根据它们之间主要的不同特征为每个细分市场命名。因为每个细分市场都是在不断变化的，所以细分市场划分的工作也要定期、反复地进行。

二、市场细分的步骤

美国营销学专家麦卡锡首先提出了市场细分的七步法，可供企业市场细分时参考。

（一）选择企业经营的业务范围

企业要生产经营什么业务，要满足消费者的何种需要，是确定企业经营的业务范围的基础。在此基础上，企业要选定具体产品市场范围，即进入什么行业和各大类相应的产品层次。产品市场范围应以顾客的需求而不是产品本身的特性来确定。例如，某一房地产企业打算在乡间建造一幢简朴的住宅，若只考虑产品特征，该企业可能认为这幢住宅的出租对象是低收入顾客，但从市场需求角度看，高收入者也可能是这幢住宅的潜在顾客。因为高收入者在住腻了高楼大厦之后，恰恰可能向往乡间的清静，从而可能成为这种住宅的顾客。

（二）列出消费者的所有需求

不管竞争对手是如何做的，也不管市场上的产品究竟具备满足各种需求的能力与否，全面列出该市场范围内能满足消费者该种需要的该行业或各大类产品的所有可能需求。比如，上述公司可以通过调查，了解潜在消费者对前述住宅的基本需求。这些需求可能包括：遮风避雨、安全、方便、宁静、设计合理、室内陈设完备、工程质量好等。

（三）分析不同消费者的不同要求

企业可以根据人口统计因素，结合其他因素，进行抽样调查，交由消费者选择所列需求中最迫切的需求后，不同的消费者群体，即若干分市场也就显现出来了。比如，经济、安全、遮风避雨是所有顾客共同强调的，但有的用户可能特别重视生活的方便，另外一类用户则对环境的

安静、内部装修等有很高的要求。通过这种差异比较，不同的顾客群体即可初步被识别出来。

（四）去掉消费者相同的要求

从调查所体现的潜在消费者的共同点和不同点中，去掉所有消费者相同的要求，尽管这些共性对企业营销组合决策有参考作用，但不能作为市场细分的基础。如遮风避雨、安全是每位用户的要求，就不能作为细分市场的标准，因而应该去掉。集中选择数个不同的特征作为市场细分的标准，并检验所选标准的可实施性。

（五）划分相应的消费者群体并命名

根据不同消费者的特征，划分相应的群体为各细分市场，并为其命名。如前述对牙膏市场的分析，可命名为重味型、仪表型、药物型、时髦型和普通型。还比如，西方房地产公司常把购房的顾客分为好动者、老成者、新婚者、度假者等多个子市场，并据此采用不同的营销策略。

（六）进一步分析各潜在消费者群体的特征

进一步分析各潜在消费者群体（细分市场）的需求及购买行为，了解进入细分市场的新变量，以使企业适应之。

（七）测量不同细分市场的规模

对各细分市场的大小及消费者群体的需求潜力进行测量，即在调查基础上，估计每一细分市场的顾客数量、购买频率、平均每次的购买数量等，并对细分市场上产品竞争状况及发展趋势做出分析，从而选择合适的目标市场。

营销管理小贴士

市场细分要经历调查阶段、分析阶段与细分阶段。市场细分的七步骤简单来说包括：选择企业业务范围、列出消费者需求、分析不同要求、去掉相同要求、划分消费者群体并命名、进一步分析潜在消费者群体、测量不同细分市场的规模。

第五十二课　市场细分的方法、条件与注意事项

一、市场细分的方法

市场细分的方法主要有单一变量法、主导因素排列法、综合因素细分法、系列因素细分法等。

（一）单一变量法

所谓单一变量法，是指根据市场营销调研结果，把选择影响消费者或用户需求最主要的因素作为细分变量，从而达到市场细分的目的。这种细分法以公司的经营实践、行业经验和对组织客户的了解为基础，在宏观变量或微观变量间，找到一种能有效区分客户并使公司的营销组合产生有效对应的变量而进行的细分。

（二）主导因素排列法

主导因素排列法即用一个因素对市场进行细分，如按性别细分化妆品市场，按年龄细分服装市场等。这种方法简便易行，但难以反映复杂多变的顾客需求。

（三）综合因素细分法

综合因素细分法即用影响消费需求的两种或两种以上的因素进行综合细分，例如用生活方式、收入水平、年龄三个因素可将妇女服装市场划分为不同的细分市场。

（四）系列因素细分法

当细分市场所涉及的因素是多项的，并且各因素按一定的顺序逐步进行，可由粗到细、由浅入深，逐步进行细分，这种方法称为系列因素细分法。根据这种方法细分市场，目标市场将会变得越来越具体。

二、有效市场细分的条件

（一）可衡量性

可衡量性是指用来细分市场的标准和变数及细分后的市场是可以识别和衡量的，即有明显的区别，有合理的范围。如果某些细分变数或购买者的需求和特点很难衡量，细分市场后无法界定，难以描述，那么市场细分就失去了意义。一般来说，一些带有客观性的变数，如年龄、性别、收入、地理位置、民族等，都易于确定，并且有关的信息和统计数据也比较容易获得；而一些带有主观性的变数，如心理和性格方面的变数，就比较难以确定。

（二）可进入性

可进入性是指企业能够进入所选定的市场部分，进行有效的促销和分销，实际上就是考虑营销活动的可行性。一是企业能够通过一定的广告媒体把产品的信息传递到该市场众多的消费者中去，二是产品能通过一定的销售渠道抵达该市场。

（三）可营利性（规模性）

可营利性是指细分市场的规模要大到能够使企业足够获利的程度，使企业值得为它设计一套营销规划方案，以便顺利地实现营销目标，并且有可拓展的潜力，以保证按计划能获得理想的经济效益和社会效益。如一个普通大学的餐馆，如果专门开设一个西餐馆满足少数师生酷爱西餐的要求，可能由于这个细分市场太小而得不偿失；但如果开设一个回族饭菜供应部，虽然其市场仍然很窄，但从细微处体现了民族政策，有较大的社会效益，值得去做。

（四）差异性

差异性指细分市场在观念上能被区别并对不同的营销组合因素和方案有不同的反应。

（五）相对稳定性

相对稳定性指细分后的市场有相对应的时间的稳定。

此外，市场细分的基础是顾客需求的差异性，所以凡是使顾客需求产生差异的因素都可以作为市场细分的标准。由于各类市场的特点不同，因此市场细分的条件也有所不同。

三、有效市场细分的注意事项

为了有效地进行市场细分，有这样几个问题应引起注意。

（一）动态性

细分的标准和变数不是固定不变的，如收入水平、城市大小、交通条件、年龄等，都会随着时间的推移而变化。因此，应树立动态观念，适时进行调整。

（二）适用性

市场细分的因素有很多，各企业的实际情况又各异，不同的企业在细分市场时采用的细分变数和标准不一定相同，究竟选择哪种变量，应视具体情况加以确定，切忌生搬硬套和盲目模仿。

（三）组合性

要注意细分变数的综合运用。在实际营销活动中，一个理想的目标市场是有层次或交错地运用上述各种因素的组合来确定的。如化妆品的经营者将 18 至 45 岁的城市妇女确定为目标市场，就运用了四个变量：年龄、地理区域、性别、收入（职业妇女）。

营销管理小贴士

市场细分的方法包括：单一变量法、主导因素排列法、综合因素排列法与系列因素排列法。市场细分是一项技术性强、复杂而细致的工作。市场营销者在对市场进行细分时要注意市场细分的动态性、适用性与组合性的问题。

第五十三课　目标市场选择标准

目标市场就是通过市场细分后，企业准备以相应的产品和服务满足其需要的一个或几个子市场。

企业在市场细分后，面临选择目标市场的问题。因为并不是每个细分市场都是值得或能够进入的。企业必须先对各细分市场进行评估，在分析判断的基础上选择最有利于企业的细分市场作为服务对象。因此，选择目标市场必须考虑以下基本的标准。

一、有一定的规模和发展潜力

首先，目标市场应具有一定的现实要求，足以实现企业预期的销售额。理想的目标市场应当与企业实力相匹配。较小的市场，不利于较大企业发挥其潜力；过大的市场，对于实力较弱的企业，则难以有效控制和占领。其次，目标市场应存在未满足的潜在需求，有充分的发展空间与潜力。

二、细分市场结构的吸引力

细分市场可能具备理想的规模和发展特征，然而从赢利的观点来看，它未必有吸引力。有五个群体决定整个市场或其中任何一个细分市场的长期的内在吸引力。这五个群体是：同行业竞争者、潜在的新参加的竞争者、替代产品、购买者和供应商。他们具有如下五种威胁性。

（一）细分市场内激烈竞争的威胁

如果某个细分市场已经有了众多的、强大的或者竞争意识强烈的竞争者，那么该细分市场就会失去吸引力。如果出现该细分市场处于稳定或者衰退，生产能力不断大幅度扩大，固定成本过高，撤出市场的壁垒过高，竞争者投资很大，那么情况就会更糟。这些情况常常会导致价格战、广告争夺战，公司要参与竞争就必须付出高昂的代价。

（二）新竞争者的威胁

如果某个细分市场可能吸引会增加新的生产能力和大量资源并争夺市场份额的新的竞争者，那么该细分市场就会没有吸引力。问题的关键是新的竞争者能否轻易地进入这个细分市场。如果新的竞争者进入这个细分市场时遇到森严的壁垒，并且遭受到细分市场内原来的公司的强烈报复，他们便很难进入。保护细分市场的壁垒越低，原来占领细分市场的公司的报复心理越弱，这个细分市场就越缺乏吸引力。某个细分市场的吸引力随其进退难易的程度而有所区别。根据行业利润的观点，最有吸引力的细分市场应该是进入的壁垒高、退出的壁垒低。在这样的细分市场里，新的公司很难打入，但经营不善的公司可以安然撤退。如果细分市场进入和退出的壁垒都高，那么它的利润潜量就大，但也往往伴随较大的风险，因为经营不善的公司难以撤退，必须坚持到底。如果细分市场进入和退出的壁垒都较低，那么公司便可以进退自如，然而获得的报酬虽然稳定，却不高。最坏的情况是进入细分市场的壁垒较低，而退出的壁垒却很高。于是在经济良好时，大家蜂拥而入，但在经济萧条时，却很难退出。其结果是大家都生产能力过剩，利润下降。

（三）替代产品的威胁

如果某个细分市场存在着替代产品或者有潜在替代产品，那么该细分市场就失去了吸引力。替代产品会限制细分市场内价格和利润的增长。公司应密切注意替代产品的价格趋向。如果在这些替代产品行业中技术有所发展，或者竞争日趋激烈，这个细分市场的价格和利润就可能会下降。

（四）购买者讨价还价能力加强的威胁

如果某个细分市场中购买者的讨价还价能力很强或正在加强，该细分市场就没有吸引力。购买者便会设法压低价格，对产品质量和服务提出更高的要求，并且使竞争者互相斗争，所有这些都会使销售商的利润受到损失。如果购买者比较集中或者有组织，或者该产品在购买者的成本中占较大比重，或者产品无法实行差别化，或者顾客的转换成本较低，或者由于购买者的利益较低而对价格敏感，或者顾客能够相互实行联合，购买者的讨价还价能力就会加强。销售商为了保护自己，可选择议价能力最弱或者转换销售商能力最弱的购买者。较好的防卫方法是提供顾客无法拒绝的优质产品供应市场。

（五）供应商讨价还价能力加强的威胁

如果公司的供应商——原材料和设备供应商、公用事业、银行、公会等，能够提价或者降低产品和服务的质量，或减少供应数量，那么该公司所在的细分市场就会没有吸引力。如果供应商集中或有组织，或者替代产品少，或者供应的产品是重要的投入要素，或转换成本高，或者供应商可以相互实行联合，那么供应商的讨价还价能力就会较强大。因此，与供应商建立良好关系和开拓多种供应渠道才是防御上策。

三、符合企业目标和能力

某些细分市场虽然有较大吸引力，但不能推动企业实现发展目标，甚至分散企业的精力，使之无法完成其主要目标，这样的市场应考虑放弃。另一方面，还应考虑企业的资源条件是否适合在某一细分市场经营。只有选择那些企业有条件进入、能充分发挥其资源优势的市场作为目标市场，企业才会立于不败之地。

现代市场经济条件下，制造商品牌和经销商品牌之间经常展开激烈的竞争，也就是所谓品牌战。一般来说，制造商品牌和经销商品牌之间的竞争，本质上是制造商与经销商之间实力的较量。在制造商具有良好的市场声誉，拥有较大市场份额的条件下，应多使用制造商品牌。无力经营自己品牌的经销商只能接受制造商品牌。相反，当经销商品牌在某一市场领域中拥有良好的品牌信誉及庞大的、完善的销售体系时，利用经销商品牌也是有利的。因此进行品牌使用者决策时，要结合具体情况，充分考虑制造商与经销商的实力对比，以求客观地做出决策。

营销管理小贴士

目标市场是企业在市场细分的基础上，从满足现实的或潜在的目标顾客需求出发，并依据企业自身经营条件而选定的一个或为数不多的特定市场。进行目标市场选择时，必须要考虑以下几个问题：细分市场的规模、发展潜力、吸引力、是否符合企业目标和能力。

第五十四课　目标市场营销策略

一、目标市场营销策略的含义

企业通过市场细分，从众多的细分市场中，选择出一个或几个具有吸引力、有利于发挥企业优势的细分市场作为自己的目标市场，综合考虑产品特性、竞争状况和自身实力，针对不同的目标市场选择营销策略。

二、目标市场营销策略的内容

（一）无差异性营销

无差异性营销的优点是由于产品单一，有利于标准化与大规模生产，从而有利于降低研究开发、生产、储存、运输、促销等成本费用，能以低成本取得市场竞争优势。

缺点是忽视了各子市场需求的差异性，企业难以长期采用。一旦竞争者采取差异化或集中化的营销策略，企业必须放弃无差异营销，否则，顾客会大量流失。

（二）差异性营销

企业针对不同的子市场，推出不同的产品，推行不同的营销方案，以最大限度地满足各子市场的需要。

差异性营销的优点是由于企业在产品设计、推销宣传等营销策略方面能针对不同的子市场，有的放矢，从而有利于提高产品的竞争力，提高市场占有率。此外还有利于建立企业及品牌的知名度，有利于提高企业威望，树立良好的企业形象。

缺点是多品种生产，势必增加生产及营销成本，增加管理的难度。因此，该策略多为实力雄厚的大公司所采用。

（三）集中性营销

企业将所有的资源力量集中，以一个或少数几个性质相似的子市场作为目标市场，进行专业化经营，力图在较少的子市场上获得较大的市场占有率。如丽华快餐，仅选择工作快餐市场作为自己的目标市场，采取的就是集中性营销策略。

集中性营销的优点是目标市场集中，企业资源集中，能快速开发适销对路的产品，树立和强化企业和产品形象，也有利于降低生产成本，节省营销费用，增加企业盈利。

缺点是目标市场狭小，经营风险较大。一旦市场需求突然发生变化，或出现更强的竞争对手，企业就可能陷入困境。该策略适用于实力弱，资源少的小型企业。

（四）定制营销

若将市场细分进行到最大限度，则每一位顾客都是一个与众不同的细分市场。由于现代信息技术和现代制造业的迅猛发展，使得为顾客提供“量体裁衣”式的产品和服务成为可能。

定制营销是指企业在大规模生产的基础上，将每一位顾客都视为一

个单独的子市场，通过与顾客进行个体的沟通，明确并把握特定顾客的需求，为其提供方式不同的满足，以更好地实现企业利益的活动过程。定制营销也被称为一对一营销、个性化营销。

定制营销的适用范围十分广泛，不仅适用于自行车、汽车、服装、家具等有形产品，也适用于金融、咨询、旅游、餐饮等服务领域。

定制营销的突出优点是：能极大地满足消费者的个性化需求，提高企业竞争力；以需定产，有利于减少库存积压，加快企业的资金周转；有利于产品、技术上的创新，促进企业不断发展。

但定制营销有可能导致营销工作的复杂化，增大经营成本和经营风险，因此，定制营销需要建立在定制的利润高于定制的成本的基础之上。另外，生产领域的定制营销还对企业的设计、生产、供应等系统和管理的信息化程度有很高的要求，海尔“定制冰箱”的生产，从设计、模具制造，到生产、配送、支付、服务等各方面都比普通冰箱的要求要高得多，因此，一般的生产企业可能还很难做到，但定制营销仍是众多企业努力的方向。

三、目标市场策略的影响因素

（一）企业的资源特点

资源雄厚的企业，如拥有大规模的生产能力、广泛的分销渠道、程度很高的产品标准化、好的内在质量和品牌信誉等，可以考虑实行无差异市场营销策略；如果企业拥有雄厚的设计能力和优秀的管理素质，则可以考虑施行差异市场营销策略；而对于实力较弱的中小企业来说，它们适于集中力量进行集中营销策略。企业初次进入市场时，往往采用集中市场营销策略，在积累了一定的成功经验后再采用差异市场营销策略或无差异市场营销策略，扩大市场份额。

（二）产品特点

产品的同质性表明了产品在性能、特点等方面的差异性的大小，是企业选择目标市场时不可不考虑的因素之一。一般对于同质性高的产品如食盐等，宜施行无差异市场营销；对于同质性低或异质性产品，差异市场营销或集中市场营销是恰当选择。

此外，产品因所处的生命周期的阶段不同，而表现出的不同特点亦不容忽视。产品处于导入期和成长初期，消费者刚刚接触新产品，对它的了解还停留在较浅的层次，竞争尚不激烈，企业这时的营销重点是挖掘市场对产品的基本需求，往往采用无差异市场营销策略。等产品进入成长后期和成熟期时，消费者已经熟悉产品的特性，需求向深层次发展，表现出多样性和不同的个性来，竞争空前激烈，企业应适时地转变策略为差异市场营销或集中市场营销。

（三）市场特点

供与求是市场中两大基本力量，它们的变化趋势往往是决定市场发展方向的根本原因。供不应求时，企业重在扩大供给，无暇考虑需求差异，所以采用无差异市场营销策略；供过于求时，企业为刺激需求、扩大市场份额殚精竭虑，多采用差异市场营销或集中市场营销策略。

从市场需求的角度来看，如果消费者对某产品的需求偏好、购买行为相似，则称之为同质市场，可采用无差异市场营销策略；反之，为异质市场，差异市场营销和集中市场营销策略更合适。

（四）竞争者的策略

企业可与竞争对手选择不同的目标市场覆盖策略。例如，竞争者采用无差异市场营销策略时，你选用差异市场营销策略或集中市场营销策略更容易发挥优势。

企业的目标市场策略应慎重选择，一旦确定，应该有相对的稳定，不能朝令夕改。但灵活性也不容忽视，没有永远正确的策略，一定要密切注意市场需求的变化和竞争动态。

营销管理小贴士

目标市场一旦选定，就应考虑采用怎样的营销策略进入目标市场。根据目标市场的独特性和企业自身的情况，有以下几种目标营销策略可供选择：无差异性营销策略、差异性营销策略、集中性营销策略与定制策略。

第五十五课　市场定位理论

一、市场定位的含义

市场定位是在20世纪70年代由美国营销学家艾·里斯和杰克特劳特提出的，其含义是指企业根据竞争者现有产品在市场上所处的位置，针对顾客对该类产品某些特征或属性的重视程度，为本企业产品塑造与众不同的、给人印象鲜明的形象，并将这种形象生动地传递给顾客，从而使该产品在市场上确定适当的位置。

二、市场定位的作用

在今天，同类产品品牌繁多，消费者如何选择？消费者购买的理由是什么？这就需要企业有效的市场定位来解决。因此，市场定位在企业营销中作用很大，具体事项主要表现在以下几个方面。

（一）强化产品针对性

如今人们购买和消费越来越注重个性化。因此，企业要确定具体的服务对象。对服务对象定位的前提是对市场进行细分。通过合理、严密的市场细分，企业可以对各细分市场中的消费需求和市场竞争状况加以对比，这样既可以根据对比结果了解和掌握各细分市场中服务对象的需求满意度，同时可以看出自身所具有的优势和劣势，这有利于企业采取正确的营销策略。

（二）增强企业产品在市场上的竞争力

任何企业都有自己的长处和短处、优势和劣势，在市场上盲目出击，极有可能导致营销失败。想要确定企业相对于竞争者的市场位置，企业要准确分析自己产品与竞争对手产品在成本及品质上的优势，以优势对劣势打击竞争产品占领市场，进而增强企业产品在市场上的竞争力。

（三）开拓新市场

越来越多的企业家感到一种产品在市场上几十年不变仍然能保持垄断地位的日子已经一去不复返了。现在产品的市场寿命越来越短，产品两年一升级四年一换代的现象实属屡见不鲜。真正的市场定位是在市场细分的基础上做出的。

企业通过市场细分，可以掌握消费者的不同需求情况，从而发现未被满足或未被充分满足的需求市场。企业根据市场细分和企业自身优势正确确定自己的市场，开发新产品，开拓新市场。

（四）确定事业领域

由于人的欲望是无止境的，需求是多样的，因此，任何企业包括规模最大的企业也不可能满足购买者的全部需要，而只能满足其一部分需要。也就是说，企业必须充分认识自身的优势和劣势，为自己确定一个正确恰当的市场定位，即确定企业的事业领域。

三、市场定位的原则

各个企业经营的产品不同，面对的顾客也不同，所处的竞争环境也不同，因而市场定位所依据的原则也不同。总的来讲，市场定位所依据的原则有以下四点。

（一）根据具体的产品特点定位

构成产品内在特色的许多因素都可以作为市场定位所依据的原则。比如所含成分、材料、质量、价格等。“七喜”汽水的定位是“非可乐”，强调它是不含咖啡因的饮料，与可乐类饮料不同。“泰宁诺”止痛药的定位是“非阿司匹林的止痛药”，显示药物成分与以往的止痛药有本质的差异。一件仿皮皮衣与一件真正的水貂皮衣的市场定位自然不会一样，同样，不锈钢餐具若与纯银餐具定位相同，也是令人难以置信的。

（二）根据特定的使用场合及用途定位

为老产品找到一种新用途，是为该产品创造新的市场定位的好方法。小苏打曾一度被广泛用作家庭的刷牙剂、除臭剂和烘焙配料，现在已有不少的新产品代替了小苏打的上述一些功能。有人曾经介绍了小苏打可以定位为冰箱除臭剂，另外还有家公司把它当作了调味汁和卤肉的配料，更有一家公司发现它可以作为冬季流行性感冒患者的饮料。我国曾有一家生产“曲奇饼干”的厂家最初将其产品定位为家庭休闲食品，后来又发现不少顾客购买是为了馈赠，又将之定位为礼品。

（三）根据顾客得到的利益定位

产品提供给顾客的利益是顾客最能切实体验到的，也可以用作定位

的依据。

1975年，美国米勒推出了一种低热量的“Lite”牌啤酒，将其定位为喝了不会发胖的啤酒，迎合了那些经常饮用啤酒而又担心发胖的人的需要。

（四）根据使用者类型定位

企业常常试图将其产品指向某一类特定的使用者，以便根据这些顾客的看法塑造恰当的形象。

美国米勒啤酒公司曾将其原来唯一的品牌“高生”啤酒定位于“啤酒中的香槟”，吸引了许多不常饮用啤酒的高收入妇女。后来发现，占30%的狂饮者大约消费了啤酒销量的80%，于是，该公司在广告中展示石油工人钻井成功后狂欢的镜头，还有年轻人在沙滩上冲刺后开怀畅饮的镜头，塑造了一个“精力充沛的形象”。在广告中提出“有空就喝米勒”，从而成功占领啤酒狂饮者市场达十年之久。

事实上，许多企业进行市场定位依据的原则往往不止一个，而是多个原则同时使用。因为要体现企业及其产品的形象，市场定位必须是多维度的。

营销管理小贴士

企业选择目标市场范围后，初步确定了企业的营销对象，但用户是否购买企业产品，还有许多问题需要解决。要使本企业的产品在目标市场上脱颖而出，企业就必须进一步分析目标市场的竞争形势，确定本企业在目标市场的位置，也就是“市场定位”。

第五十六课　市场定位的步骤与策略

一、市场定位的步骤

市场定位的关键是企业要设法在自己的产品上找出比竞争者更具有竞争优势的特性。

竞争优势一般有两种基本类型：一是价格竞争优势，就是在同样的条件下比竞争者定出更低的价格。这就要求企业采取一切努力来降低单位成本。二是偏好竞争优势，即能提供确定的特色来满足顾客的特定偏好。这就要求企业采取一切努力在产品特色上下功夫。因此，企业市场定位的全过程可以通过以下三大步骤来完成。

（一）分析目标市场的现状，确认本企业潜在的竞争优势

这一步骤的中心任务是要回答以下三个问题：一是竞争对手产品定位如何？二是目标市场上顾客欲望满足程度如何以及确实还需要什么？三是针对竞争者的市场定位和潜在顾客的真正需要的利益要求企业应该及能够做什么？要回答这三个问题，企业市场营销人员必须通过一切调研手段，系统地设计、搜索、分析并报告有关上述问题的资料和研究结果。

通过回答上述三个问题，企业就可以从中把握和确定自己的潜在竞争优势在哪里。

（二）准确选择竞争优势，对目标市场初步定位

竞争优势表明企业能够胜过竞争对手的能力。这种能力既可以是现有的，也可以是潜在的。选择竞争优势实际上就是一个企业与竞争者各方面实力相比较的过程。比较的指标应是一个完整的体系，只有这样，

才能准确地选择相对竞争优势。通常的方法是分析、比较企业与竞争者在经营管理、技术开发、采购、生产、市场营销、财务和产品等七个方面究竟哪些是强项，哪些是弱项，借此选出最适合本企业的优势项目，以初步确定企业在目标市场上所处的位置。

（三）显示独特的竞争优势和重新定位

这一步骤的主要任务是企业要通过一系列的宣传促销活动，将其独特的竞争优势准确传递给潜在顾客，并在顾客心目中留下深刻印象。为此，企业首先应使目标顾客了解、知道、熟悉、认同、喜欢和偏爱本企业的市场定位，在顾客心目中建立起与该定位相一致的形象。其次，企业通过各种努力强化目标顾客形象、保持目标顾客的了解、稳定目标顾客的态度和加深目标顾客的感情来巩固与市场相一致的形象。最后，企业应注意目标顾客对其市场定位理解出现的偏差或由于企业市场定位宣传上的失误而造成的目标顾客模糊、混乱和误会，及时纠正与市场定位不一致的形象。企业的产品在市场上定位即使很恰当，但在下列情况下，还应考虑重新定位：

（1）竞争者推出的新产品定位于本企业产品附近，侵占了本企业产品的部分市场，使本企业产品的市场占有率下降。

（2）消费者的需求或偏好发生了变化，使本企业产品销售量骤减。

重新定位是指企业为已在某市场销售的产品重新确定某种形象，以改变消费者原有的认识，争取有利的市场地位的活动。如某日化厂生产的婴儿洗发剂，以强调该洗发剂不刺激眼睛来吸引有婴儿的家庭。但随着出生率的下降，销售量减少。为了增加销售，该企业将产品重新定位，强调使用该洗发剂能使头发松软有光泽，以吸引更多、更广泛的购买者。重新定位对于企业适应市场环境、调整市场营销战略是必不可少的，可以视为企业的战略转移。重新定位可能导致产品的名称、价格、包装和品牌的更改，也可能导致产品用途和功能上的变动，企业必须考虑定位转移的成本和新定位的收益问题。

二、市场定位的策略

（一）避强定位策略

避强定位策略是指企业力图避免与实力最强的或较强的其他企业直接发生竞争，而将自己的产品定位于另一市场区域内，使自己的产品在某些特征或属性方面与最强或较强的对手有比较显著的区别。

优点：避强定位策略能使企业较快地在市场上站稳脚跟，并能在消费者或用户中树立形象，风险小。

缺点：避强往往意味着企业必须放弃某个最佳的市场位置，很可能使企业处于最差的市场位置。

（二）迎头定位策略

迎头定位策略是指企业根据自身的实力，为占据较佳的市场位置，不惜与市场上占支配地位的、实力最强或较强的竞争对手发生正面竞争，而使自己的产品进入与对手相同的市场位置。

优点：竞争过程往往惹人注目，甚至产生所谓的轰动效应，企业及其产品可以较快地为消费者或用户所了解，易于达到树立市场形象的目的。

缺点：具有较大的风险性。

（三）创新定位策略

创新定位策略是指寻找新的尚未被占领但有潜在市场需求的位置，填补市场上的空缺，生产市场上没有的、具备某种特色的产品。如日本索尼公司的索尼随身听等一批新产品正是填补了市场上迷你电子产品的空缺，并进行不断的创新，使得索尼公司即使在“二战”时期也能迅速发展，一跃而成为世界级的跨国公司。采用这种定位方式时，公司应明确创新定位所需的产品在技术上、经济上是否可行，有无足够的市场容量，

能否为公司带来合理而持续的盈利。

（四）重新定位策略

公司在选定了市场定位目标后，如定位不准确或虽然开始定位得当，但市场情况发生变化时，如遇到竞争者定位与本公司接近，侵占了本公司部分市场，或由于某种原因消费者或用户的偏好发生变化，转移到竞争者方面时，就应考虑重新定位。

重新定位是以退为进的策略，目的是为了实施更有效的定位。例如万宝路香烟刚进入市场时，以女性为目标市场，它推出的口号是：像5月的天气一样温和。然而，尽管当时美国吸烟人数年年都在上升，万宝路的销路却始终平平。后来，广告大师李奥贝纳为其做广告策划，他将万宝路重新定位为男子汉香烟，并将它与最具男子汉气概的西部牛仔形象联系起来，树立了万宝路自由、野性与冒险的形象，从众多的香烟品牌中脱颖而出。自20世纪80年代中期到现在，万宝路一直居世界各品牌香烟销量首位，成为全球香烟市场的领导品牌。

市场定位是设计公司产品和形象的行为，以使公司明确在目标市场中相对于竞争对手的自己的位置。公司在进行市场定位时，应慎之又慎，要通过反复比较和调查研究，找出最合理的突破口。避免出现定位混乱、定位过度、定位过宽或定位过窄的情况。而一旦确立了理想的定位，公司必须通过一致的表现与沟通来维持此定位，并应经常加以监测以随时适应目标顾客和竞争者策略的改变。

营销管理小贴士

一旦选择好市场定位，企业就必须采取切实的步骤把理想的定位传达给目标消费者。企业的所有市场营销组合策略都必须支持这一定位战略。如果企业决定的市场定位是更高的质量和服务，那么它就必须传播这个定位。

第八单元

产 品 策 略

企业的产品策略，就是根据企业目标，对产品组合的广度、深度及关联程度进行组合决策。在现代市场经济条件下，每个企业都应该将更多的精力投入产品质量的提高和组合结构的优化中，以便更好地满足市场需求，取得最佳的经济效益。

第五十七课　产品的整体概念

人们通常理解的产品是指具有某种特定物质形状和用途的物品，是看得见、摸得着的东西。这是一种狭义的定义。而市场营销学认为，广义的产品是指人们通过购买而获得的能够满足某种需求和欲望的物品的总和，它既包括具有物质形态的产品实体，又包括非物质形态的利益，这就是“产品的整体概念”。

一、产品整体概念的内容

现代市场营销理论认为，产品整体概念包含核心产品、有形产品、附加产品和心理产品四个层次。

（一）核心产品

核心产品也称实质产品，是指消费者购买某种产品时所追求的利益，是顾客真正要买的东西，因而在产品整体概念中也是最基本、最主要的部分。消费者购买某种产品，并不是为了占有或获得产品本身，而是为了获得能满足某种需要的效用或利益。

如买自行车是为了代步，买汉堡是为了充饥，买化妆品是希望美丽、体现气质、增加魅力等。因此，企业在开发产品、宣传产品时应明确地确定产品能提供的利益，产品才具有吸引力。

（二）有形产品

有形产品是核心产品借以实现的形式，即向市场提供的实体和服务的形象。如果有形产品是实体物品，则它在市场上通常表现为产品质量水平、外观特色、式样、品牌名称和包装等。产品的基本效用必须通过某些具体的形式才得以实现。市场营销者应首先着眼于顾客购买产品时所追求的利益，以求更完美地满足顾客需要，从这一点出发再去寻求利益得以实现的形式，进行产品设计。

产品的有形特征主要指质量、款式、特色、包装。如冰箱，有形产品不仅仅指电冰箱的制冷功能，还包括它的质量、造型、颜色、容量等。

（三）附加产品

附加产品是顾客购买有形产品时所获得的全部附加服务和利益，包括提供信贷、免费送货、保证、安装、售后服务等。附加产品的概念来源于对市场需要的深入认识。因为购买者的目的是为了满足某种需要，因而他们希望得到与满足该项需要有关的一切。

美国学者西奥多·莱维特曾经指出："新的竞争不是发生在各个公司的工厂生产什么产品，而是发生在其产品能提供何种附加利益（如包装、服务、广告、顾客咨询、融资、送货、仓储及具有其他价值的形式）。"青岛电视机厂能在激烈的市场竞争中保持不败，产品走进全国500多万户家庭中，靠的就是热情周到的售后服务。

由于产品的消费是一个连续的过程，既需要售前宣传产品，又需要售后持久、稳定地发挥效用，因此，服务是不能少的。可以预见，随着市场竞争的激烈展开和用户要求的不断提高，附加产品越来越成为竞争获胜的重要手段。

（四）心理产品

心理产品指产品的品牌和形象提供给顾客心理上的满足。产品的消

费往往是生理消费和心理消费相结合的过程，随着人们生活水平的提高，人们对产品的品牌和形象看得越来越重，因而它也是产品整体概念的重要组成部分。

二、产品整体概念的市场意义

产品整体概念是对市场经济条件下产品概念的完整、系统、科学的表述。它对市场营销管理的意义表现在以下几个方面。

（一）它以消费者基本利益为核心，指导整个市场营销管理活动，是企业贯彻市场营销观念的基础

企业市场营销管理的根本目的就是要保证消费者的基本利益。消费者购买电视机是希望业余时间充实和快乐；消费者购买计算机是为了提高生产和管理效率；消费者购买服装是要满足舒适、风度和美感的要求，等等。

概括起来，消费者追求的基本利益大致包括功能和非功能两方面的要求。消费者对前者的要求是出于实际使用的需要，而对后者的要求则往往是出于社会心理动机。而且，这两方面的需要又往往交织在一起，并且非功能需求所占的比重越来越大。而产品整体概念，正是明确地向产品的生产经营者指出，要竭尽全力地通过有形产品和附加产品去满足核心产品所包含的一切功能和非功能的要求，充分满足消费者的需求。可以断言，不懂得产品整体概念的企业不可能真正贯彻市场营销观念。

（二）只有通过产品四层次的最佳组合才能确立产品的市场地位

营销人员要把对消费者提供的各种服务看作产品实体的统一体。由于科学技术在今天的社会中能以更快的速度扩散，也由于消费者对切身利益关切度的提高，使得营销者的产品以独特形式出现越来越困难，消费者也就越来越以营销者产品的整体效果来确认哪个厂家、哪种品牌的

产品是自己喜爱和满意的。尤其是，国内消费者在购买家电产品时，往往对有两层包装纸盒的产品（“双包装产品”）更为相信，对于不少缺乏电器专业知识的消费者来说，判别家电产品的质量可靠性，往往是以包装好坏作为决策的依据。对于营销者来说，产品越能以一种消费者易觉察的形式来体现消费者购物选择时所关心的因素，越能获得好的产品形象，进而确立有利的市场地位。

（三）产品差异构成企业特色的主体，企业要在激烈的市场竞争中取胜，就必须致力于创造自身产品的特色

不同产品项目之间的差异是非常明显的。这种差异或表现在功能上，如鸣笛水壶与一般水壶之别；或表现在设计风格、品牌、包装的独到之处上，甚至表现在与之相联系的文化因素上，如各种服装的差异；或表现在产品的附加利益上，如各种不同的服务，可使产品各具特色。总之，在产品整体概念的三个层次上，企业都可以形成自己的特色，而与竞争产品区别开来。而随着现代市场经济的发展和市场竞争的加剧，企业所提供的附加利益在市场竞争中也显得越来越重要。国内外许多企业的成功，在很大程度上应归功于他们更好地认识了服务等附加产品在产品整体概念中的重要地位。

营销管理小贴士

只有具备了物质和非物质两种因素的产品才算完整的产品，这种观念，在市场营销学中被称为“产品整体概念”。产品整体概念包括核心产品、有形产品、附加产品和心理产品这四个主要层次的内容，这一概念对企业的营销十分重要。

第五十八课　产品组合策略

一、产品组合的含义

产品组合是指一个企业生产经营的全部产品的结构，它是一个特定的销售者售予购买者的一组产品。一般而言，一个产品组合往往是由若干条产品线（产品大类）构成的，每一条产品线又包括若干个产品项目（品目），每一个产品项目又包括若干个产品规格或型号。

二、产品组合的四因素

产品组合包括四个因素：产品系列的广度、产品系列的长度、产品系列的深度和产品系列的关联性。这四个因素的不同，构成了不同的产品组合。

产品组合的广度是指一个企业产品组合中产品线的多少。产品组合的长度是指一个企业产品组合中每条产品线所包含的产品项目的多少。产品组合的深度是指一个企业产品组合中每一个产品项目所包括的产品品种的多少。产品组合的关联性，是指一个企业产品组合中产品线与产品线之间，在最终用途、生产条件、分销渠道等方面相互关联的程度。毫无疑问，产品组合的广度、长度、深度以及关联性在市场营销战略上具有十分重要的意义。

企业增加产品组合的广度（即增加产品大类，扩大经营范围，或者跨行业经营，实行多角化经营），可以充分发挥企业自身的特长，使企业尤其是大中型企业的资源、技术得以充分利用，进一步提高经营效益。此外，实行多角化经营还可以在一定程度上减少风险。

企业增加产品组合的长度和深度（即增加产品项目，增加产品的规格、花色、式样等），可以更多地迎合广大消费者的不同需求与爱好，以此来吸引更多的潜在顾客。

企业增加产品组合的关联性（即使各个产品大类在生产条件、最终使用、分销渠道等多方面的密切关联），则可以大大提高企业在某一地区、某一行业的声誉。

产品组合策略就是在产品组合的广度、长度、深度以及关联性方面做出的选择或决定。

三、产品组合的决策

产品组合决策主要包括以下四点。

（一）拓展产品组合

企业可以充分利用资源，发展优势，分散企业的市场风险，增强竞争力。其渠道主要是扩大产品组合的宽度和加深产品组合的深度，即增加一条或多条生产线，拓宽产品经营领域和在原生产线的基础上增加新的产品项目。若企业现有产品线的销售和利润下降时，应及时扩大产品组合宽度，增加生产线；若企业需要进军更多的细分市场，满足更多不同需求的消费者时，可以选择加深产品组合的深度，增加新的产品项目。实行这一策略，可以降低企业的市场风险或平衡风险，但企业的投入将会增加，成本提高，利润减少。

（二）缩减产品组合

与拓展产品组合策略相反，企业为了减少不必要的投资，降低成本，增加利润，必须对一些获利较多的产品线和产品项目进行缩减或集中。该策略的主要特点是集中企业优势发展利好产品，降低成本，但同时也会增加企业的市场风险。

（三）产品线现代化策略

有时产品线的长度虽然适当，但是产品仍停留在多年前的水平，这就需要更新产品，实现产品线的现代化，跟上市场前进的步伐。产品线的现代化可通过两种方式实现：逐项更新或全面更新。

（四）产品延伸

有时根据市场需求，企业需要重新对全部或部分产品进行市场定位，对产品线内的产品项目加以延伸。延伸产品的做法有向下延伸、向上延伸、双向延伸三种。

1. 向下延伸

向下延伸指企业原来生产高档产品，以后逐渐增加一些低档产品。由于高档产品在市场上受到竞争者的威胁，本企业产品在该市场的销售增长速度趋于缓慢，企业通过向下延伸，能够找到新的经济增长点。某些企业出于填补产品线空缺的目的，或者为了防止新的竞争者加入，也实施这一策略。

向下延伸策略既可以节约新品牌的推广费用，又可以使新产品在短时间内得到消费者的认可。与此同时，企业还可以充分利用各项资源。

2. 向上延伸

向上延伸指企业原来生产低档产品，后来决定增加高档产品。企业采取这一策略的原因是：市场对高档产品需求增加，高档产品销路广，利润丰；欲使自己生产经营产品的档次更全、占领更多市场；抬高产品的市场形象。

向上延伸也有可能带来一些风险。

（1）可能引起原来生产高档产品的竞争者采取向下延伸策略，从而增加自己的竞争压力。

（2）市场可能对该企业生产高档产品的能力缺乏信任。

（3）原来的生产、销售等环节没有该方面的技能和经验。

3. 双向延伸

原来生产经营中档产品，现在同时向高档和低档产品延伸，一方面增加高档产品，一方面增加低档产品，扩大市场阵地。

营销管理小贴士

市场环境和竞争形势不断变化，产品组合的每一个决定性因素都会在变化的形势中不断变化。产品线的每一个产品品种也会在变化的环境下发生变化。企业应根据形势变化，调整产品结构，寻求和保持产品组合最优化问题。

第五十九课　产品生命周期策略概述

一、产品生命周期的含义

产品生命周期,简称PLC,是指产品的市场寿命。一种产品进入市场后，它的销售量和利润都会随时间推移而改变，呈现一个由少到多、由多到少的过程，就如同人的生命一样，由诞生、成长到成熟，最终走向衰亡，这就是产品的生命周期现象。所谓产品生命周期，是指产品从进入市场开始，直到最终退出市场为止所经历的市场生命循环过程。产品只有经过研究开发、试销，然后进入市场，它的市场生命周期才算开始。产品退出市场，则标志着产品生命周期的结束。

二、产品生命周期的使用层次

产品生命周期理论可以用来分析产品种类、形式、品牌三个层次的生命周期。产品种类是指具有相同功能及用途的所有产品。产品形式是指同一种类产品中，辅助功能、用途或实体销售有差别的不同产品。而产品品牌则是指企业生产与销售的特定产品。如白沙牌过滤嘴香烟，香烟表示产品种类；过滤嘴香烟是香烟的一种形式，即产品形式；白沙牌过滤嘴香烟则专指过滤嘴香烟中的一种特定产品，一种产品品牌。产品种类的生命周期要比产品形式、产品品牌长，有些产品种类生命周期中的成熟期可能无限延续。产品形式一般表现出上述比较典型的生命周期过程，即从介绍期开始，经过成长期、成熟期，最后走向衰落期。至于品牌产品的生命周期，一般是不规则的，它受到市场环境及企业市场营销决策、品牌知名度等的影响。品牌知名度高的，其生命周期就长，反之亦然。例如，像国际知名品牌“可口可乐”百年来仍是如此受欢迎。

三、产品生命周期的意义

产品生命周期理论的引入对企业经营有重要意义，它为企业明确了四个问题：产品的生命是有限的；产品的销售要经历不同的阶段，每个阶段对销售的要求不同；在产品生命周期的不同阶段，利润有升有降；在产品生命周期的不同阶段需要不同的营销策略。

四、产品生命周期各阶段的特点

典型的产品生命周期一般可以分成四个阶段，即介绍期（或引入期）、成长期、成熟期和衰退期。

（一）介绍（引入）期

指产品从设计投产直到投入市场进入测试阶段。新产品投入市场，便进入了介绍期。此时产品品种少，顾客对产品还不了解，除少数追求新奇的顾客外，几乎无人实际购买该产品。生产者为了扩大销路，不得不投入大量的促销费用，对产品进行宣传推广。该阶段由于生产技术方面的限制，产品生产批量小，制造成本高，广告费用大，产品销售价格偏高，销售量极为有限，企业通常不能获利，反而可能亏损。

（二）成长期

当产品进入引入期，销售取得成功之后，便进入了成长期。成长期是指产品通过试销效果良好，购买者逐渐接受该产品，产品在市场上站住脚并且打开了销路。这是需求增长阶段，需求量和销售额迅速上升，生产成本大幅度下降，利润迅速增长。与此同时，竞争者看到有利可图，将纷纷进入市场参与竞争，使同类产品供给量增加，价格随之下降，企业利润增长速度逐步减慢，最后达到生命周期利润的最高点。

（三）成熟期

指产品大批量生产并稳定地进入市场销售。经过成长期之后，随着购买产品的人数增多，市场需求趋于饱和。此时，产品普及并日趋标准化，成本低而产量大，销售增长速度缓慢直至转而下降。由于竞争的加剧，导致同类产品生产企业之间不得不加大在产品质量、花色、规格、包装服务等方面加大投入，在一定程度上增加了成本。

（四）衰退期

是指产品进入了淘汰阶段。随着科技的发展以及消费习惯的改变等原因，产品的销售量和利润持续下降，产品在市场上已经老化，不能适应市场需求，市场上已经有其他性能更好、价格更低的新产品，足以满足消费者的需求。此时成本较高的企业就会由于无利可图而陆续停止生产，该类产品的生命周期也就陆续结束，以至于最后完全撤出市场。

产品生命周期是一个很重要的概念，它和企业制定产品策略以及营销策略有着直接的联系。管理者要想使其产品有一个较长的销售周期，以便赚取足够的利润来补偿在推出该产品时所做出的一切努力和经受的一切风险，就必须认真研究和运用产品的生命周期理论。此外，产品生命周期也是营销人员用来描述产品和市场运作方法的有力工具。但是，在开发市场营销战略的过程中，产品生命周期却显得有点力不从心，因为战略既是产品生命周期的原因又是其结果，产品现状可以使人想到最好的营销战略，而且在预测产品性能时，产品生命周期的运用也受到限制。

营销管理小贴士

产品在市场上的销售情况和获利能力随着时间的推移而变化，这一从诞生、成长、成熟，最终走向衰亡的过程在市场营销学中被称为产品生命周期，即产品从进入市场开始，直到最终退出市场为止所经历的全部时间过程。

第六十课　产品生命周期各阶段的营销策略

一、介绍期的营销策略

商品的介绍期，一般是指新产品从试制成功到进入市场试销的阶段。在商品介绍期，由于消费者对商品十分陌生，企业必须通过各种促销手段把商品引入市场，力争提高商品的市场知名度；另一方面，介绍期的生产成本和销售成本相对较高，企业在给新产品定价时不得不考虑这个因素，所以，在介绍期，企业营销的重点主要集中在促销和价格方面。一般有四种可供选择的市场策略。

（一）高价快速策略

采取高价格的同时，配合大量的宣传推销活动，把新产品推入市场。其目的在于先声夺人，抢先占领市场，并希望在竞争还没有大量出现之前就能收回成本，获得利润。

适合采用这种策略的市场环境为：

（1）必须有很大的潜在市场需求量。

（2）这种商品的品质特别高，功效又比较特殊，很少有其他商品可以替代。消费者一旦了解这种商品，常常愿意出高价购买。

（3）企业面临着潜在的竞争对手，想快速地建立良好的品牌形象。

（二）选择渗透策略

在采用高价格的同时，只用很少的促销努力。高价格的目的在于能够及时收回投资，获取利润；低促销的方法可以减少销售成本。

适合采用这种策略的市场环境为：

（1）商品的市场比较固定，明确。

（2）大部分潜在的消费者已经熟悉该产品，他们愿意出高价购买。

（3）商品的生产和经营必须有相当的难度和要求，普通企业无法参加竞争，或由于其他原因使潜在的竞争不迫切。

（三）低价快速策略

在采用低价格的同时做出巨大的促销努力。其特点是可以使商品迅速进入市场，有效限制竞争对手的出现，为企业带来巨大的市场占有率。该策略的适应性很广泛。

适合采用这种策略的市场环境为：

（1）商品有很大的市场容量，企业可望在大量销售的同时逐步降低成本。

（2）消费者对这种产品不太了解，对价格又十分敏感。

（3）潜在的竞争比较激烈。

（四）缓慢渗透策略

在新产品进入市场时采取低价格，同时不做大的促销努力。低价格有助于市场快速地接受商品；低促销又能使企业减少费用开支，降低成本，以弥补低价格造成的低利润或者亏损。

适合采用这种策略的市场环境为：

（1）商品的市场容量大。

（2）消费者对商品有所了解，同时对价格又十分敏感。

（3）存在某种程度的潜在竞争。

二、成长期的营销策略

商品的成长期是指新产品试销取得成功以后，转入成批生产和扩大市场销售额的阶段。在商品进入成长期以后，有越来越多的消费者开始接受并使用，企业的销售额直线上升，利润增加。在此情况下，竞争对手也会纷至沓来，威胁企业的市场地位。因此，在成长期，企业的营销重点应该放在保持并且扩大自己的市场份额，加速销售额的上升方面。另外，企业还必须注意成长速度的变化，一旦发现成长的速度由递增变为递减时，必须适时调整策略。这一阶段可以适用的具体策略有以下几种。

（1）积极筹措和集中必要的人力、物力和财力，进行基本建设或者技术改造，以利于迅速增加或者扩大生产批量。

（2）改进商品的质量，增加商品的新特色，在商标、包装、款式、规格和定价方面做出改进。

（3）进一步开展市场细分，积极开拓新的市场，创造新的用户，以利于扩大销售。

（4）努力疏通并增加新的流通渠道，扩大产品的销售面。

（5）改变企业的促销重点。例如，在广告宣传上，从介绍产品转为树立形象，以利于进一步提高企业产品在社会上的声誉。

（6）充分利用价格手段。在成长期，虽然市场需求量较大，但在适当时间企业可以降低价格，以增加竞争力。当然，降价可能暂时减少企业的利润，但是随着市场份额的扩大，长期利润还可望增加。

三、成熟期的营销策略

商品的成熟期是指商品进入大批量生产，而在市场上处于竞争最激烈的阶段。通常这一阶段比前两个阶段持续的时间更长，大多数商品均处在该阶段，因此管理层也大多数是在处理成熟产品的问题。

在成熟期中，有的弱势产品应该放弃，以节省费用开发新产品；但是同时也要注意到原来的产品可能还有其发展潜力，有的产品就是由于开发了新用途或者新的功能，而重新进入新的生命周期。因此，企业不应该忽略或者仅仅是消极防卫产品的衰退。一种优越的攻击往往是最佳的防卫。企业应该有系统地考虑市场、产品及营销组合的修正策略。

（一）市场修正策略

即通过努力开发新的市场，来保持和扩大自己的商品市场份额。

（1）通过努力，寻找市场中未被开发的部分，例如，使非使用者转变为使用者。

（2）通过宣传推广，促使顾客更频繁地使用或每一次使用更多的量，以增加现有顾客的购买量。

（3）通过市场细分化，努力打入新的市场区划，例如地理、人口、用途的细分。

(4) 赢得竞争者的顾客。

(二) 产品改良策略

企业可以通过产品特征的改良，来提高销售量。例如：

(1) 品质改良，即增加产品的功能性效果，如耐用性、可靠性、速度及口味等。

(2) 特性改良，即增加产品的新的特性，如规格大小、重量、材料质量、添加物以及附属品等。

(3) 式样改良，即增加产品美感上的需求。

(三) 营销组合调整策略

即企业通过调整营销组合中的某一因素或者多个因素，以刺激销售。例如：

(1) 通过降低售价来加强竞争力。

(2) 改变广告方式以引起消费者的兴趣。

(3) 采用多种促销方式如大型展销、附赠礼品等。

(4) 扩展销售渠道、改进服务方式或者货款结算方式等。

四、衰退期的营销策略

衰退期是指商品逐渐老化，转入商品更新换代的时期。当商品进入衰退期时，企业不能简单地一弃了之，也不应该恋恋不舍，一味维持原有的生产和销售规模。企业必须研究商品在市场的真实地位，然后决定是继续经营下去，还是放弃经营。

(一) 维持策略

即企业在目标市场、价格、销售渠道、促销等方面维持现状。由于这一阶段很多企业会先行退出市场，因此，对一些有条件的企业来说，

并不一定会减少销售量和利润。使用这一策略的企业可配以商品延长寿命的策略。企业延长产品寿命周期的途径是多方面的，最主要的有以下几种。

（1）通过价值分析，降低产品成本，以利于进一步降低产品价格。

（2）通过科学研究，增加产品功能，开辟新的用途。

（3）加强市场调查研究，开拓新的市场，创造新的内容。

（4）改进产品设计，以提高产品性能、质量、包装、外观等，从而使产品寿命周期不断实现再循环。

（二）缩减策略

即企业仍然在原来的目标上继续经营，但是根据市场变动的情况和行业退出障碍水平在规模上做出适当的收缩。如把所有的营销力量集中到一个或者少数几个细分市场上，以加强这几个细分市场的营销力量，也可以大幅度降低市场营销的费用，以增加当前的利润。

（三）撤退利润

即企业决定放弃经营某种商品以撤出该目标市场。在撤出目标市场时，企业应该主动考虑以下几个问题：

（1）将进入哪一个新区划，经营哪一种新产品，可以利用以前的哪些资源。

（2）品牌及生产设备等残余资源如何转让或者出卖。

（3）保留多少零件存货和服务以便在今后为过去的顾客服务。

营销管理小贴士

产品生命周期理论，不仅反映了产品从投入市场到退出市场的全过程以及在这一过程中的各个阶段，而且指出了在生命周期的不同阶段所带来的不同机会和问题，从而对企业提出不同的挑战。

第六十一课　新产品开发策略

一、新产品开发的含义

新产品开发是指从研究选择适应市场需要的产品开始到产品设计、工艺制造设计，直到投入正常生产的一系列决策过程。从广义而言，新产品开发既包括新产品的研制，也包括原有的老产品改进与换代。新产品开发是企业研究与开发的重点内容，也是企业生存和发展的战略核心之一。

二、新产品的分类

为了便于对新产品进行分析研究，可以从多个角度进行新产品的分类。

（一）按新产品创新程序分类

1. 全新新产品

是指利用全新的技术和原理生产出来的产品。

2. 改进新产品

是指在原有产品的技术和原理的基础上，采用相应的改进技术，使外观、性能有一定进步的新产品。

3. 换代新产品

采用新技术、新结构、新方法或新材料在原有技术基础上有较大突破的新产品。

（二）按新产品所在地的特征分类

1. 地区或企业新产品

指在国内其他地区或企业已经生产，但本地区或本企业初次生产和销售的产品。

2. 国内新产品

指在国外已经试制成功但国内尚属首次生产和销售的产品。

3. 国际新产品

指在世界范围内首次研制成功并投入生产和销售的产品。

（三）按新产品的开发方式分类

1. 技术引进新产品

是直接引进市场上已有的成熟技术制造的产品，这样可以避开自身开发能力较弱的缺点。

2. 独立开发新产品

是指从用户所需要的产品功能出发，探索能够满足功能需求的原理和结构，结合新技术、新材料的研究，独立开发制造的产品。

3. 混合开发的产品

是指在新产品的开发过程中，既有直接引进的部分，又有独立开发的部分，将两者有机结合在一起而制造出的新产品。

三、新产品开发的策略

新产品的开发是企业产品策略的重要组成部分。新产品开发的主要策略有以下几个。

（一）领先策略

这种策略就是在激烈的产品竞争中采用新原理、新技术、新结构，优先开发出全新产品，从而先入为主。这类产品的开发多从属于发明创造范围，采用这种策略，投资数额大，科学研究工作量大，新产品实验时间长。

（二）超越自我策略

这种策略的着眼点不在于眼前利益，而在于长远利益。这种暂时放弃一部分眼前利益、最终以更新更优的产品去获取更大利润的经营策略，要求企业有长远的“利润观”理念，要注意培育潜在市场，培养超越自我的气魄和勇气，不仅如此，更需要有强大的技术作后盾。

（三）紧跟策略

采用这类策略的企业往往针对市场上已有的产品进行仿造或进行局部的改进和创新，但基本原理和结构是与已有产品相似的。这种企业跟随既定技术的先驱者，以求用较少的投资得到成熟的定型技术，然后利用其特有的市场或价格方面的优势，在竞争中对早期开发者的商业地位进行侵蚀。

（四）补缺策略

每一个企业都不可能完全满足市场的任何需求，所以在市场上总存在着未被满足的需求，这就为企业留下了一定的发展空间。这就要求企业详细地分析市场上现有产品及消费者的需求，从中发现尚未被占领的市场。

营销管理小贴士

任何产品的生命都是有限的，只有瞄准市场需求，积极开发新产品，企业才能保持主动，不断发展。产品的任何一部分在功能、形态上得到改进，为顾客带来新的利益，或者企业向市场提供过去未生产的产品都可以称为新产品。

第六十二课　新产品开发的阶段

新产品开发是一项极其复杂的工作，从根据用户需要提出设想开始，到正式生产产品投放市场为止，其中经历许多阶段，涉及面广、科学性强、持续时间长，因此必须按照一定的程序开展工作，这些程序之间互相促进、互相制约，才能使产品开发工作协调、顺利地进行。产品开发的程序是指从提出产品构思到正式投入生产的整个过程。由于行业的差别和产品生产技术的不同特点，特别是选择产品开发方式的不同，新产品开发所经历的阶段和具体内容并不完全一样。现以加工装配性质企业的自行研制产品开发方式为对象，来说明新产品开发需要经历的各个阶段。

（一）调查研究阶段

发展新产品的目的，是为了满足社会和用户需要。用户的要求是新产品开发选择决策的主要依据，为此企业必须认真做好调查计划工作。这个阶段主要是提出新产品构思以及新产品的原理、结构、功能、材料和工艺方面的开发设想和总体方案。

（二）构思创意阶段

新产品开发是一种创新活动，产品创意是开发新产品的关键。在这一阶段，要根据社会调查掌握的市场需求情况以及企业本身条件，充分考虑用户的使用要求和竞争对手的动向，有针对性地提出开发新产品的设想和构思。产品创意对新产品能否开发成功有至关重要的意义和作用。企业新产品开发构思创意主要来自以下三个方面。

1. 来自用户

企业着手开发新产品，首先要通过各种渠道掌握用户的需求，了解用户在使用老产品过程中有哪些改进意见和新的需求，并在此基础上形成新产品开发创意。

2. 来自本企业职工

特别是销售人员和技术服务人员，经常接触用户，用户对老产品的改进意见与需求变化他们都比较清楚。

3. 来自专业科研人员

科研人员具有比较丰富的专业理论和技术知识，要鼓励他们发扬这方面的专长，为企业提供新产品开发的创意。此外，企业还可通过情报部门、工商管理部门、外贸等渠道，征集新产品的开发创意。

新产品创意包括三个方面的内容：产品构思、构思筛选和产品概念的形成。

1. 产品构思

产品构思是在市场调查和技术分析的基础上，提出新产品的构想或有关产品改良的建议。

2. 构思筛选

并非所有的产品构思都能发展成为新产品。有的产品构思可能很好，但与企业的发展目标不符合，也缺乏相应的资源条件；有的产品构思可能本身就不切实际，缺乏开发的可能性。因此，必须对产品构思进行筛选。

3. 产品概念的形成

经过筛选后的构思仅仅是设计人员或管理者头脑中的概念，离产品还有相当的距离，还需要形成能够为消费者接受的、具体的产品概念。产品概念的形成过程实际上就是构思创意与消费者需求相结合的过程。

（三）设计阶段

产品设计是指从确定产品设计任务书起到确定产品结构为止的一系列技术工作的准备和管理，是产品开发的重要环节，是产品生产过程的开始，必须严格遵循“三段设计”程序。

1. 初步设计阶段

这一般是为下一步技术设计阶段做准备的。这一阶段的主要工作就是编制设计任务书，让上级对设计任务书提出体现产品合理设计方案的改进性和推荐性意见，经上级批准后，作为新产品技术设计的依据。它的主要任务在于正确地确定产品最佳总体设计方案、设计依据、产品用途及使用范围、基本参数及主要技术性能指标、产品工作原理及系统标准化综合要求、关键技术解决办法及关键元器件，并对特殊材料资源进行分析、对新产品设计方案进行分析比较，运用价值工程，研究确定产品的合理性能（包括消除剩余功能）及通过不同结构原理和系统的比较分析，从中选出最佳方案等。

2. 技术设计阶段

技术设计阶段是新产品的定型阶段。它是在初步设计的基础上完成设计过程中必需的试验研究（新原理结构、材料元件工艺的功能或模具试验），并写出试验研究大纲和研究试验报告；做出产品设计计算书；画出产品总体尺寸图、产品主要零部件图，并校准；运用价值工程，对产品中造价高的、结构复杂的、体积笨重的、数量多的主要零部件的结构、材质精度等选择方案进行成本与功能关系的分析，并编制技术经济分析报告；绘出各种系统原理图；提出特殊元件、外购件、材料清单；对技术任务书的某些内容进行审查和修正；对产品进行可靠性、可维修性分析。

3. 工作图设计阶段

工作图设计的目的，是在技术设计的基础上完成供试制（生产）及随机出厂用的全部工作图样和设计文件。设计者必须严格遵守有关标准规程和指导性文件的规定，设计绘制各项产品工作图。

（四）试制与评价鉴定阶段

新产品试制阶段又分为样品试制和小批试制阶段。

1. 样品试制阶段

它的目的是考核产品设计质量，考验产品结构、性能及主要工艺，验证和修正设计图纸，使产品设计基本定型，同时也要验证产品结构工艺性，审查主要工艺上存在的问题。

2. 小批试制阶段

这一阶段的工作重点在于工艺准备，主要目的是考验产品的工艺，验证它在正常生产条件下（即在生产车间条件下）能否保证所规定的技术条件、质量和良好的经济效果。

试制后，必须进行鉴定，对新产品从技术上、经济上做出全面评价，才能得出全面定型结论，投入正式生产。

（五）生产技术准备阶段

在这个阶段，应完成全部工作图的设计，确定各种零部件的技术要求。

（六）正式生产和销售阶段

在这个阶段，不仅需要做好生产计划、劳动组织、物资供应、设备管理等一系列工作，还要考虑如何把新产品引入市场，如研究产品的促销宣传方式、价格策略、销售渠道和提供服务等方面的问题。新产品的市场开发既是新产品开发过程的终点，又是下一代新产品再开发的起点。通过市场开发，可确切地了解开发的产品是否适应需要以及适应的程度；分析与产品开发有关的市场情报，可为开发产品决策、改进下一批（代）产品、提高开发研制水平提供依据，同时还可取得有关潜在市场大小的数据资料。

营销管理小贴士

新产品的开发是一项过程较长、风险大、成功率较低的工作。为了提高成功率，企业开发新产品必须遵循科学的程序，严格管理。

新产品开发阶段是指从寻求产品创意开始，到最后将新产品的某一创意转变为现实的新产品并投向市场，实现商业化的全过程。

第六十三课 品牌决策

一、品牌使用者决策

品牌使用者决策是指企业决定使用本企业（制造商）的品牌，还是使用经销商的品牌，或两种品牌同时兼用。

一般情况下，品牌是制造商的产品标记，制造商决定产品的设计、质量、特色等。享有盛誉的制造商还将其商标租借给其他中小制造商，收取一定的特许使用费。近年来，经销商的品牌日益增多。西方国家许多享有盛誉的百货公司、超级市场、服装商店等都使用自己的品牌，有些著名商家（如美国的沃尔玛）经销的90%商品都用自己的品牌。同时强有力的批发商中也有许多使用自己的品牌，增强对价格、供货时间等方面的控制能力。

二、品牌名称决策

品牌名称决策是指企业决定所有的产品使用一个或几个品牌，还是不同产品分别使用不同的品牌。在这个问题上，可以大致有以下四种决策模式。

（一）个别品牌名称

即企业决定每个产品使用不同的品牌。采用个别品牌名称，为每种产品寻求不同的市场定位，有利于增加销售额和对抗竞争对手，还可以分散风险，使企业的整个声誉不致因某种产品表现不佳而受到影响。

（二）对所有产品使用共同的家族品牌名称

即企业的所有产品都使用同一种品牌。对于那些享有高声誉的著名企业，全部产品采用统一品牌名称策略可以充分利用其名牌效应，使企业所有产品畅销。同时企业宣传介绍新产品的费用开支也相对较低，有利于新产品进入市场。

（三）各大类产品使用不同的家族品牌名称

企业使用这种策略，一般是为了区分不同大类的产品，一个产品大类下的产品使用共同的家族品牌，以便在不同大类产品领域中树立各自的品牌形象。

（四）个别品牌名称与企业名称并用

即企业决定其不同类别的产品分别采取不同的品牌名称，且在品牌名称之前都加上企业的名称。企业多把此种策略用于新产品的开发。在新产品的品牌名称上加上企业名称，可以使新产品享受企业的声誉，而采用不同的品牌名称，又可使各种新产品显示出不同的特色。

三、品牌战略决策

品牌战略决策有五种，即产品线扩展策略、品牌延伸策略、多品牌策略、新品牌策略、合作品牌策略。

（一）产品线扩展策略

产品线扩展指企业现有的产品线使用同一品牌，当增加该产品线的产品时，仍沿用原有的品牌。这种新产品往往都是现有产品的局部改进，

如增加新的功能、包装、式样和风格等。通常厂家会在这些商品的包装上标明不同的规格、不同的功能特色或不同的使用者。

（二）多品牌策略

在相同产品类别中引进多个品牌的策略称为多品牌策略。证券投资者往往同时投资多种股票，一个投资者所持有的所有股票集合就是所谓证券组合，为了减少风险，增加赢利机会，投资者必须不断优化股票组合。同样，一个企业建立品牌组合，实施多品牌战略，往往也是基于同样的考虑，并且这种品牌组合的各个品牌形象相互之间是既有差别又有联系的，不是大杂烩，组合的概念蕴含着整体大于个别的意义。

（三）新品牌策略

为新产品设计新品牌的策略称为新品牌策略。当企业在新产品类别中推出一个产品时，它可能发现原有的品牌名不适合于它，或是对新产品来说有更好、更合适的品牌名称，企业需要设计新品牌。

（四）合作品牌策略

合作品牌（也称为双重品牌）是两个或更多的品牌在一个产品上联合起来，每个品牌都期望另一个品牌能强化整体的形象或购买意愿。合作品牌的形式有多种。一种形式是中间产品合作品牌，另一种形式是同一企业合作品牌，还有一种形式是合资合作品牌。

四、品牌再定位决策

品牌再定位决策是指一种品牌在市场上最初的定位也许是适宜的、成功的，但是到后来企业可能不得不对之重新定位。

在做出品牌再定位决策时，首先应考虑将品牌转移到另一个细分市场所需要的成本，包括产品品质改变费、包装费和广告费。一般来说，再定位的跨度越大，所需成本越高。其次，要考虑品牌定位于新位置后可能产生的收益。收益大小是由以下因素决定的：某一目标市场的消费者人数，消费者的平均购买率，在同一细分市场竞争者的数量和实力以及在该细分市场中为品牌再定位要付出的代价。

五、品牌延伸策略

品牌延伸策略是将现有成功的品牌，用于新产品或修正过的产品上的一种策略。品牌延伸并非只借用表面上的品牌名称，而是对整个品牌资产的策略性使用。随着全球经济一体化进程的加速，市场竞争愈加激烈，厂商之间的同类产品在性能、质量、价格等方面强调差异化变得越来越困难。厂商的有形营销威力大大减弱，品牌资源的独占性使得品牌成为厂商之间竞争力较量的一个重要筹码。于是，使用新品牌或延伸旧品牌成了企业推出新产品时必须面对的品牌决策。品牌延伸是实现品牌无形资产转移、发展的有效途径。

品牌也受生命周期的约束，存在引入期、成长期、成熟期和衰退期。品牌作为无形资产，是企业的战略性资源，如何充分发挥企业的品牌资源潜能并延续其生命周期便成为企业的一项重大的战略决策。品牌延伸一方面在新产品上实现了品牌资产的转移，另一方面又以新产品形象延续了品牌寿命，因而成为企业的现实选择。

营销管理小贴士

品牌决策是一系列能够产生品牌积累的企业管理与市场营销方法，包括4P与品牌识别在内的所有要素。主要有：品牌使用者决策、品牌名称决策、品牌战略决策、品牌再定位决策、品牌延伸策略等。

第九单元

价 格 策 略

价格作为资源配置和供需调节的杠杆，一直以来都是一个十分敏感的话题。价格策略是企业可控因素中最难以确定的因素。价格是唯一能创造收益的因素，它可以使产品实现质的飞跃，由潜在的价值变成企业财务上实实在在的利润，而其他因素都代表着成本。

第六十四课　定价概述

一、企业的定价程序

企业的定价程序可以分为五个步骤，即确定企业定价目标、测定市场需求、估算商品成本、分析竞争状况、选定最后价格。

（一）确定定价目标

主要有八种选择：投资收益率目标、市场占有率目标、稳定价格目标、防止竞争目标、利润最大化目标、渠道关系目标、渡过困难目标、塑造形象目标（也叫社会形象目标）。

（二）测定需求

企业商品的价格会影响需求，需求的变化会影响企业的产品销售以至企业营销目标的实现。因此，测定市场需求状况是制定价格的重要工作。在对需求的测定中，首先是了解市场需求对价格变动的反应，即需求的价格弹性。需求的价格弹性可用公式表示：

需求的价格弹性 = 需求量变化的百分比 / 价格变化的百分比

影响需求弹性大小的主要有三个因素：商品替代品的数目和相近程度；商品在消费者收入中的重要性以及商品有多少用途。

（三）估算成本

企业在制定商品价格时，要进行成本估算。企业商品价格的最高限度取决于市场需求及有关限制因素，而最低价格不能低于商品的经营成本费用，这是企业价格的下限。

企业的成本包括两种：一种是固定成本，另一种是变动成本，或称可变成本、直接成本。固定成本与变动成本之和即为某产品的总成本。

在成本估算中，离不开对“产量－成本－利润”关系的分析，而其中一个重要的概念是分析“边际成本”。所谓边际成本是指企业生产最后一个单位产品所花费的成本，或每增加（减少）一个单位生产量所引起的总成本变动的数值。因为边际成本影响到企业的边际收益，所以企业必须对其表示极大的关注。

（四）分析竞争状况

对竞争状况的分析，包括以下三个方面的内容。

（1）分析企业竞争地位。

（2）协调企业的定价方向。

（3）估计竞争企业的反应。

（五）选定最后价格

在最后确定价格时，必须考虑是否遵循这样四项原则。

（1）商品价格的制定与企业预期的定价目标的一致性，有利于企业总的战略目标的实现。

（2）商品价格的制定符合国家政策法令的有关规定。

（3）商品价格的制定符合消费者整体及长远利益。

（4）商品价格的制定与企业市场营销组合中的非价格因素是否协调一致、互相配合，为达到企业营销目标服务。

二、影响企业定价的因素

（一）市场需求及变化

经济学原理告诉我们，在其他因素保持不变的情况下，消费者对某一商品需求量的变化与这一商品价格变化的方向相反。如果商品的价格下跌，需求量就上升，而商品的价格上涨时，需求量就相应下降，这就是所谓的需求规律。这是企业决定自己的市场行为，特别是制定价格时所必须考虑的一个重要因素。

（二）市场竞争状况

在不同竞争条件下，企业自身的定价自由度有所不同，在现代经济中可分为四种情况：完全竞争、纯粹垄断（或称完全垄断）、不完全竞争（也叫垄断性竞争）、寡头竞争。

（三）政府的干预程度

除了竞争状况之外，各国政府干预企业价格制定也直接影响企业的价格决策。在现代经济生活中，世界各国政府对价格的干预和控制是普遍存在的，只是干预与控制的程度不同而已。

（四）商品的特点

包括：商品的种类，标准化程度，商品的易腐、易毁和季节性，时尚性，需求弹性，生命周期阶段等。

（五）企业状况

企业状况主要指企业的生产经营能力和企业经营管理水平对制定价格的影响，内容包括：企业的规模与实力、企业的销售渠道、企业的信息沟通、企业营销人员的素质和能力等。

营销管理小贴士

价格是营销组合因素中十分重要的因素。企业能否做出正确的价格决策决定着能否扩大销售、增加利润和提高市场占有率。价格不仅影响着市场需求，影响着竞争者经营策略，也影响着该企业营销组合的其他因素。

第六十五课 定价目标

一、定价目标的含义

定价目标是企业在对其生产或经营的产品制定价格时，有意识地要求达到的目的和标准。它是指导企业进行价格决策的主要因素。定价目标取决于企业的总体目标。不同行业的企业，同一行业的不同企业，以及同一企业在不同的时期、不同的市场条件下，都可能有不同的定价目标。

二、以获取利润为目标

获取利润是企业从事生产经营活动的最终目标，具体可通过产品定价来实现。获取利润目标一般分为以下三种。

（一）以获取投资收益为定价目标

投资收益定价目标是指使企业实现在一定时期内能够收回投资并能获取预期的投资报酬的一种定价目标。采用这种定价目标的企业，一般是根据投资额规定的收益率，计算出单位产品的利润额，加上产品成本作为销售价格。但必须注意两个问题：第一，要确定适度的投资收益率。一般来说，投资收益率应该高于同期的银行存款利率。但不可过高，否则消费者难以接受。第二，企业生产经营的必须是畅销产品。与竞争对手相比，产品具有明显的优势。

（二）以获取合理利润为定价目标

合理利润定价目标是指企业为避免不必要的价格竞争，以适中、稳定的价格获得长期利润的一种定价目标。采用这种定价目标的企业，往往是为了减少风险，保护自己，或限于力量不足，只能在补偿正常情况下的平均成本的基础上，加上适度利润作为产品价格。条件是企业必须拥有充分的后备资源，并打算长期经营。临时性的企业一般不宜采用这种定价目标。

（三）以获取最大利润为定价目标

最大利润定价目标是指企业追求在一定时期内获得最高利润额的一种定价目标。利润额最大化取决于合理价格所推动的销售规模，因而追求最大利润的定价目标并不意味着企业要制定最高单价。最大利润既有长期和短期之分，又有企业全部产品和单个产品之别。有远见的企业经营者，都着眼于追求长期利润的最大化。当然并不排除在某种特定时期及情况下，对其产品制定高价以获取短期最大利润。还有一些多品种经营的企业，经常使用组合定价策略，即有些产品的价格定得比较低，有时甚至低于成本以吸引顾客，借以带动其他产品的销售，从而使企业利润最大化。

三、以提高市场占有率为目标

也称市场份额目标。即把保持和提高企业的市场占有率（或市场份额）作为一定时期的定价目标。市场占有率是一个企业经营状况和企业产品在市场上竞争能力的直接反映，关系到企业的兴衰存亡。较高的市场占有率，可以保证企业产品的销路，巩固企业的市场地位，从而使企业的利润稳步增长。

在许多情形下市场占有率的高低，比投资收益率更能说明企业的营销状况。有时，由于市场的不断扩大，一个企业可能获得可观的利润，但相对于整个市场而言，所占比例可能很小，或本企业占有率正在下降。无论大、中、小企业，都希望用较长时间的低价策略来扩充目标市场，尽量提高企业的市场占有率。以提高市场占有率为目标定价，企业的定价策略通常有：

（一）定价由低到高

定价由低到高，就是在保证产品质量和降低成本的前提下，企业入市产品的定价低于市场上主要竞争者的价格，以低价争取消费者，打开产品销路，挤占市场，从而提高企业产品的市场占有率。待占领市场后，企业再通过增加产品的某些功能或提高产品的质量等措施来逐步提高产品的价格，旨在维持一定市场占有率的同时获取更多的利润。

（二）定价由高到低

定价由高到低，就是企业对一些竞争尚未激烈的产品，入市时定价可高于竞争者的价格，利用消费者的求新心理，在短期内获取较高利润。待竞争激烈时，企业可适当调低价格，赢得主动，扩大销量，提高市场占有率。

四、以销售额为目标

这种定价目标是在保证一定利润水平的前提下，谋求销售额的最大化。某种产品在一定时期、一定市场状况下的销售额由该产品的销售量和价格共同决定，因此销售额的最大化既不等于销售量最大，也不等于价格最高。对于需求的价格弹性较大的商品，降低价格而导致的损失可以由销量的增加得到补偿，因此企业宜采用薄利多销策略，保证在总利润不低于企业最低利润的条件下，尽量降低价格，促进销售，扩大盈利；反之，若商品的需求的价格弹性较小时，降价会导致收入减小，而提价则使销售额增加，企业应该采用高价、厚利、限销的策略。

采用销售额为定价目标时，确保企业的利润水平尤为重要。这是因为销售额的增加，并不必然带来利润的增加。有些企业的销售额上升到一定程度，利润就很难上升，甚至销售额越大，亏损越多。因此，销售额和利润必须同时考虑。在两者发生矛盾时，除非是特殊情况（如为了尽量地回收现金），应以保证最低利润为原则。

五、以应付和防止竞争为目标

企业对竞争者的行为都十分敏感，尤其是价格的变动状况更甚。在市场竞争日趋激烈的形势下，企业在实际定价前，都要广泛收集资料，仔细研究竞争对手产品价格情况，通过自己的定价目标去对付竞争对手。根据企业的不同条件，一般有以下决策目标可供选择。

（一）稳定价格目标

以保持价格相对稳定，避免正面价格竞争为目标的定价。当企业准备在一个行业中长期经营时，或某行业经常发生市场供求变化与价格波动，需要有一个稳定的价格来稳定市场时，该行业中的大企业或占主导地位的企业率先制定一个较长期的稳定价格，其他企业的价格与之保持一定的比例。这样，对大企业是稳妥的，中小企业也能避免遭受由于大企业的随时随意提价而带来的打击。

（二）追随定价目标

企业有意识地通过给产品定价主动应付和避免市场竞争。企业价格的制定，主要以对市场价格有影响的竞争者的价格为依据，根据具体产品的情况稍高或稍低于竞争者。竞争者的价格不变，实行此目标的企业也维持原价，竞争者的价格或涨或落，此类企业也相应地参照调整价格。一般情况下，中小企业的产品价格定得略低于行业中占主导地位的企业的价格。

（三）挑战定价目标

如果企业具备强大的实力和特殊优越的条件，可以主动出击，挑战竞争对手，获取更大的市场份额。一般常用的策略目标有以下几个。

1. 打击定价

实力较强的企业主动挑战竞争对手，扩大市场占有率，可采用低于竞争者的价格出售产品。

2. 特色定价

实力雄厚并拥有特殊技术，或产品品质优良，或能为消费者提供更多服务的企业，可采用高于竞争者的价格出售产品。

3. 阻截定价

为了防止其他竞争者加入同类产品的竞争行列，在一定条件下，往往采用低价入市，迫使弱小企业无利可图而退出市场或阻止竞争对手进入市场。

营销管理小贴士

某些目标是根本性的，是人们要实现自己愿望所不能缺少的；另一些目标则是辅助性的，它对人们所确立的更高水平的目标起一定的帮助作用。企业的定价目标要服从于企业的整体营销目标，服从于企业的战略发展目标。

第六十六课　成本导向定价法

一、完全成本加成定价法

完全成本加成定价法是以全部成本作为定价基础的。首先要估计单位产品的变动成本，然后再估计固定费用，并按照预期产量把固定费用分摊到单位产品上去，加上单位变动成本，求出全部成本，最后在全部成本上加上按目标利润率计算的利润额，即得出价格。

完全成本加成法定价的优点：产品价格能保证企业的制造成本和期间费用得到补偿后还有一定利润，产品价格水平在一定时期内较为稳定，定价方法简便易行。

完全成本加成法定价的缺点：忽视了市场供求和竞争因素的影响，忽略了产品寿命周期的变化，缺乏适应市场变化的灵活性，不利于企业参与竞争，容易掩盖企业经营中非正常费用的支出，不利于企业提高经济效益。

为了克服完全成本加成定价法的不足之处，企业可按产品的需求价格弹性的大小来确定成本加成比例。由于成本加成比例确定的恰当与否和价格确定的恰当与否依赖于需求价格弹性估计的准确程度，这就迫使企业必须密切注视市场，只有通过对市场进行大量的调查，详细地分析，才能估计出较准确的需求价格弹性来，从而制定出正确的产品价格，增强企业在市场中的竞争能力，增加企业的利润。

二、目标利润定价法

目标利润定价法又称目标收益定价法、目标回报定价法，是根据企业预期的总销售量与总成本，确定一个目标利润率的定价方法。目标利润定价法的特点是，首先确定一个总的目标利润或目标利润率，然后把总利润分摊到每个产品中去，与产品的成本相加，就可以确定价格。

目标利润定价法的不足之处在于价格是根据估计的销售量计算的，而实际操作中，价格的高低反过来对销售量有很大影响。销售量的预计是否准确，对最终市场状况有很大影响。企业必须在价格与销售量之间寻求平衡，从而确保用所定价格来实现预期销售量的目标。

三、边际成本定价法

边际成本是指每增加或减少单位产品所引起的总成本变化量。由于边际成本与变动成本比较接近，而变动成本的计算更容易一些，所以在定价实务中多用变动成本替代边际成本，而将边际成本定价法称为变动成本定价法或边际贡献定价法。

这种定价方法是使产品的价格与其边际成本相等。根据经济学原理，当某一产品的价格与其边际成本相等时，此时将实现帕雷托最佳配置。

由于当边际收入等于边际成本时，企业获利最大，此时的销售量最佳，相应地，此时的产品价格也最优。此方法要求对企业的销售模型和产品成本模型预先加以确定，然后根据两者间的关系推算价格水平，因其分析的起点是使企业的利润最大化，所以是一种适合于企业长期采用的中长期价格制定方法。

理论上来讲，边际成本表示当产量增加 1 个单位时，总成本增加多少。一般而言，随着产量的增加，总成本递减增加，从而边际成本下降，也就是说的是规模效应。机会成本就是厂商将投入生产的要素投入其他领域可能带来的最大收益。

四、盈亏平衡定价法

盈亏平衡定价法也叫保本定价法或收支平衡定价法，是指在销量既定的条件下，企业产品的价格必须达到一定的水平才能做到盈亏平衡、收支相抵。既定的销量就称为盈亏平衡点，这种制定价格的方法就称为盈亏平衡定价法。科学地预测销量和已知固定成本、变动成本是盈亏平衡定价的前提。

盈亏平衡定价法就是运用盈亏平衡分析原理来确定产品价格的方法。盈亏平衡分析的关键是确定盈亏平衡点，即企业收支相抵，利润为零时的状态。

营销管理小贴士

成本导向定价法是以产品单位成本为基本依据，再加上预期利润来确定价格的成本导向定价法，是中外企业最常用、最基本的定价方法。成本导向定价法又衍生出了完全成本加成定价法、目标利润定价法、边际成本定价法、盈亏平衡定价法等几种具体的定价方法。

第六十七课　顾客导向定价法与竞争导向定价法

一、顾客导向定价法

（一）顾客导向定价法的含义

顾客导向定价法又称需求导向定价法、市场导向定价法，是指企业根据市场需求状况和消费者的不同反应分别确定产品价格的一种定价方式。

顾客导向定价法一般是以该产品的历史价格为基础，根据市场需求变化情况，在一定的幅度内变动价格，以至同一商品可以按两种或两种以上价格销售。这种差价可以因顾客的购买能力、对产品的需求情况、产生的型号和式样以及时间、地点等因素而采用不同的形式。如以产品式样为基础的差别定价，同一产品因花色款式不同而售价不同，但与改变式样所花费的成本并不成比例；以场所为基础的差别定价，虽然成本相同，但具体地点不同，价格也有差别。

顾客导向定价法原则上要求确定消费者对于各种不同的产品感受的价值是多少，然而这很难衡量，而且费时费力。顾客对产品的感受价值主要是通过询问在不同时间、地点及场合的情况下消费者愿意为产品付出的最高价格，也就是通过人员访谈或问卷调查的方式来获取定价信息。

顾客导向定价法其特点是，灵活有效地运用价格差异，对平均成本相同的同一产品，价格随市场需求的变化而变化，不与成本因素发生直接关系。

（二）顾客导向定价法的类型

顾客导向定价法主要包括认知价值定价法、需求差异定价法和逆向定价法。

1. 认知价值定价法

认知价值定价法，也称“感受价值定价法”、“理解价值定价法”。这种定价方法认为，某一产品的性能、质量、服务、品牌、包装和价格等，在消费者心目中都有一定的认识和评价。消费者往往根据他们对产品的认识、感受或理解的价值水平，综合购物经验、对市场行情和同类产品的了解而对价格做出评判。当商品价格水平与消费者对商品价值的理解水平大体一致时，消费者就会接受这种价格，反之，消费者就不会接受这个价格，商品就卖不出去。

也就是企业按照消费者在主观上对该产品所理解的价值，而不是产品的成本费用水平来定价。企业利用市场营销组合中的非价格变数来影响购买者，在他们的头脑中形成认知价值，然后据此来定价，企业在运用此法时，需要正确估计购买者所承认的价值。这是一种顾客导向的定价方法。

2. 需求差异定价法

所谓需求差异定价法，是指产品价格的确定以需求为依据，首先强调适应消费者需求的不同特性，而将成本补偿放在次要的地位。这种定价方法，对同一商品在同一市场上制定两个或两个以上的价格，或使不同商品价格之间的差额大于其成本之间的差额。其好处是可以使企业定价最大限度地符合市场需求，促进商品销售，有利于企业获取最佳的经济效益。

3. 逆向定价法

这种定价方法主要不是考虑产品成本，而是重点考虑需求状况。依据消费者能够接受的最终销售价格，逆向推算出中间商的批发价和生产企业的出厂价格。价格能反映市场需求情况，有利于加强与中间商的良好关系，保证中间商的正常利润，使产品迅速向市场渗透，并可根据市场供求情况及时调整，定价比较灵活。

二、竞争导向定价法

（一）竞争导向定价法的含义

竞争导向定价法是企业通过研究竞争对手的生产条件、服务状况、价格水平等因素，依据自身的竞争实力，参考成本和供求状况来确定商品价格，以市场上竞争者的类似产品的价格作为本企业产品定价的参照系的一种定价方法。

（二）竞争导向定价法的类型

竞争导向定价分为随行就市定价法、产品差别定价法和密封投标定价法。

1. 随行就市定价法

随行就市定价法又称流行水准定价法，是以本行业的平均价格水平为标准的定价方法，是竞争导向定价方法中广为流行的一种。其原则是使本企业产品的价格与竞争产品的平均价格保持一致。

在垄断竞争和完全竞争的市场结构条件下，任何一家企业都无法凭借自己的实力而在市场上取得绝对的优势。为了避免竞争特别是价格竞争带来的损失，大多数企业都采用随行就市定价法，即将本企业某产品价格保持在市场平均价格水平上，利用这样的价格来获得平均报酬。此外，采用随行就市定价法，企业就不必去全面了解消费者对不同价差的反应，也不会引起价格波动。

2. 产品差别定价法

从根本上来说，随行就市定价法是一种防御性的定价方法，它在避免价格竞争的同时，也抛弃了价格这一竞争的“利器”。产品差别定价法则反其道而行之，它是指企业通过不同的营销努力，使同种同质的产品在消费者心目中树立起不同的产品形象，进而根据自身特点，选取低于或高于竞争者的价格作为本企业产品价格。因此，产品差别定价法是一种进攻性的定价方法。

所谓差别定价是指企业以两种或两种以上不同反映成本费用的比例差异的价格来销售一种产品或服务，即价格的不同并不是基于成本的不同，而是企业为满足不同消费层次的要求而构建的价格结构。

3. 密封投标定价法

密封投标定价法是指在招标、竞标的情况下，企业在对其竞争对手了解的基础上的定价。这种价格是企业根据对其竞争对手报价的估计确定的，其目的在于签订合同，所以它的报价应低于竞争对手的报价。密封投标定价法主要用于投标交易方式。

在国内外，许多大宗商品、原材料、成套设备和建筑工程项目的买卖和承包以及出售小型企业等，往往采用发包人招标、承包人投标的方式来选择承包者，确定最终承包价格。一般来说，招标方只有一个，处于相对垄断地位，而投标方有多个，处于相互竞争地位。标的物的价格由参与投标的各个企业在相互独立的条件下来确定。在买方招标的所有投标者中，报价最低的投标者通常中标，它的报价就是承包价格。这样一种竞争性的定价方法就称为密封投标定价法。

营销管理小贴士

顾客导向定价法是指企业根据市场需求状况和消费者的不同反应分别确定产品价格的一种定价方式，包括认知价值定价法、需求差异定价法和逆向定价法。竞争导向定价法是以市场上竞争者的类似产品的价格作为本企业产品定价的参照系的一种定价方法。

第六十八课　新产品定价与产品组合定价

一、新产品定价

新产品定价是企业定价的一个重要方面。新产品定价合理与否，不仅关系到新产品能否顺利地进入市场、占领市场、取得较好的经济效益，而且关系到产品本身的命运和企业的前途。新产品定价可采用撇脂定价、渗透定价和满意定价。

（一）撇脂定价

撇脂定价又称“取脂定价”，是指在新产品上市之初，把价格定得很高，以便在短期内获取厚利，迅速收回投资，减少经营风险。“取脂”比喻从鲜奶中撇取乳酪，含有取其精华之意。

撇脂定价产品一般先从高收入阶层和早期使用型消费者导入市场，这类消费者对新产品价格不太敏感，求新、求奇的愿望很强烈。他们往往认为，新产品有新价值、新利益，贵一点是应该的。有时，高价反而会有助于增加产品的吸引力。所以，新产品上市之初，必须争取时间，趁竞争者尚未进入市场，抢先用高价夺取高额利润。随着企业大批量生产的出现，成本显著下降，竞争者进入市场，产品新颖性降低。

（二）渗透定价

与撇脂定价相反，渗透定价是一种建立在低价基础上的新产品定价策略，即在新产品进入市场初期，把价格定得很低，借以打开产品销路，扩大市场占有率，谋求较长时期的市场领先地位。老产品也可采用这种定价策略来延长其生命周期。渗透定价是一种颇具竞争力的薄利多销策略。采用渗透定价的企业，在新产品入市初期，利润可能不高，甚至亏本，但通过排除竞争，开拓市场，却可以在长时期内获得较高的利润，因为大批量销售会使边际成本下降，边际收入上升。如果企业排除了竞争对手，控制了一定的市场，又可以提高价格，增加利润。所以，渗透定价又被称为“价格先低后高策略”。渗透价格通常既低于竞争者同类产品的价格，又低于消费者的预期价格。

（三）满意定价

许多企业对新产品既不定高价，也不定低价，而确定在一个中价。中价即为“满意价格”。高价和低价各有利弊，各有一定的风险，中价介于两种价格水平之间，取两者之利，弃两者之弊，应该说是一种较为公平、正常的价格。在大多数情况下，企业往往会选择一种对消费者、生产者和中间商都相对有利的满意价格，不太高，也不十分低。

二、产品组合定价

产品组合定价策略包括系列产品定价与互补产品定价，是对不同组合产品之间的关系和市场表现进行的灵活定价策略。

（一）系列产品定价

系列产品定价策略是指将系列产品中价格弹性大的产品定低价、弹性小的产品定高价的定价策略。

系列产品是指企业生产的产品不是单一的，而是相关的一组产品。与单一产品销售不同，系列产品定价必须兼顾产品之间的关系，以使整个产品系列获得最大的经济利益。为此，企业在考虑制定或调整某一产品价格的时候，不仅要考虑调价对该产品本身利润和成本的影响，还要考虑由于这种产品价格的变化，对其他相关联产品的利润和成本的可能

影响。

1. 产品线定价

企业通常开发出来的是产品线，而不是单一产品。当企业生产的系列产品存在需求和成本的内在关联性时，为了充分发挥这种内在关联性的积极效应，企业可采取产品线定价策略。

一般来说，产品线的两个终端价格比系列中的其他产品的价格更能引起消费者注意。低端价格一般是最常被人们记住的，所以常常被用来作为打开销路的产品。高端价格意味着整个产品线质量最高，也十分引人注目，会对需求起指导、刺激作用。这两个终端价格水平能为潜在买主提供某种信息：便宜或高档，并影响整个产品系列中全部产品的价格印象，进而影响销售收入。

对产品线上介于终端价格之间的产品，企业首先要确立明显的质量差别，以突出价格上的差异。然后，用价格的差异来表现质量的差别，使这些产品在相应的市场上受到消费者的认同。

2. 替代产品定价

替代品是能使消费者实现相同消费满足的不同产品，它们在功能、用途上可以互相替代。

假设Q1、Q2是一组替代产品，提高Q1的价格，Q1的需求量就会下降，对Q2的需求却会相应地上升。企业可以利用这种效应来调整产品结构。

（二）互补产品定价

互补产品定价策略是指将互补产品中的基本产品定低价、配套产品定高价的定价策略。

1. 关联定价

关联定价策略，是指将主要产品与配套产品组合定价的一种价格策略。一个企业或企业集团若生产或经营两种以上有相关关系的产品时，可采用这种定价策略。

关联产品，又称配套产品，它必须是与主产品一起使用方能发挥效用的产品。没有圆珠笔，人们不会想到圆珠笔芯，即使购买了圆珠笔芯也发挥不了作用，反过来说，有了圆珠笔，必须购买圆珠笔芯，否则圆珠笔就成了一件废品。正因为主产品与配套产品有相互补充关系，所以必须将它们组合在一起定价，这就是关联定价策略的依据。对于互补产品的主次产品，在一般情况下，主要有下列两种不同的定价对策。

（1）对价值大，使用寿命长，购买频率小的主产品价格有意识定得低些，而对与之配套使用的价值小、使用寿命短、购买频率高的次产品价格定得高些，以便求得综合和整体利益。

（2）对价值小、使用寿命短、购买频率高的次产品价格就可以有意识地定得高一些。因为这些次产品由于价值小，成本价格低，占消费者收入的比重小，即使将其价格定得高一些，也不会引起人们的注意。再说，当人们购买了主产品，就必须购买与之配套的次产品，即使价格高，也得要买。

2. 分部定价

服务和游乐场所的管理者常常先核定收取一定的固定费用，此外，就服务数量的增加再相应收取一笔可变费用。例如，电话管理部门向用户收取固定的租金后，按客户超出规定使用次数增收费用。游乐场在收取入门费后，根据游玩项目超过规定的情况再增收费用。固定费用与增收的可变费用应为多少，其比例如何确定，都应根据经营情况来确定或调整。

如果产品的替代产品或是互补产品不止一种，要真实地反映它们的相互作用，就要对边际收益（毛利）进行多次调整。就像在一家食品杂货店，可乐的促销价也会刺激饼干和巧克力的销售，但其他饮料的销售可能就会受到负面影响。

营销管理小贴士

企业需要通过价格体系反映诸如地区需求和成本、市场细分要求、购买时机、订单水平、交货频率、服务合同和其他因素等的变化情况。有时需要综合运用定价方法和定价策略，才能比较好地实现企业的定价目标。

第六十九课　折扣定价与促销定价

一、折扣定价

折扣定价是指对基本价格做出一定的让步，直接或间接降低价格，以争取顾客，扩大销量。其中，直接折扣的形式有数量折扣、现金折扣、功能折扣、季节折扣，间接折扣的形式有回扣和津贴。

（一）数量折扣

指按购买数量的多少，分别给予不同的折扣，购买数量愈多，折扣愈大。其目的是鼓励大量购买，或集中向本企业购买。数量折扣包括累计数量折扣和一次性数量折扣两种形式。累计数量折扣规定顾客在一定时间内，购买商品若达到一定数量或金额，则按其总量给予一定折扣，其目的是鼓励顾客经常向本企业购买，成为可信赖的长期客户。一次性数量折扣规定一次购买某种产品达到一定数量或购买多种产品达到一定金额，则给予折扣优惠，其目的是鼓励顾客大批量购买，促进产品多销、快销。

（二）现金折扣

现金折扣是对在规定的时间内提前付款或用现金付款者所给予的一种价格折扣，其目的是鼓励顾客尽早付款，加速资金周转，降低销售费用，减少财务风险。采用现金折扣一般要考虑三个因素：折扣比例、给予折扣的时间限制、付清全部货款的期限。

（三）功能折扣

中间商在产品分销过程中所处的环节不同，其所承担的功能、责任和风险也不同，企业据此给予不同的折扣称为功能折扣。对生产性用户的价格折扣也属于一种功能折扣。功能折扣的比例，主要考虑中间商在分销渠道中的地位、对生产企业产品销售的重要性、购买批量、完成的促销功能、承担的风险、服务水平、履行的商业责任以及产品在分销中所经历的层次和在市场上的最终售价等。功能折扣的结果是形成购销差价和批零差价。

（四）季节折扣

有些商品的生产是连续的，而其消费却具有明显的季节性。为了调节供需矛盾，这些商品的生产企业便采用季节折扣的方式，对在淡季购买商品的顾客给予一定的优惠，使企业的生产和销售在一年四季能保持相对稳定。

二、促销定价

促销定价指企业暂时地将其产品价格定得低于目录价格，有时甚至低于成本，从而达到促进销售的目的。

（一）招徕定价

招徕定价就是产品或服务项目的价格不是根据公司的成本利润来定，而是根据目前的市场价格，而定远远低于市场价格的一个价格。可能这个项目本身利润很低甚至是无利润，但这个项目因为价格低得让人惊奇，很多人因此而来店里消费，所以叫招徕定价，在新开店中这个情况特别常见，就是为了吸引客户来，当然店里的其他项目肯定是需要产生利润的。

（二）特别事件定价

企业利用某个特定事件或在特定时期内对某些产品制定低的价格，以吸引更多的顾客购买。例如，利用自己的厂庆日制定特别的价格以感谢顾客的光顾，还有在商品展销期内折扣、商店新开张折扣、节日折扣等。中国许多商店在春节、元旦、国庆节期间给购买者一定折扣，教师节期间给教师折扣，情人节期间给情侣折扣等都属于特别事件定价策略。

（三）现金回扣

制造厂商或经销商有时会向在特定时间内购买的顾客给予现金回扣，以刺激他们购买本企业的产品。回扣可以使制造商在不必降低目录价格的情况下达到清仓的目的。在小包装消费品的促销中，回扣经常出现。回扣刺激了销售量的增长，而企业所花的费用却不像降价那么大。其原因是很多顾客购买了产品却不愿意花费时间和精力把可以得到回扣的赠券寄回企业。

（四）低息贷款

这也是一种不必降价而能扩大销售量的方法。轿车、楼房等大件物品的销售，资金困难对买主来说是一个重要的问题，帮助顾客解决资金困难比降价更受购买者的欢迎。

营销管理小贴士

企业为了鼓励顾客的某些行为，比如提前付款、大量购买、淡季购买等而对产品的价格进行修正，给购买者一定的优惠。企业还可以采用招徕定价、特别事件定价、现金回扣和低息贷款等方式来刺激更早和更多的购买。

第七十课　心理定价与地理定价

一、心理定价

（一）尾数定价

尾数定价，也称零头定价或缺额定价，即给产品定一个零头数结尾的非整数价格。大多数消费者在购买产品时，尤其是购买一般的日用消费品时，乐于接受尾数价格。如0.99元、9.98元等。消费者会认为这种价格经过精确计算，购买不会吃亏，从而产生信任感。同时，价格虽离整数仅相差几分或几角钱，但给人一种低一位数的感觉，符合消费者求廉的心理愿望。这种策略通常适用于基本生活用品。

（二）整数定价

整数定价与尾数定价正好相反，企业有意将产品价格定为整数，以显示产品具有一定质量。整数定价多用于价格较贵的耐用品或礼品，以及消费者不太了解的产品。对于价格较贵的高档产品，顾客对质量较为重视，往往把价格高低作为衡量产品质量的标准之一，容易产生“一分价钱一分货”的感觉，从而有利于销售。

（三）声望定价

声望定价即针对消费者“便宜无好货、价高质必优”的心理，对在消费者心目中享有一定声望，具有较高信誉的产品制定高价。不少高级名牌产品和稀缺产品，如豪华轿车、高档手表、名牌时装、名人字画、珠宝古董等，在消费者心目中享有极高的声望价值。购买这些产品的人，往往不在乎产品价格，而最关心的是产品能否显示其身份和地位。产品价格越高，消费者心理满足的程度也就越大。

（四）习惯定价

有些产品在长期的市场交换过程中已经形成了为消费者所适应的价格，成为习惯价格。企业对这类产品定价时要充分考虑消费者的习惯倾向，采用“习惯成自然”的定价策略。对消费者已经习惯了的价格，不宜轻易变动。降低价格会使消费者怀疑产品质量是否有问题。提高价格会使消费者产生不满情绪，导致购买的转移。在不得不需要提价时，应采取改换包装或品牌等措施，减少抵触心理，并引导消费者逐步形成新的习惯价格。

二、地理定价

（一）FOB 原产地定价

在国际贸易中 FOB 被称为离岸价格，或者是起运点船上交货价格。意思是指生产企业制定的是出厂价格，买方负担运输费、保险费等各项费用。在营销学中，是顾客按照出厂价购买某种产品，卖方负责把这种产品从厂内运到产地某种运输工具（卡车、火车、船舶、飞机）上交货，并承担在此之前一切风险和费用；交货后从产地到目的地的一切风险和费用均由顾客承担。这种定价法对卖者来说最为单纯、方便，对买者来说也算合理。然而其弊病却不可忽视：不利于吸引顾客，因为远方顾客所花运费高，必定设法就近购买。

（二）统一运送定价

由卖者负责将产品送至买者所在地，对所有购买者，不论路程远近都收取相同的运费，实行全国一个价。由于与邮政服务类似，又称为“邮资定价法”。

其优点：

（1）适用于运费低廉、运输费用占变动成本比较小的商品，如电子元件等。

（2）能够吸引远方顾客购买，扩大销售范围，买者往往会认为运送是一项免费服务。

（3）定价容易。

（4）能够保持全国统一的价格。

其缺点是附近地区顾客可能会感到不合算，宁可转向实行FOB产地定价的企业产品。

（三）区域运送定价

企业将整个市场划分为若干个大的区域。在每个区域内收取相同的运费。这种方法与邮政包裹、长途电话的收费相似。其优点是定价简便，大体合理。缺点是同一价格区内，顾客距离企业远近也不同，距离近的顾客较不合算；在两个价格分界线两侧的顾客尽管距离很近，但所付商品运费相差很大。

（四）津贴运费定价

企业给位于较远地区的顾客津贴部分或全部运费，或降低商品价格，鼓励远方的经销商经销本企业的产品，鼓励远方的消费者对本企业的产品产生忠诚感。这种做法弥补了FOB原产地定价策略的不足，有利于吸引远方的顾客。

（五）基点定价

企业选定某些城市作为基点，然后按照出厂价加上从基点城市到顾客所在地的运费来定价，而不管产品实际上是从哪个城市起运的。基点一般是企业的一个重要生产点或重要交通枢纽。就国内市场目前的状况而言，采用基点定价策略的企业很多。而且，有些企业在全国设立几个大的中心仓库，产品从生产者的工厂运到中心仓库的费用由生产企业负担，而从中心仓库到用户的费用由买者负担。

基点定价以基点所在地而不是以工厂所在地决定运价，提高了工厂附近顾客的总价格，降低了离工厂较远的顾客的总价格。如果所有销售者都用同一城市作为基点，所有顾客的购买价格就都是相同的，这就消除了价格竞争。

这种方法适用于以下条件。

（1）产品笨重，运费占成本的比例很高。

（2）市场范围大，购买者分布广。

（3）产品需求弹性小。

其优点是有利于产品扩展到远方市场，增加竞争力；缺点是对邻近地区购买者不利。

营销管理小贴士

每个顾客购买产品都有心理上的满足。产品价格若能有意识地针对不同消费心理制定，则能增加消费者的满意感，收到事半功倍的效果。企业定价中一个不可忽视的重要因素就是由地理因素引起的运输费用问题。这也是地理定价策略要解决的问题。

第十单元

分 销 策 略

生产者与消费者之间在商品销售的时间、地点、数量、花色品种、信息、价格和所有权方面存在着许多差异和矛盾，生产者的产品必须通过选择正确的分销渠道才能在适当的时间、适当的地点以适当的价格供应给广大消费者和用户。

第七十一课　分销策略概述

一、分销策略与分销渠道的含义

（一）分销策略

分销策略是市场营销组合策略之一。它同产品策略、促销策略、价格策略一样，也是企业能否成功地将产品打入市场、扩大销售、实现企业经营目标的重要手段。分销渠道策略主要涉及分销渠道及其结构、分销渠道策略的选择与管理、批发商与零售商及实体分配等内容。分销就是使产品和服务以适当的数量和地域分布来适时地满足目标市场的顾客需要。

（二）分销渠道

分销渠道是指将某种货物和劳务从生产者向消费者移动时，取得这种货物和劳务的所有权或帮助转移其所有权的所有企业和个人。它主要包括商人中间商、代理中间商，以及处于渠道起点和终点的生产者与消费者。在商品经济条件下，产品必须通过交换，发生价值形式的运动，使产品从一个所有者转移到另一个所有者，直至消费者手中，这称为商流，同时，伴随着商流，还有产品实体的空间移动，称之为物流。商流与物流相结合，使产品从生产者到达消费者手中，便是分销渠道或分配途径。

二、分销的形式

从分销发展的历史来看，分销有三种基本形式：批发、零售和直销。

（一）批发

批发一直是企业规模化发展的有力武器，它是指企业将产品有计划地销售给若干个销售单位、部门、网点，也可以一次性地给某个特定消费者销售大量产品。

（二）零售

零售有两种形式：有店铺销售和无店铺销售。有店铺销售是指通过各种零售店铺将产品销售给消费者。

（三）直销

作为最传统的分销方式之一，21 世纪的直销已经趋向于与体验营销相结合。以顾客的主观体验为销售核心的体验营销在贴近消费者的直销领域有非常大的成长空间。

二、分销渠道的职能

分销渠道的职能在于它是联结生产者和消费者或用户的桥梁和纽带。企业使用分销渠道是因为在市场经济条件下，生产者和消费者或用户之间存在空间分离、时间分离、所有权分离、供需数量差异以及供需品种差异等方面的矛盾。

分销渠道的主要职能有：

（一）调研

调研是指收集、整理、分析、研究与市场有关的信息，以及进行交换所必需的信息。

（二）促销

促销是指进行关于所供产品的说服性沟通。

（三）接洽

接洽是指寻找潜在购买者并进行有效的沟通。

（四）配合

配合是指所供产品符合购买者需要，包括制造、分等、装配、包装等活动。

（五）谈判

谈判是指为了转移所供物货的所有权，而就其价格及有关条件达成最后协议。

（六）物流

物流是指从事产品的运输、储存、配送。

（七）融资

融资是指为补偿分销成本而取得并支付相关资金。

（八）风险承担

风险承担是指承担与渠道工作有关的全部风险。

三、分销渠道的类型

（一）按商品在流通过程中经过的流通环节的多少划分

1. 直接渠道

直接渠道是指没有中间商参与，产品由制造商直接销售给消费者和用户的渠道类型。如上门推销、电视直销和网上直销等。直接渠道是工业品销售的主要方式，特别是一些大型、专用、技术复杂、需要提供专门服务的产品。

直接渠道的优点是：对于用途单一、技术复杂的产品，可以有针对性地安排生产，更好地满足需要；生产者直接向消费者介绍产品，便于消费者掌握产品的性能、特点和使用方法；由于直接渠道不经过中间环节，可以降低流通费用，掌握价格的主动权，积极参与竞争。它的不足是：制造商在销售上投入大、花费大，而且销售范围也受到限制。

2. 间接渠道

间接渠道是指产品经由一个或多个商业环节销售给消费者和用户的渠道类型。它是消费品销售的主要方式，许多工业品也采用此方式。

间接渠道的优点是：中间商的介入，使交易次数减少，节约了流通成本和时间，降低了产品价格；中间商着重扩大流通范围和产品销售，制造商可以集中精力于生产，有利于整个社会的生产者和消费者。它的不足是：中间商的介入，使制造商与消费者之间的沟通不便。

（二）按中间环节（层次）的多少划分

分销渠道的长度取决于商品在整个流通过程中经过的流通环节或中间层次的多少，经过的流通环节或中间层次越多分销渠道就越长，反之分销渠道就比较短。

1. 长渠道

长渠道是指生产者经过两道或两道以上的中间环节，把产品销售给消费者。如生产者通过批发商、零售商，将产品销售给消费者。

长渠道的优点是：渠道长、分布密、触角多，能有效地覆盖市场，从而扩大产品销售，有利于商品远购远销，在全社会范围内调剂余缺、沟通供求。缺点是：由于环节多，销售费用增加，不利于生产者及时获得市场情报，迅速占领市场。

2. 短渠道

短渠道是指产品在从生产者向消费者转移过程中，只经过一道环节的分销渠道。有产需直接见面和中间经过零售商等两种形式。

短渠道的优点是：有利于加速商品流通，缩短产品的生产周期，增加产品竞争力；有利于减少商品损耗，从总体上节省流通费用；有利于开展售后服务，利于生产者和中间商建立直接、密切的合作关系，维护生产者信誉。缺点是：减少中间环节，使商品直接到消费者手中，生产商需要大量的投入。短渠道尽管减少了流通环节，可是却增加了直销费用，这些直销费用必然要加价到商品价格中，此时不仅没有降低产品价格，反而增加了价格，不利于生产企业大批量组织生产。

（三）按每一渠道层次中间商的多少划分

分销渠道的宽度，取决于分销渠道内每个层次上使用同种类型中间商数目的多少。在分销渠道的每个层次上，使用同种类型中间商数目越多，分销渠道越宽，反之分销渠道就比较窄。

1. 宽渠道

生产者在某一环节选择两个以上的同类中间商销售商品，称为宽渠道。

宽渠道的优点是：能够增加销售网点，提高产品的市场覆盖面，提高市场占有率，通过多数中间商大范围地将产品转移到消费者手中。另外有利于生产者选择效率高的中间商而淘汰效率低的中间商，提高销售

效率。缺点是：中间商多，容易引起渠道冲突，生产商需加强渠道控制。

2. 窄渠道

窄渠道是指生产者在特定市场上只选用一个中间商为自己推销产品的分销渠道。

窄渠道策略的优点是：有利于鼓励中间商开拓国际市场，并依据市场需求订货和控制销售价格。缺点是：独家经营容易造成中间商垄断市场。

营销管理小贴士

由于生产者与消费者在时间和空间上的背离，大多数企业并不是将其产品直接销售给最终用户，而是通过各种不同的营销中间机构进行。如何选择、管理这些中间机构，并把实体适时地送达目标消费者手中是分销决策的内容。

第七十二课　影响分销渠道选择的因素

一、产品因素

（一）产品价格

一般来说，产品单价越高，越应注意减少流通环节，否则会造成销售价格的提高，从而影响销路，这对生产企业和消费者都不利。而单价较低、市场较广的产品，则通常采用多环节的间接分销渠道。

（二）产品的体积和重量

产品的体积大小和轻重，直接影响运输和储存等销售费用，过重的或体积大的产品，应尽可能选择最短的分销渠道。对于那些按运输部门规定的起限（超高、超宽、超长、集重）的产品，尤应组织直达供应。小而轻且数量大的产品，则可考虑采取间接分销渠道。

（三）产品的易毁性或易腐性

有效期短、储存条件要求高或不易多次搬运的产品，应采取较短的分销途径，尽快送到消费者手中，如鲜活品、危险品。

（四）产品的技术性

有些产品具有很高的技术性，或需要经常的技术服务与维修，应以生产企业直接销售给用户为好，这样，可以保证向用户提供及时良好的销售技术服务。

（五）定制品和标准品

定制品一般由产需双方直接商讨规格、质量、式样等技术条件，不宜经由中间商销售。标准品具有明确的质量标准、规格和式样，分销渠道可长可短，有的用户分散，宜由中间商间接销售；有的则可按样本或产品目录直接销售。

（六）新产品

为尽快地把新产品投入市场，扩大销路，生产企业一般重视组织自己的推销队伍，直接与消费者见面，推介新产品和收集用户意见。如能取得中间商的良好合作，也可考虑采用间接销售形式。

二、市场因素

（一）购买批量大小

购买批量大，多采用直接销售；购买批量小，除通过自设门市部出售外，多采用间接销售。

（二）消费者的分布

某些商品消费地区分布比较集中，适合直接销售。反之，适合间接销售。工业品销售中，本地用户产需联系方便，因而适合直接销售。外地用户较为分散，通过间接销售较为合适。

（三）潜在顾客的数量

若消费者的潜在需求多，市场范围大，需要中间商提供服务来满足消费者的需求，宜选择间接分销渠道。若潜在需求少，市场范围小，则生产企业可直接销售。

（四）消费者的购买习惯

有的消费者喜欢到企业买商品，有的消费者喜欢到商店买商品。所以，生产企业应既直接销售，也间接销售，满足不同消费者的需求，同时也增加了产品的销售量。

三、生产企业本身的因素

（一）资金能力

企业本身资金雄厚，则可自由选择分销渠道，可建立自己的销售网点，

采用产销合一的经营方式，也可以选择间接分销渠道。企业资金薄弱则必须依赖中间商进行销售和提供服务，只能选择间接分销渠道。

（二）销售能力

生产企业在销售力量、储存能力和销售经验等方面具备较好的条件，则应选择直接分销渠道。反之，则必须借助中间商，选择间接分销渠道。另外，企业如能和中间商进行良好的合作，或对中间商能进行有效地控制，则可选择间接分销渠道。若中间商不能很好地合作或不可靠，将影响产品的市场开拓和经济效益，则不如进行直接销售。

（三）可能提供的服务水平

中间商通常希望生产企业能尽多地提供广告、展览、修理、培训等服务项目，为销售产品创造条件。若生产企业无意或无力满足这方面的要求，就难以达成协议，迫使生产企业自行销售。反之，提供的服务水平高，中间商则乐于销售该产品，生产企业则选择间接分销渠道。

（四）发货限额

生产企业为了合理安排生产，会对某些产品规定发货限额。发货限额高，有利于直接销售；发货限额低，则有利于间接销售。

四、政策规定

企业选择分销渠道必须符合国家有关政策和法令的规定。某些按国家政策应严格管理的商品或计划分配的商品，企业无权自销和自行委托销售；某些商品在完成国家指令性计划任务后，企业可按规定比例自销，如专卖制度、专控商品。另外，如税收政策、价格政策、出口法、商品检验规定等，也都影响分销途径的选择。

五、经济收益

不同分销途径经济收益的大小也是影响选择分销渠道的一个重要因素。对于经济收益的分析，主要考虑的是成本、利润和销售量三个方面的因素。具体分析如下：

（一）销售费用

销售费用是指产品在销售过程中发生的费用。它包括包装费、运输费、广告宣传费、陈列展览费、销售机构经费、代销网点和代销人员手续费、产品销售后的服务支出等。通常减少流通环节可降低销售费用，但减少流通环节的程度要综合考虑，做到既节约销售费用，又有利于生产发展和体现经济合理的要求。

（二）价格分析

1. 在价格相同条件下，进行经济效益的比较

目前，许多生产企业都以同一价格将产品销售给中间商或最终消费者，若直接销售量等于或小于间接销售量时，由于生产企业直接销售时要多占用资金，增加销售费用，所以，间接销售的经济收益高，对企业有利；若直接销售量大于间接销售量，而且所增加的销售利润大于所增加的销售费用，则选择直接销售对企业有利。

2. 当价格不同时，进行经济收益的比较

主要考虑销售量的影响，若销售量相等，直接销售多采用零售价格，价格高，但支付的销售费用也多。间接销售采用出厂价，价格低，但支付的销售费用也少。究竟选择什么样的分销渠道，可以通过计算两种分销渠道的盈亏临界点作为选择的依据。当销售量大于盈亏临界点的数量时，选择直接分销渠道；反之，则选择间接分销渠道。在销售量不同时，则要分别计算直接分销渠道和间接分销渠道的利润，并进行比较，一般

选择获利的分销渠道。

营销管理小贴士

影响分销渠道选择的因素很多。生产企业在选择分销渠道时，必须对产品因素、市场因素、生产企业本身的因素、政策规定、经济收益等几方面的因素进行系统的分析和判断，才能做出合理的选择。

第七十三课　分销渠道设计

一、分销渠道设计的程序

（一）确定渠道模式

企业分销渠道设计首先是要决定采取什么类型的分销渠道，是派推销人员上门推销或以其他方式自销，还是通过中间商分销。如果决定中间商分销，还要进一步决定选用什么类型和规模的中间商。

（二）确定中间商的数目

即决定渠道的宽度。这主要取决于产品本身的特点、市场容量的大小和需求面的宽窄。通常有以下几种可供选择的形式。

1. 密集性分销

运用尽可能多的中间商分销，使渠道尽可能加宽。消费品中的便利品（卷烟、火柴、肥皂等）和工业用品中的标准件、通用小工具等，适于采取这种分销形式，以提供购买上的最大便利。

2. 独家分销

在一定地区内只选定一家中间商经销或代理，实行独家经营。独家分销是最极端的形式，是最窄的分销渠道，通常只对某些技术性强的耐用消费品或名牌货适用。独家分销对生产者的好处是，有利于控制中间商，提高他们的经营水平，也有利于加强产品形象，增加利润。但这种形式有一定风险，如果这一家中间商经营不善或发生意外情况，生产者就要蒙受损失。

采用独家分销形式时，通常产销双方议定，销方不得同时经营其他竞争性商品，产方也不得在同一地区另找其他中间商。这种独家经营妨碍竞争，因而在某些国家被法律所禁止。

3. 选择性分销

这是介于上述两种形式之间的分销形式，即有条件地精选几家中间商进行经营。这种形式对所有各类产品都适用，它比独家分销面宽，有利于扩大销路，开拓市场，展开竞争；比密集性分销又节省费用，较易控制，不必分散太多的精力。有条件地选择中间商，还有助于加强彼此之间的了解和联系，使被选中的中间商愿意努力提高推销水平。因此，这种分销形式效果较好。

4. 复合式分销

生产者通过多条渠道将相同的产品销售给不同的市场和相同的市场。这种分销策略有利于调动各方面的积极性。

（三）规定渠道成员彼此的权利和责任

在确定了渠道的长度和宽度之后，企业还要规定出与中间商彼此之间的权利和责任，如对不同地区、不同类型的中间商和不同的购买量给予不同的价格折扣，提供质量保证和跌价保证，以促使中间商积极进货。还要规定交货和结算条件，以及规定彼此为对方提供哪些服务，如产方提供零配件、代培技术人员、协助促销，销方提供市场信息和各种业务统计资料。在生产者同中间商签约时应包括以上内容。

二、选择分销渠道模式的原则

分销渠道管理人员在选择具体的分销渠道模式时，无论出于何种考虑，从何处着手，一般都要遵循以下原则。

（一）畅通高效

这是渠道选择的首要原则。任何正确的渠道决策都应符合物畅其流、经济高效的要求。商品的流通时间、流通速度、流通费用是衡量分销效率的重要标志。畅通的分销渠道应以消费者需求为导向，将产品尽快、尽早地通过最短的路线，以尽可能优惠的价格送达消费者方便购买的地点。畅通高效的分销渠道模式，不仅要让消费者在适当的地点、时间以合理的价格买到满意的商品，而且应努力提高企业的分销效率，争取降低分销费用，以尽可能低的分销成本，获得最大的经济效益，赢得竞争的时间和价格优势。

（二）覆盖适度

企业在选择分销渠道模式时，仅考虑加快速度、降低费用是不够的，还应考虑及时准确送达的商品能不能销售出去，是否有较高的市场占有率足以覆盖目标市场。因此，不能一味强调降低分销成本，这样可能导致销售量下降、市场覆盖率不足。成本的降低应是规模效应和速度效应的结果。在分销渠道模式的选择中，也应避免扩张过快、分布范围过宽过广，以免造成沟通和服务的困难，导致无法控制和管理目标市场。

（三）稳定可控

企业的分销渠道模式一经确定，便需花费相当大的人力、物力、财力去建立和巩固，整个过程往往是复杂而缓慢的。所以，企业一般轻易不会更换渠道成员，更不会随意转换渠道模式。只有保持渠道的相对稳定，

才能进一步提高渠道的效益。畅通有序、覆盖适度是分销渠道稳固的基础。

（四）协调平衡

企业在选择、管理分销渠道时，不能只追求自身的效益最大化而忽略其他渠道成员的局部利益，应合理分配各个成员间的利益。渠道成员之间的合作、冲突、竞争的关系，要求渠道的领导者对此有一定的控制能力——统一、协调、有效地引导渠道成员充分合作，鼓励渠道成员之间有益的竞争，减少冲突发生的可能性，解决矛盾，确保总体目标的实现。

（五）发挥优势

企业在选择分销渠道模式时为了争取在竞争中处于优势地位，要注意发挥自己各个方面的优势，将分销渠道模式的设计与企业的产品策略、价格策略、促销策略结合起来，增强营销组合的整体优势。

营销管理小贴士

分销渠道设计是指在创建全新营销渠道，或改进现有渠道过程中所做的决策。设计一个营销渠道系统包括确定渠道模式、确定中间商的数目、规定渠道成员彼此的权利和责任等几个方面的内容。选择分销渠道模式要遵循一定的原则。

第七十四课　营销渠道系统

营销渠道系统是指商品从生产领域转移到消费领域所经过的各个环节和营运通道紧密联合的有机组织体系。

一、传统营销渠道系统

传统营销渠道系统由生产商、批发商和零售商组成。在进行产品分销的过程中，每个成员作为一个独立的企业实体追求自身利润的最大化，即使以损害渠道整体利益为代价也在所不惜。在这个系统中没有一个渠道成员对其他成员拥有控制权。最终导致渠道效率降低，产品销售不畅，因此其他类型的渠道系统应运而生。

二、垂直营销渠道系统

垂直营销渠道系统是由生产商、批发商和零售商组成的一个联合体。在这个联合体中，某个渠道成员拥有其他成员的产权，或者是一种特许经营关系，或者这个渠道成员拥有相当的实力，其他成员愿意合作。垂直营销渠道系统可以由生产商支配，也可以由批发商或零售商支配。这种方式克服了传统营销渠道系统各成员间相持不下的缺点，而由渠道主导者主持，渠道各方各抒己见，最终达成统一目标，提高分销效率。垂直营销渠道系统有三种类型：公司式、管理式、合同式。

（一）公司式垂直营销渠道系统

垂直营销渠道系统中某公司同时拥有生产企业和部分渠道中间商的大部分股份，企业生产的大部分产品的销售就在公司下属的渠道中介中进行，或者是某公司同时拥有大部分生产企业的股份和全部的渠道中介的股份，因而该渠道中间商就称之为该生产企业的承销者。由于产品生产与销售的控制权同属一个主体，因而生产商和销售中介之间的利益分配比较容易解决。

（二）管理式垂直营销渠道系统

管理式垂直营销渠道系统中生产企业与渠道中间商分属不同的所有者，但其生产与分销由规模大、实力强的渠道成员出面组织、协调、管理。在该系统中各渠道成员的关系相对松散，但对渠道系统有一定的依赖，所以各渠道成员也能“听从”渠道强者的指挥。名牌产品的制造商通常具备这样的能力。

（三）合同式垂直营销渠道系统

合同式垂直营销渠道系统是一种以合同为基础形成的营销渠道系统。通过合同来协调渠道成员之间的利益分配，统一渠道成员的行动，以取得最大的经济和销售效果。因为是合同，所以渠道成员都非常明确自己和他人的权利和义务，这样就可以大大避免渠道成员之间的无效竞争和冲突。同时，也可以在认同的合同基础上迅速扩大渠道网络，吸纳更多的成员参与渠道的运作。

三、水平营销渠道系统

水平营销渠道系统由两个或两个以上没有关联的企业联合起来，共同开发新的营销机会，通过合作，各企业将资产、生产能力或者营销资源结合起来，以达到单一企业不可能达到的经营成果。企业可以与竞争者联合，也可以与非竞争者联合；可以暂时合作，也可以长期合作，还可以建立一个新企业。例如，某银行在某商店里设立了储蓄办事处和自动取款机。银行用了很低的成本就迅速进入了市场，而商店可以为其顾客提供更为便捷的服务。

水平营销渠道系统甚至可以用在国际市场的营销上。如雀巢公司凭借其在全球优良的业绩，与通用面粉公司合作，销售其在北美以外的谷类制品；可口可乐与雀巢建立合资公司，在世界范围内经销速溶咖啡和茶饮品。可口可乐公司提供在全球经营和分销饮料的经验，雀巢公司提供两个著名的品牌——雀巢咖啡和雀巢奶茶。

四、营销多渠道系统

过去，许多企业通过单一渠道进入单一市场。今天，随着顾客细分市场和新的渠道不断出现，越来越多的企业采用营销多渠道系统。当一个企业利用两个或多个营销渠道以接触一个或更多的顾客细分市场时，就形成了营销多渠道系统。

通过营销多渠道系统，企业可以得到一个好处，就是增加了市场覆盖率，赢得机会调整产品和服务以满足各种消费者细分市场的需要。但是这种混合渠道系统很难控制，当越来越多的渠道相互竞争消费者和销售时，还会产生渠道冲突。

营销管理小贴士

营销渠道不是一成不变的，随着新型的批发机构和零售机构的不断涌现，全新的渠道系统正在逐步形成。最近发展的渠道系统有垂直营销渠道系统、水平营销渠道系统和营销多渠道系统。

第七十五课 营销渠道的控制与管理

一、对渠道成员的管理与控制

（一）选择渠道成员

不同的制造商吸引合格的营销中间商的能力各不相同。知名的大企业，凭借其强大的品牌优势，很容易吸引、聚合渠道成员；中小企业，尤其是刚刚起步的不知名的中小企业，必须花费精力去招募、寻找合格的中间商，有些甚至要采用各种手段推销自己。

（二）激励渠道成员

要使渠道正常有效地运行，企业必须了解渠道成员的不同需要与欲望，对其进行持续的管理与激励，以保证他们处于最佳的工作状态。概括起来激励的方法主要有以下几种。

1. 提供优质产品

生产企业为渠道成员提供适销对路、价廉物美的产品，是对渠道成员最好的激励。生产企业应当不断改进工艺、降低成本、提高质量、尽量满足渠道成员的需要。

2. 给予适当利润

中间商是一个独立核算的经济体，利润最大化同样是其追求的目标，因此企业应当在中间商间合理分配利润，以寻找自身利润和渠道成员利润的最优平衡点。

3. 共同宣传

企业可以和中间商合作进行广告宣传，共同承担广告费用，为产品的销售创造条件。

4. 人员培训

企业应经常为中间商提供销售和维修人员培训，进行商业咨询服务和帮助。如宝洁公司对其分销商在销售目标和战略、存货水平、广告和促销计划等方面进行培训，使经销商相信：中间商与企业之间不是争夺利润的对手，而是共同创造利润的合作伙伴。

（三）评估渠道成员

制造商必须定期对渠道商的销售定额、平均存货水平、客户交付速度、损毁及丢失产品的处理、对公司促销及培训项目的配合以及售后服务等方面进行检查，以确定他们在这些方面是否符合标准。企业应当识别出那些在增加顾客价值方面贡献卓著的中间商，并给予他们奖励；对于表现不佳的，要具体分析原因，给予适当的帮助；对于实在无法改善者，企业应当置换掉这些中间商。

二、渠道冲突的管理与控制

（一）渠道冲突的类型

渠道冲突是营销渠道中的普遍现象，著名渠道学者罗森布罗姆对渠道冲突的定义为：“在一个营销渠道中，当渠道中的某一成员认为另一成员的行为妨碍了他实现自己的目标时，就产生了冲突。”

按照冲突的对象，营销渠道中的冲突有以下三种类型。

1. 水平冲突

是指同一层次渠道成员之间的冲突。如特许经销商之间的区域市场冲突，零售商层次经营同一品牌的不同超级市场之间、百货店与特许商店之间的冲突等。

2. 垂直冲突

指同一渠道中不同层次渠道成员之间的冲突。如制造商与批发商、经销商之间，批发商与零售商之间，在服务、价格、促销等方面发生冲突。

3. 多渠道冲突

指同一制造商建立的两条以上渠道向同一市场出售产品引起的冲突。如康柏公司建立起网络直销渠道，引起了传统分销渠道各经销商的不满。

（二）渠道冲突产生的原因

渠道冲突根源主要在于渠道成员之间存在着各自的经济利益，以及彼此之间的相互依赖性。具体表现在以下几个方面。

1. 目标不一致

每个渠道成员都有自己的目标，当他们的目标不一致时就会产生冲突。例如，某零售商经销三种手机品牌，其目标是提高手机的整体销量，降低经营成本，提高总体利润，至于卖出哪个品牌手机无所谓。而对这三种手机品牌来说，每个品牌都希望提高销量，扩大市场占有率。当其中某厂商感到零售商无视其品牌时，冲突由此产生。

2. 渠道权利的争夺

除了产权型渠道以外，营销渠道是由独立的中间商组成的，任何成员出于对利益的追求，往往渴望自己成为渠道的主导者。因此渠道成员之间对渠道控制权的争夺从来没有停止过，从而导致渠道成员之间冲突不断。

3. 期望差异

在整个渠道体系中，渠道成员会预测其他渠道成员的行为，并根据预测做出相应的决策。但有时预测的结果是不确切的，而进行预测的渠道成员却往往根据预测的结果采取行动。结果导致其他成员做出相应行动，产生冲突。

4. 感知差异

感知是指人对外部刺激进行选择和解释的过程。在营销渠道中，不同成员对同一种刺激的解释会大相径庭，形成感知差异。

（三）渠道冲突的管理

在营销渠道的运行过程中，渠道冲突是不可避免的。适度的冲突有时对提高渠道的积极性、扩大产品的销售额、提高市场的占有率是有益的。营销渠道控制的目的不是消除渠道冲突，而是尽可能地减少恶性渠道冲突，将冲突控制在一个合理的水平，减轻冲突给产品销售带来的消极影响。

为避免恶性的渠道冲突，设计正确的渠道战略计划和合理的渠道结构，选择合适的渠道成员是基础，除此以外还可以从以下几个方面着手解决冲突。

1. 明确渠道成员的角色分工和权利分配

企业在选择合适的渠道成员后，要通过正式的合约明确渠道成员间彼此的责任、权利和义务，如销售区域、销售额度、服务范围、物流、库存、退换货的处理等。这样，通过科学合理的分工，明确的权利、责任和义务，以预防或减少渠道冲突的发生。

2. 积极发展渠道成员间的伙伴关系

通过各种方法建立渠道成员间的伙伴关系，培养渠道成员的忠诚，以实现渠道成员的“双赢”。具体措施有：

（1）构建共同的战略远景目标。共同的战略远景目标是连接各利益主体的纽带，也是发展渠道成员长期伙伴关系的基石。企业在构造伙伴关系共同远景目标的过程中，要遵循一个基本原则，就是要把目标与价值观结合起来，应重点选择那些有共同价值观的中间商并与其探求共同目标的确立。共同远景目标的构建可以通过企业间的有效沟通和利益共享机制来培养双方的共同语言，强化双方目标的一致性，进而在企业发展规划、市场前景等方面达成共识，形成双方的共同长远目标。

（2）增进渠道成员间的合作。一个渠道系统的共同目标是需要渠道成员相互间高度合作才能实现的。合作中重要的是共同认可、共同参与。企业应进行关系营销，积极开展有助于渠道系统合作的活动，如组织渠道成员共商共议、邀请渠道成员参加企业的咨询会议或董事会、向渠道成员提供优质的培训和服务支持、帮助渠道成员提升销售业绩等，从而建立起互惠协作关系，增强双方的信赖，实现“双赢”。

3. 建立有效的成员间交流和沟通机制

有效的沟通可以减少彼此间的不理解和不信任，而只有互信才能更好地合作。加强沟通的方法主要有：

（1）人员互换。这种做法涉及一段时间内双边或多边职员间的相互流动。由于相互深入到对方机构里工作，因此增加了了解。当互换人员回到各自岗位后，更容易从对方立场考虑问题。但是，这种互换行为可能泄露企业秘密，因而需要特别指导。

（2）协商谈判。渠道领袖听取渠道成员的意见并进行协调，可以促进渠道成员的信息交流，达到互相尊重和理解，有助于减少冲突。

（3）信息共享。可以通过联谊会、座谈会、登门拜访、互相交换人员、电邮联系等方式，加强自己与其他渠道成员之间的信息交流与沟通，实现信息共享，从而增进相互了解和信任，达到弱化和降低渠道冲突的目的。

4. 合理使用渠道权力，防止滥用权力

渠道权力不仅能表明渠道成员在渠道系统中的地位和作用，而且能处理渠道冲突。渠道权力包括五种：奖励权力、强迫权力、法定权力、认同权力和专家权力。如可以利用奖励权力来减少成员间利益差异，也可以利用法定权力来约束利益冲突，还可以利用专家权力实现利益共享，利用声誉权满足其他成员的心理追求。总之，要慎用胁迫权力，多用非胁迫权力。

营销管理小贴士

企业在确定了营销渠道方案之后，必须选择中间商，并对现有渠道进行管理，以保证渠道成员间相互协作，实现企业的分销目标。营销渠道的控制与管理主要包括对渠道成员的管理控制和渠道冲突的管理控制。

第七十六课　中 间 商

一、零售商

（一）零售商的含义

零售商是指将商品直接销售给最终消费者的中间商，是相对于生产者和批发商而言的，处于商品流通的最终阶段。零售商是联系生产企业、批发商与消费者的桥梁，在分销途径中具有重要作用。

（二）零售商的特点

1. 终端服务

零售商面对的终端顾客每次购买数量小，要求商品档次、花色品种齐全，提供购买与消费的方便服务。零售经营者为此通常要多品种小批量进货，以加快销售过程，提高资金的周转率。这就形成了零售商少量多次进货、低库存和重视现场促销服务的经营特点。

2. 业态多元

为解决顾客需求多样、快速变化与零售经营规模效益之间的矛盾，

适应不同消费者群体需要，零售业的经营方式（即零售业态）呈现多元化特点。如商店就有百货商店、超级市场、专业商店、连锁商店、折扣商店、便利店和杂货店等各具特色的多种业态，而且还在不断创新。

3. 销售地域范围小

与批发销售不同，零售商的顾客主要是营业点附近的居民和流动人口。因此，零售经营地点的选择（零售选点）就成为决定经营成败的一个关键。这是零售商经营的重要特点。

4. 竞争激烈

与其他行业相比，零售业者之间的竞争显得更为直接、剧烈，手法也更加多样。如为了适应顾客的随意性购买及零售市场竞争，零售商千方百计地装饰销售现场及周边环境，加强商店整体设计和形象宣传；为了吸引并留住顾客，零售商不断强化特色定位，纷纷对商店位置、营业时间、商品结构、服务项目、广告宣传、促销手段等各种因素，进行综合战略策划，实施差异化营销。

二、批发商

（一）批发商的含义

批发商是以前对商人的一种叫法，现在已经逐渐趋于淘汰。顾名思义，批发就是一批批进货，然后往外一批批地发。可见这样的生意没有什么计划，只是一个货物买卖的概念，而少了管理和控制。所以“批发商”一般是指没有服务终端意识的坐商。

（二）批发商的功能

批发商的主要功能有以下几个方面。

1. 购买

批发商的购买活动，是商品流通过程的起点。批发商凭借丰富的经验与市场预测知识，预计市场对某些商品的需要情况，先行组织货源，随时供应客户，使零售商能节省进货中所花费的时间、人力与费用；对生产者来说，因批发商每批进货量较大，也可节省营销费用。

2. 分销

分销的功能对于生产者与零售商具有同等的效用。通常，生产者从运输管理及管理成本考虑，不愿意小批量出售；而零售商限于资金条件，无力大量购买，限于人力，也不可能向每个生产者去购买。批发商既可以向生产者做大量购买，又可将货源分割成小单位转售给零售商。

3. 运输

产品运输是产品借助于动力实现在空间上的位置转移，是商品流通中的一个重要环节。批发商在购进、分销和促销活动中，发挥了中间商集中、平衡与扩散的功能，并促成商品交换。批发商在采购商品后，还要担负组织产品运输的任务，及时、准确、安全、经济地组织产品运输，使生产者可以避免积压，零售商减少库存量。

4. 储存

产品储存是商品流通的一种“停滞”，也是商品流通不断进行的条件。批发商能充分利用仓储设备，创造时间效用，使零售商随时可获得小批量的现货供应。批发环节的储存，可调节市场供求在时间上的矛盾，起到“蓄水池”作用。

5. 资金融通

零售商向批发商实行信用进货时，能减少经营资金需要。资金力量雄厚的批发商，也可以采用预付款的方式，以资助生产者。

6. 风险负担

生产者将产品出售给批发商后，产品因损耗、失去时尚性及其他原因而引起顾客对产品的不满意时，要求包退包换；在产品降价时，承担削价损失。这一切经营风险也都转让给了批发商。

7. 服务

为零售商提供宣传、广告、定价、商情等服务。

营销管理小贴士

中间商是指处于生产者和消费者之间，参与产品交易活动，促进买卖行为发生和实现的具有法人资格的经济组织或个人。按照销售对象的不同，可将中间商划分为批发商和零售商。中间商的选择对构建高效的营销渠道而言至关重要。

第七十七课 物 流

一、物流的含义

物流是指通过有效地安排商品的仓储、管理和转移，使商品在需要的时间到达需要的地点的经营活动。物流贯穿于营销的全程中。物流有利于营销策略的进一步优化，还能降低营销的成本。所以物流是营销策略的延续。

二、物流的功能

（一）运输功能

运输是物流各环节中最重要的部分，是物流的关键。运输一般分为输送和配送。有人将运输作为物流的代名词。运输方式有公路运输、铁路运输、船舶运输、航空运输、管道运输等。没有运输，物品只能有存在价值，却没有使用价值，即生产出来的产品，如果不通过运输送至消费者手中进行消费，那么等于该产品没有被利用，因而也就没有产生使用价值。没有运输连接生产和消费，生产就失去了意义。一般认为，所有商品的移动都是运输。运输可以划分为两段：一段是生产厂到流通据点之间的运输。批量比较大、品种比较单一、运距比较长，这样的运输成为“输送”；另一段是流通据点到用户之间的运输，一般称为“配送”，就是根据用户的要求，将各类商品按不同类别、不同方向和不同用户进行分类、拣选、组配、装箱，按用户要求的品种、数量配齐后送给用户，其实质在于“配齐”和“送达”。

（二）包装功能

包装可大体划分为两类。一类是工业包装，或叫运输包装、大包装；另一类是商业包装，或叫销售包装、小包装。工业包装是为保持商品的品质；商业包装是为使商品能顺利抵达消费者手中，提高商品价值、传递信息等。由此看来，包装的功能和作用不可低估，它既是生产的终点，又是企业物流的起点。包装的作用是按单位分开产品，便于运输，并保护在途货物。注重包装是保证整个物流系统流程顺畅的重要环节之一。

（三）装卸功能

装卸、搬运是物流各环节连接成一体的接口，是运输、储存、包装等物流作业得以顺利实现的根本保证。装卸和搬运质量的好坏、效率的高低是整个物流过程的关键所在。装卸搬运工具、设施、设备不先进，搬运装卸效率低，商品流转时间就会延长，商品就会破损，就会增大物流成本，影响整个物流过程的质量。装卸搬运的功能是连接运输、储存和包装各个系统的节点，该节点的质量直接关系到整个物流系统的质量和效率，而且又是缩短物流移动时间、节约流通费用的重要组成部分。装卸搬运环节出了问题，物流其他环节就会停顿。

（四）储存功能

在物流中，运输承担了改变商品空间状态的重任，储存则承担了改

变商品时间状态的重任。而库存是与储存既有密切关系又有区别的一个概念，它是储存的静态形式。产品离开生产线后到最终消费之前，一般都要有一个存放、保养、维护和管理的过程，也是克服季节性、时间性间隔，创造时间效益的活动。

确定合理库存是企业物流管理的重要内容之一。但是库存管理并没有统一的模型，而且每个企业都有自己特殊的存货管理要求，所以企业只能根据自己的具体情况，建立有关模型，解决具体问题。

（五）流通加工

所谓流通加工就是产品从生产者向消费者流动的过程中，为了促进销售，维护产品质量，实现物流的高效率所采取的使物品发生物理和化学变化的功能。通过流通加工，可以节约材料、提高成品率，保证供货质量和更好地为用户服务。所以，对流通加工的作用同样不可低估。流通加工是物流过程中“质”的升华，使流通向更深层次发展。

（六）配送功能

过去没有将配送独立作为物流系统实现的功能，未看成是独立的功能要素，而是将其作为运输中的末端运输对待。但是，配送作为一种现代流通方式，集经营、服务以及库存、分拣、装卸、搬运于一身，已不仅仅是一种送货运输所能包含的，所以应将其作为独立功能要素。

（七）物流信息处理

物流信息是连接运输、储存、装卸、包装各环节的纽带，没有各物流环节信息的通畅和及时供给，就没有物流活动的时间效率和管理效率，也就失去了物流的整体效率。通过收集与物流活动相关的信息，就能使物流活动有效、顺利地进行。

信息包括与商品数量、质量、作业管理相关的物流信息，以及与订货、发货和货款支付相关的商流信息。不断地收集、筛选、加工、研究、分析各类信息，并把精确信息及时提供给决策人员，以此为依据判断生产和销售方向，制定企业经营战略，以便做出高质量的物流决策。

营销管理小贴士

物流与市场营销相互作用，能提高企业的竞争力，增强企业的综合实力，为企业的长远发展提供条件。企业要成功，须加强物流管理部门和市场营销部门的合作和沟通，实行一体化管理，使企业在实现既定顾客服务水平的前提下真正实现总成本最小化。

第十一单元

促 销 策 略

企业不但要生产适销对路的产品，为产品制定适当的价格，选择适当的分销渠道将产品送达顾客，还要向顾客传递有关企业及其产品的信息，以信息沟通为手段开展促销活动。成功的促销活动可以显著地扩大产品知名度，有效刺激购买，增加销售。

第七十八课 促销概述

一、促销的含义

促销就是营销者向消费者传递有关本企业及产品的各种信息，说服或吸引消费者购买其产品，以达到扩大销售量的目的。促销实质上是一种沟通活动，即营销者（信息提供者或发送者）发出作为刺激消费的各种信息，把信息传递到一个或更多的目标对象（即信息接受者，如听众、观众、读者、消费者或用户等），以影响其态度和行为。

二、促销的方法

（一）反时令促销法

一般而言，对于一些季节性商品，往往有销售淡、旺季之分。因为，大众消费心理是“有钱不买半年闲”，即按时令需求，缺什么买什么。商家一般也是如此，基本按时令需求供货。因此，商品在消费旺季时往往十分畅销，在消费淡季时往往滞销。但现在有些商家反其道而行，在炎热的夏天，市场上原本滞销的冬令货物，如毛皮大衣、取暖电器、毛皮靴、羽绒服等在某些城市销售看好。这就是人们常说的“反时令促销”。有心计的商家常常推出换季商品甩卖之举，而消费者中不乏买者，主要

目的在于获得时令差价。

（二）独次促销法

商家对热门畅销的商品是大量进货，大做广告，不断扩大销售量，因为商家的经营原则是必须赚回能赚到的利润。但意大利著名的莱而商店却反其道行之，采取的却是独次销售法。这个商店对所有的商品仅出售一次，就不再进货了，即使十分热销也忍痛割爱。表面上，这家商店损失了许多唾手可得的利润，但实际上商店因所有商品都十分抢手而加速了商品周转，实现了更大的利润。这是因为商店抓住了顾客“物以稀为贵”的心理，给顾客造成一种强烈的印象，顾客认为该商店销售的商品都是最新的，机不可失，时不再来，切不可犹豫。所以，任何商品在这个商店上一上市，就会出现抢购的场面。这一方法与国内某些商店采取的“限量销售法”有异曲同工之妙。

（三）翻耕促销法

这是指以售后服务形式招徕老顾客的促销方法。一些销售如电器、钟表、眼镜等的商店专门登记顾客的姓名和地址，然后，通过专门访问或发调查表形式，了解老顾客过去在该店所购的商品有没有什么毛病，是否需要修理等，并附带介绍新商品。而这样做的目的在于增加顾客对本店的好感，并使之购买相关的新商品，往往能收到奇效。这种促销方式关键在于商店具有完善的顾客管理系统，能与顾客保持经常性的深入沟通。

（四）轮番降价促销法

这就要求商家分期分批地选择一些商品为特价商品，并制作大幅海报贴于商店内外，或印成小传单散发给顾客。这些特价商品每期以三四种为限，以求薄利多销，吸引顾客，且每期商品不同，迎合顾客的好奇心理。于是，顾客来店选购特价商品外，还会顺便购买其他非特价商品。

当然，特价商品利润低微，甚至没有利润，但通过促销其他商品，可得到补偿。

（五）每日低价促销法

即商家每天推出低价商品，以吸引顾客的光顾。它与主要依靠降价促销手段以扩大销售有很大不同，由于每天都是低价商品，所以是一种相对稳定的低价策略。通过这种稳定的低价使消费者对商店增加了信任，节省人力成本和广告费用，使商店在竞争中处于有利地位。值得注意的是低价商品的价格至少要低于正常价格的10%～20%。否则对顾客不构成吸引力，便达不到促销的目的。

（六）最高价促销法

一般而言，价格促销实际上就是降价促销，只有降低价格才能吸引消费者的注意力。但有些商店却打破这一经营常规，在“全市最低价”、“大减价”、“跳楼价”等铺天盖地的广告中贴出一张与众不同的最高价广告，声称“酱鸭全市最高价：五元一斤”。这则广告说得实在，不虚假，使人感到可信，同时也含蓄地点明本店的酱鸭质量是全市首屈一指的。市民们在片刻诧异之后，很快出现了竞相购买“全市最高价”的酱鸭热潮。这种促销方式实际上也适合某些零售商店，尤其是以高收入层为目标顾客的商店，以商品高价满足这群人的心理满足感，显示他们的身份和地位，也许也能收到一定的促销效果。

（七）对比吸引促销法

以换季甩卖、换款式甩卖、大折价等优待顾客，同时把最新最流行的商品摆在显眼的样品架上，标价则为同类而非流行商品的两三倍。在同样架下或架旁两种价格对比，最能吸引顾客的注意。当顾客发现新流行的商品，一般都好奇地把它与非流行的做比较。好时髦者往往会看中高价的商品，讲究实际者则往往选择廉价的非流行商品。这样，对两种商品都可以起到促销作用。

（八）拍卖式促销法

当今时代，各大商店林立，商业竞争激烈，简单、陈旧的促销方式不足以吸引更多的顾客，拍卖也就成为商店促销的一条新思路。拍卖活动要写清楚本次拍卖活动的商品名称，拍卖底价。通过拍卖卖出的商品有的高于零售价，有的低于零售价，令消费者感到很富有戏剧性。拍卖形式新鲜、有趣，但也不宜每天都搞，否则就无新鲜可言了。通常可以选择在周末、节假日等时间，那时，消费者有充足的时间参加拍卖活动，才能取得好的效果。如果在平时，人们需要工作，即使对拍卖有兴趣也没有足够的时间来参加。

三、促销的作用

（一）传递产品销售信息

在产品正式进入市场以前，企业必须及时向中间商和消费者传递有关的产品销售情报。通过信息的传递，使社会各方了解产品销售的情况，建立起企业的良好声誉，引起他们的注意和好感，从而为企业产品销售的成功创造前提条件。

（二）创造需求，扩大销售

企业只有针对消费者的心理动机，通过采取灵活有效的促销活动，诱导或激发消费者某一方面的需求，才能扩大产品的销售力。并且，企业可以通过促销活动来创造需求，发现新的销售市场，从而使市场需求朝着有利于企业销售的方向发展。

（三）突出产品特色，增强市场竞争力

企业通过促销活动，宣传本企业的产品较竞争对手产品的不同特点，以及给消费者带来的特殊利益，使消费者充分了解本企业产品的特色，引起他们的注意和欲望，进而扩大产品的销售，提高企业的市场竞争能力。

（四）反馈信息，提高经济效益

通过有效的促销活动，使更多的消费者或用户了解、熟悉和信任本企业的产品，并通过消费者对促销活动的反馈，及时调整促销决策，使企业生产经营的产品适销对路，扩大企业的市场份额，巩固企业的市场地位，从而提高企业营销的经济效益。

营销管理小贴士

促销是指企业把产品或服务向目标消费者及对目标消费者的消费行为具有影响的群体进行宣传、说服、诱导、唤起需求并最终促使其采取购买行为的活动。促销策略是营销活动的一个重要组成部分，它承担唤起和激发需求的功能。

第七十九课　促 销 组 合

一、促销组合的含义

所谓促销组合，是一种组织促销活动的策略思路，主张企业运用广告、人员推销、公关宣传、营业推广四种基本促销方式组合成一个策略系统，

使企业的全部促销活动互相配合、协调一致，最大限度地发挥整体效果，从而顺利实现企业目标。

促销组合体现了现代市场营销理论的核心思想——整体营销。促销组合是一种系统化的整体策略，四种基本促销方式则构成了这一整体策略的四个子系统。每个子系统都包括了一些可变因素，即具体的促销手段或工具，某一因素的改变意味着组合关系的变化，也就意味着一个新的促销策略。

二、促销组合的方式

（一）人员推销

指企业派出推销人员或委托推销人员，直接与消费者接触，向目标顾客进行产品介绍、推广，促进销售的沟通活动。

（二）广告促销

指企业按照一定的预算方式，支付一定数额的费用，通过不同的媒体对产品进行广泛宣传，促进产品销售的传播活动。

（三）营业推广

指企业为刺激消费者购买，由一系列具有短期诱导性的营业方法组成的沟通活动。

（四）公关促销

指企业通过开展公共关系活动或通过第三方在各种传播媒体上宣传企业形象，促进与内部员工、外部公众良好关系的沟通活动。

（五）直接促销

指不通过营销中间人而使用消费者直接渠道进行的送达和交付商品和服务的行为。

三、促销组合的决策

（一）确认促销对象

指通过企业目标市场的研究与市场调研，界定其产品的销售对象是现实购买者还是潜在购买者，是消费者个人、家庭还是社会团体。明确了产品的销售对象，也就确认了促销的目标对象。

（二）确定促销目标

不同时期和不同的市场环境下，企业开展的促销活动都有着特定的促销目标。短期促销目标，宜采用广告促销和营业推广相结合的方式。对于长期促销目标来说，公关促销具有决定性意义。须注意企业促销目标的选择必须服从企业营销的总体目标。

（三）促销信息的设计

须重点研究信息内容的设计。企业促销要了解目标对象所要表达的诉求是什么，并以此刺激其反应。诉求一般分为理性诉求、感性诉求和道德诉求三种方式。

（四）选择沟通渠道

传递促销信息的沟通渠道主要有人员沟通渠道与非人员沟通渠道。人员沟通渠道主要指向目标购买者当面推荐，能得到反馈，可利用良好的口碑来扩大企业及产品的知名度与美誉度。非人员沟通渠道主要指大众媒体沟通。大众传播沟通与人员沟通的有机结合才能发挥更好的效果。

（五）确定促销的具体组合

根据不同的情况，将人员推销、广告、营业推广和公共关系四种促销方式进行适当搭配，使其发挥整体的促销效果。应考虑的因素有产品的属性、价格、寿命周期、目标市场特点、“推”或“拉”策略。

（六）确定促销预算

企业应从自己的经济实力和宣传期内受干扰程度大小的状况决定促销组合方式。如果企业促销费用宽裕，则可将几种促销方式同时使用；反之，则要考虑选择耗资较少的促销方式。

四、影响促销组合决策的因素

公司面临着把总的促销预算分摊到广告、人员推销、营业推广和宣传报道上。影响促销组合决策的因素主要有以下几个。

（一）促销目标

促销目标是影响促销组合决策的首要因素。每种促销工具都有各自独有的特性和成本。营销人员必须根据具体的促销目标选择合适的促销工具组合。

（二）市场特点

除了考虑促销目标外，市场特点也是影响促销组合决策的重要因素。市场特点受每一地区的文化、风俗习惯、经济政治环境等的影响，促销工具在不同类型的市场上所起作用是不同的，所以我们应该综合考虑市场和促销工具的特点，选择合适的促销工具，使之相匹配，以达到最佳促销效果。

（三）产品性质

由于产品性质的不同，消费者及用户具有不同的购买行为和购买习惯，因而企业所采取的促销组合也会有所差异。

（四）产品生命周期

在产品生命周期的不同阶段，促销工作具有不同效益。在导入期，导入期广告投入较大的资金用于广告和公共宣传，能产生较高的知名度；促销活动也是有效的。在成长期，成长期广告和公共宣传可以继续加强，促销活动可以减少，因为这时所需的刺激较少。在成熟期，相对广告而言，销售促进又逐渐起着重要作用。购买者已知道这一品牌，仅需要起提醒作用水平的广告。在衰退期，衰退期广告仍保持在提醒作用的水平，公共宣传已经消退，销售人员对这一产品仅给予最低限度的关注，然而销售促进要继续加强。

（五）推动策略和拉引策略

促销组合较大程度上受公司选择推动或拉引策略的影响。推动策略要求使用销售队伍和贸易促销，通过销售渠道推出产品。而拉引策略则要求在广告和消费者促销方面投入较多，以建立消费者的需求欲望。

（六）其他营销因素

影响促销组合的因素是复杂的，除上述五种因素外，本公司的营销风格、销售人员素质、整体发展战略、社会和竞争环境等不同程度地影响着促销组合的决策。营销人员应审时度势，全面考虑才能制定出有效的促销组合决策。

营销管理小贴士

促销组合，就是企业根据产品的特点和营销目标，综合各种影响因素，对各种促销方式的选择、编配和运用。促销组合是促销战略的前提，在促销组合的基础上，才能制定相应的促销战略。

第八十课　人员推销策略

一、人员推销的含义

人员推销是指通过推销人员深入中间商或消费者进行直接的宣传介绍活动，使中间商或消费者采取购买行为的促销方式。它是人类最古老的促销方式。在商品经济高度发达的现代社会，人员推销这种古老的形式焕发了青春，成为现代社会最重要的一种促销形式。

二、人员推销的形式

（一）上门推销

上门推销是最常见的人员推销形式。它是由推销人员携带产品样品、说明书和订单等走访顾客，推销产品。这种推销形式可以针对顾客的需要提供有效的服务，方便顾客，故为顾客广泛认可和接受。

（二）柜台推销

又称门市，是指企业在适当地点设置固定门市，由营业员接待进入门市的顾客，推销产品。门市的营业员是广义的推销员。柜台推销与上门推销正好相反，它是等客上门式的推销方式。由于门市里的产品种类齐全，能满足顾客多方面的购买要求，为顾客提供较多的购买方便，并且可以保证产品完好无损，故顾客比较乐于接受这种方式。

（三）会议推销

会议推销是指利用各种会议向与会人员宣传和介绍产品，开展推销活动。譬如，在订货会、交易会、展览会、物资交流会等会议上推销产品。这种推销形式接触面广、推销集中，可以同时向多个推销对象推销产品，成交额较大，推销效果较好。

三、人员推销的特点

（一）销售的针对性

与顾客的直接沟通是人员推销的主要特征。由于是双方直接接触，相互间在态度、气氛、情感等方面都能捕捉和把握，有利于销售人员有针对性地做好沟通工作，解除各种疑虑，引导购买欲望。

（二）销售的有效性

人员推销的又一特点是提供产品实证。销售人员通过展示产品，解答质疑，指导产品使用方法，使目标顾客能当面接触产品，从而确信产品的性能和特点，易于引发消费者的购买行为。

（三）密切买卖双方关系

销售人员与顾客直接打交道，交往中会逐渐产生信任和理解，加深双方感情，建立起良好的关系，容易培育出忠诚顾客，稳定企业销售业务。

（四）信息传递的双向性

在推销过程中，销售人员一方面把企业信息及时、准确地传递给目标顾客，另一方面把市场信息和顾客（客户）的要求、意见、建议反馈给企业，为企业调整营销方针和政策提供依据。

四、人员推销的步骤

人员推销是一项复杂系统的工作，既需要推销人员根据不同的场合、不同的顾客随机应变，灵活运用推销策略，又需要推销人员遵循一定的工作步骤，做到有章可循。一般来说，人员推销包括这样几个步骤：寻找顾客、事前筹划、接近顾客、介绍示范、处理异议、达成交易及事后跟踪。

（一）寻找顾客

推销工作的第一步就是找出潜在顾客，这是成功推销的关键。虽然公司提供了一些顾客线索，但推销人员还需要具备多渠道自己发现潜在顾客的技巧，并通过查看潜在顾客的财力、需求、所处位置等来完成潜在顾客的识别与筛选。

（二）事前筹划

事前筹划即要求推销人员在访问某一潜在顾客之前应尽可能地了解该顾客情况，包括确定访问目标、选择接近方式、考虑总体销售策略等工作，这将有助于制订推销面谈计划，开展积极主动的推销活动，并保证较高的推销效率。

（三）接近顾客

接近顾客是指推销人员直接与顾客发生接触，以便成功地转入推销面谈，其范围包括推销人员的仪表、开场白以及接下去的话题。在接近顾客时，推销人员应做到端庄得体、不卑不亢、灵活应对、把握时机，积极引导顾客转入正式面谈。

（四）介绍示范

这一阶段是推销人员向顾客展示产品信息的过程，是人员推销的中心环节。推销人员在描述产品特性时，应着重强调产品能给顾客带来哪些好处，并倾听顾客的需求进而满足它。另外，在信息的表现形式上，也应力求直观，可通过刺激顾客的多种感官进行介绍，其中视觉是最重要的一种，例如展示样品或操作示范会使销售介绍效果更好。

（五）处理异议

顾客对人员推销经常会产生抵触情绪而提出异议，如需求异议、产品异议、价格异议、推销人员异议、购买时间异议等。推销人员应采取积极的态度，设法找出异议的原因，随时准备应付不同意见的适当措辞和论据，并将这种拒绝变成使顾客购买的理由。

（六）达成交易

在解决了顾客的异议之后，推销人员就要设法达成交易。推销人员应善于从顾客那里发现特定的成交信号，包括顾客的动作、语言、评论和提出的问题等。抓住时机，施展各种技巧促成交易，如重申要点、帮助顾客填写订单、承诺给予优惠等。

（七）事后跟踪

事后跟踪是人员推销的最后环节，也是确保顾客满意，与顾客建立起持续业务往来的必要步骤。事后跟踪能向顾客表明推销人员的关注，加深顾客对企业和商品的信任，促使其重复购买。同时，通过跟踪服务可获得各种反馈信息，也为推销人员积累经验、开展新一轮推销提供了

广泛有效的途径和线索。

营销管理小贴士

人员推销是企业运用推销人员直接向顾客推销商品和劳务的一种促销活动。在人员推销活动中，推销人员、推销对象和推销品是三个基本要素。通过推销人员与推销对象之间的接触、洽谈，将推销品推销给推销对象，从而达成交易。

第八十一课 广告促销策略

一、广告的含义

广告，即广而告知之意。广告是为了某种特定的需要，通过一定形式的媒体，公开而广泛地向公众传递信息的宣传手段。广告有广义和狭义之分，广义广告包括非经济广告和经济广告。非经济广告指不以营利为目的的广告，又称效应广告，如政府行政部门、社会事业单位乃至个人的各种公告、启事、声明等，主要目的是推广；狭义广告仅指经济广告，又称商业广告，是指以营利为目的的广告，通常是商品生产者、经营者和消费者之间沟通信息的重要手段，或企业占领市场、推销产品、提供劳务的重要形式，主要目的是扩大经济效益。

二、广告促销策略的含义

广告促销策略是在一般营销策略的基础上，利用各种推销手段，在

广告中突出消费者能在购买的商品之外得到其他利益，从而促进销售的广告方法和手段。广告促销策略既要告知消费者购买商品所能得到的好处，又要给予消费者更多的附加利益，以激发消费者对商品的兴趣，在短时间内收到即效性广告的效果，从而推动商品销售。

三、广告促销策略的类型

广告促销策略主要包括：馈赠型、直接型、示范型和集中型。

（一）馈赠型广告促销策略

大致可分为赠券广告、赠品广告、免费试用广告等。

1. 赠券广告

利用报纸杂志向顾客赠送购物券。报刊登载商店赠券，赠券周围印有虚线，读者沿虚线将赠券剪下即可持券到商店购物。赠券广告的作用可概括为三个方面：第一，薄利多销。第二，提高商店和品牌知名度。第三，赠券吸引顾客到商店来，从而带动其他商品的销售。

2. 赠品广告

将富有创新意识与促销商品相关的广告小礼品，选择时机在较大范围内，赠送给消费者，从而引起轰动效应，促进商品销售。如可口可乐公司制作一种印有“Cacocala”字样小型红色手摇广告扇，选择亚运会时机，赠送给观众，顿时观众席上成了一片“Cacocala”的红色海洋，极大促进了商品销售，而每把手摇扇的成本只有 0.2 元。

3. 免费试用广告

将商品免费提供给消费者，一般让消费者在公众场合试用，以促进商品宣传。例如日本东京 PI 广告社，设计出一项新颖的试用广告，向车迷们免费出借全新名贵跑车。每辆跑车在不同部位按照所出广告费多少贴上企业的名称。车迷们在规定时间开着车子到事先指定地点亮相替企业做广告，产生了不同凡响的广告效应。

（二）直接型广告促销策略

大致可分为上门促销广告和邮递广告两种。

1. 上门促销广告

促销人员不在大众媒体或商店做广告。而是把商品直接送到用户门口，当面向用户做产品宣传，并给用户一定的附加利益的一种促销方法。这种促销广告能及时回答顾客的问题，解除顾客的疑虑，直接推销产品。

2. 邮递促销广告

促销人员在促销期间将印有“某商品折价优惠”或“请君试用”等字样并备有图案和价目表之类的印刷品广告，通过邮局直接寄到用户家中或工作单位的一种促销方法。为了减少邮递促销广告的盲目性，企业平时要做经常性的资料收集工作，掌握用户的姓名、地址和偏好，双方保持一定形式的联系，提高用户对企业的信任感。

（三）示范型广告促销策略

大致可分为现场表演示范广告和名人示范广告。

1. 名人示范广告

让社会名人替商品做广告。例如，上海某时装店有 天挂出两条特大号牛仔裤，打出“欢迎试穿，合身者本店免费奉赠以作纪念”的广告词，消息传出，观者如潮。当天下午两位巨人光顾，试穿结果恰好合身，老板欣然奉赠。这两位巨人并非别人，乃是我国篮坛名将穆铁柱和郑海霞。这个精心设计的名人示范广告，产生了轰动效应。

2. 现场表演示范广告

选择特定时间和地点，结合人们的生活习惯，突出商品的时尚功效，进行公开场合示范表演。例如，日本索尼公司于 1979 年开发出带立体声耳机的超小型放音机的新产品，起名为“步行者”（Walkman）。当时日本盛行散步、穿旱冰鞋锻炼等室外健身活动。为了增强宣传效果，索尼公司利用这种流行的生活习惯，特地进行现场表演。公司请来模特儿，每人发一台“步行者”。模特儿头戴耳机，脚穿旱冰鞋，一边愉快地听着音乐，一边悠闲地在公园里往来穿行，模特儿的现场表演给公园里的游客留下了深刻的印象。此后“步行者”销售量直线上升，起到了特殊的广告效应。

（四）集中型广告促销策略

利用大型庆典活动、赞助公益事业、展销会、订货会、文娱活动等人群集中的场合进行广告宣传，就是集中型促销广告，其广告形式多种多样。例如，1993年春，国际奥林匹克运动委员会检查团来北京考察申办奥运会情况，《人民政协报》有一则标题为“国际奥委会考察团今日到京”的广告，接着是“××公司预祝北京申办2000年奥运会成功”。这则广告给媒体受众留下了深刻印象。

营销管理小贴士

广告作为促销方式或促销手段，是一门带有浓郁商业性的综合艺术。虽说广告并不一定能使产品成为世界名牌，但若没有广告，产品肯定不会成为世界名牌。成功的广告可使默默无闻的企业和产品家喻户晓，广为传播。

第八十二课　营业推广策略

一、营业推广的含义

营业推广是一种适宜短期推销的促销方法，是企业为鼓励购买、销售商品和劳务而采取的除广告、公关和人员推销之外的所有企业营销活动的总称。

二、营业推广的特点

（一）营业推广促销效果显著

在开展营业推广活动中，可选用的方式多种多样。一般说来，只要能选择合理的营业推广方式，就会很快地收到明显的增销效果，而不像广告和公共关系那样需要一个较长的时期才能见效。因此，营业推广适合于在一定时期、一定任务的短期性的促销活动中使用。

（二）营业推广是一种辅助性促销方式

人员推销、广告和公关都是常规性的促销方式，而多数营业推广方式则是非正规性和非经常性的，只能是它们的补充方式。亦即，使用营业推广方式开展促销活动，虽能在短期内取得明显的效果，但它一般不能单独使用，常常配合其他促销方式使用。营业推广方式的运用能使与其配合的促销方式更好地发挥作用。

（三）营业推广有贬低产品之意

采用营业推广方式促销，似乎迫使顾客产生“机会难得、时不再来”之感，进而能打破消费者需求动机的衰变和购买行为的惰性。不过，营业推广的一些做法也常使顾客认为卖者有急于抛售的意图。若频繁使用或使用不当，往往会引起顾客对产品质量、价格产生怀疑。因此，企业在开展营业推广活动时，要注意选择恰当的方式和时机。

三、营业推广的作用

（一）可以吸引消费者购买

这是营业推广的首要目的，尤其是在推出新产品或吸引新顾客方面，由于营业推广的刺激比较强，较易吸引顾客的注意力，使顾客在了解产品的基础上采取购买行为，也可能使顾客追求某些方面的优惠而使用产品。

（二）可以奖励品牌忠实者

因为营业推广的很多手段，譬如销售奖励、赠券等通常都附带价格上的让步，其直接受惠者大多是经常使用本品牌产品的顾客，从而使他们更乐于购买和使用本企业产品，以巩固企业的市场占有率。

（三）可以实现企业营销目标

这是企业的最终目的。营业推广实际上是企业让利于购买者，它可以使广告宣传的效果得到有力的增强，破坏消费者对其他企业产品的品牌忠实度，从而达到本企业产品销售的目的。

四、营业推广的方式

（一）面向消费者的营业推广方式

1. 赠送促销

向消费者赠送样品或试用品。赠送样品是介绍新产品最有效的方法，缺点是费用高。样品可以选择在商店或闹市区散发，或在其他产品中附送，也可以公开广告赠送，或入户派送。

2. 折价券

在购买某种商品时，持券可以免付一定金额的钱。折价券可以通过广告或直邮的方式发送。

3. 包装促销

以较优惠的价格提供组合包装和搭配包装的产品。

4. 抽奖促销

顾客购买一定的产品之后可获得抽奖券，凭券进行抽奖获得奖品或奖金，抽奖可以有各种形式。

5. 现场演示

企业派促销员在销售现场演示本企业的产品，向消费者介绍产品的特点、用途和使用方法等。

6. 联合推广

企业与零售商联合促销，将一些能显示企业优势和特征的产品在商场集中陈列，边展销边销售。

7. 参与促销

消费者通过参与各种促销活动，如技能竞赛、知识比赛等活动，获取企业的奖励。

8. 会议促销

各类展销会、博览会、业务洽谈会期间的各种现场产品介绍、推广和销售活动。

（二）面向中间商的营业推广方式

1. 批发回扣

企业为争取批发商或零售商多购进自己的产品，在某一时期内给经销本企业产品的批发商或零售商加大回扣比例。

2. 推广津贴

企业为促使中间商购进企业产品并帮助企业推销产品，可以支付给中间商一定的推广津贴。

3. 销售竞赛

根据各个中间商销售本企业产品的成绩，分别给优胜者以不同的奖励，如现金奖、实物奖、免费旅游、度假奖等，以起到激励的作用。

4. 扶持零售商

生产商对零售商专柜的装潢予以资助，提供POP广告，以强化零售网络，促使销售额增加；可派遣厂方信息员或销售人员。生产商这样做的目的是提高中间商推销本企业产品的积极性和能力。

（三）面对内部员工的营业推广方式

主要是针对企业内部的销售人员，鼓励他们热情推销产品或处理某些老产品，或促使他们积极开拓新市场。一般可采用方法有：销售竞赛、免费提供人员培训、技术指导等形式。

五、营业推广方案的制定

一次完整的营业推广活动大致应经历三个步骤：营业推广方案制定、营业推广方案实施、营业推广效果评估。其中营业推广方案的制定至关重要，直接决定了营业推广活动的行为方向和准则，以及最终的推广效果。营业推广方案的制定主要包括以下几个方面。

（一）确立营业推广目标

企业的营业推广目标应与总体营销策略相一致，并根据不同的推广对象加以确定。如针对消费者，目标包括促进大批量购买、吸引竞争者品牌的使用者等；针对中间商，目标包括吸引其经营本企业新产品、鼓励其帮助企业推销产品等；针对销售人员，目标包括激励其挖掘新顾客、开拓新市场等。

（二）确定最佳诱因

即提供一定的诱因（刺激物）来刺激需求。诱因的大小与刺激的效

用在一定区域内成正相关关系；诱因的大小还与推广费用成正比。

（三）选择营业推广方法

除考虑推广对象外，企业还应综合考虑营业推广目标、产品类型、市场环境、竞争条件和各种工具的效益成本等各种因素，灵活有效地选择营业推广方法。

（四）明确营业推广时间

既包括推广时点（时机）的把握，又包括时长的选择，还包括推广时频的设定。阿瑟·斯特恩在大量调查分析的基础上发现，一般日用品的营业推广最佳的频率为每季度有三周的推广活动，最佳的时间长度为平均购买周期。

（五）界定参加者的条件

企业应对营业推广的对象进行合理的界定，除要求为企业的公众之外，还应注意在涉及有奖销售等活动形式时，应避免内部人参与，严格把控参加者资格，以免给人造成弄虚作假的印象。

（六）编制营业推广预算

常见的营业推广预算方法有三种：一是参照法，即参照上期费用来确定本期费用的额度；二是比例法，即按总促销费用的一定比例来确定营业推广的费用，再将之分配到各个推广的项目上；三是总和法，即先确定各营业推广项目的费用，然后汇总得出营业推广的总预算。

营销管理小贴士

营业推广，又称销售促进，它是指企业运用各种短期诱因鼓励消费者和中间商购买、经销或代理企业产品或服务的促销活动。营

业推广是与人员推销、广告、公共关系相并列的四种促销方式之一，是构成促销组合的一个重要方面。

第八十三课　公共关系策略（含义与分类）

一、公共关系的含义

公共关系是指某一组织为改善与社会公众的关系，促进公众对组织的认识、理解及支持，达到树立良好组织形象、促进商品销售的目的的一系列公共活动。它本意是社会组织、集体或个人必须与其周围的各种内部、外部公众建立良好的关系。它是一种状态，任何一个企业或个人都处于某种公共关系状态之中。它又是一种活动，当一个工商企业或个人有意识地、自觉地采取措施去改善和维持自己的公共关系状态时，就是在从事公共关系活动。作为公共关系主体长期发展战略组合的一部分，公共关系的含义是指这种管理职能：评估社会公众的态度，确认与公众利益相符合的个人或组织的政策与程序，拟定并执行各种行动方案，提高主体的知名度和美誉度，改善形象，争取相关公众的理解与接受。

在市场营销学体系中，公关关系是企业机构唯一一项用来建立公众信任度的工具。

二、公共关系策略的含义

公共关系策略就是企业通过对周边生产经营环境进行沟通和协调，营造利于公司的生产经营活动环境的组织或个人的行为。它的协调职能属于管理范畴。其目标就是营造企业的内外部良好的经营生态环境，其对象是那些掌握资源的特定人（群），并通过对目标人群进行宣传、沟通和协调，以争取目标人群对自身的认可和支持。

三、公共关系策略的分类

要提高企业公共关系工作的有效性，必须恰当运用公共关系策略。公共关系策略的选择，要以组织一定时期的公共关系目标和任务为核心，并针对特定公众的不同特点。公共关系策略可以分为两大类：一类突出的是公共关系功能；另一类则是依据组织发展的不同阶段。

（一）突出公关功能的公共关系策略

1. 宣传型公共关系策略

这种策略就是运用各种传播沟通媒介，将需要公众知道和熟悉的信息广泛、迅速地传达到组织内外公众中去，以形成对企业有利的公众舆论和社会环境。这种策略具有较强的主导性、时效性、传播面广、容易操作等特点。选择这种策略时，必须强调应坚持双向沟通和真实客观的原则。应用这种策略的常见做法是：做公关广告，开展新闻宣传和专题公关活动。

2. 交际型公共关系策略

这种策略就是运用人际交往，通过人与人的直接接触，深化交往层次，巩固传播效果，实际上就是运用感情投资的方式，与公众互利互惠，组织建立广泛的社会关系网络。这种策略的特点是直接、灵活、富于人情味。常见的做法有招待会、座谈会、茶话会、宴会、交谈、拜访、信函、馈赠礼物等。应用这一策略时一定要注意不能把一切私人交际活动都作为公共关系活动。

3. 服务型公共关系策略

这种策略就是以向公众提供优质服务为传播途径，通过实际行动获得公众的了解和好评。它的突出特点是用实际行动说话，因而极具说服力。常见的做法有：增加服务种类、扩大服务范围、完善服务态度、扩展服务深度、提高服务效率等。应用这一策略时要注意：言必信，行必果，承诺一定要兑现。

4. 社会型公共关系策略

这是一种以各种社会性、文化性、公益性、赞助性活动为主要内容的公共关系策略，其目的是塑造组织良好的社会形象，提高组织知名度和美誉度。这一策略的特点是：文化性强、影响力大，但活动成本较高。因此，运用这一策略时要注意量力而行。常见的做法有：为灾区捐款；赞助文化、体育活动；利用重要机会组织一些大型活动，邀请嘉宾，渲染气氛等。

5. 征询型公共关系策略

该策略就是围绕搜集信息、征求意见来开展公共关系活动的。目的是通过掌握公众信息和舆论，为组织的经营决策提供依据。其特点是长期、复杂，且需要耐力、诚意和持之以恒。常见做法有热线电话、有奖征询、问卷调查、民意测验等。

（二）以组织发展阶段为依据的公共关系策略

1. 建设型公共关系策略

这一策略适用于企业初创阶段和开创企业新局面的阶段，如有新产品或新服务面世时，这种策略也适用。其主要做法是高姿态、高频率地宣传和交际，向公众进行自我介绍，其目的在于在公众中形成良好且深刻的第一印象，提高知名度，扩大影响力，为日后发展奠定基础。

2. 维系型公共关系策略

该策略适用于企业的稳定发展阶段。具体做法是通过各种传播媒介，以较低的姿态持续不断地向公众传达各种信息，使组织的有关形象潜移默化地存在于在公众的长期记忆当中。其主要目的在于对已经形成的良好的公关状态进行加固。

3. 防御型公共关系策略

该策略适用于企业与外部环境发生整合上的困难，与公众的关系发生一些摩擦时。其主要功能是防患于未然，防止公共关系失调。具体做法是，发挥内部职能，及时向决策层和各业务部门提供外部信息，特别是反映批评的信息，并提出改进的参考意见，进行全员公关教育，使全体员工从思想上到行动上，自觉维护组织形象，避免出现漏洞。

4. 矫正型公共关系策略

这一策略适用于公共关系严重失调，企业形象受损时。具体做法是迅速与相关公众取得联系，如上级机关、媒体机构等，采取一系列有效措施做好传播沟通与善后工作，其目的是尽快平息风波，恢复公众对组织的信任，挽回组织声誉，改善被损坏的形象。

5. 进攻型公共关系策略

该策略适用于企业与周围环境发生不协调甚至形成某种冲突时。具体做法是，采取以攻为守的方式，抓住有利时机和条件，主动调整组织政策和相应措施，以改变对原有环境的过分依赖。其主要功能在于摆脱被动局面，开创新局面。

在选择运用以上公共关系策略时，企业一定要准确分析自身发展和所处环境的特点，分析自身的公关状况、公众的基本情况及相关因素，避免因选择不当而劳民伤财，甚至出现适得其反的结果。

营销管理小贴士

公共关系是指企业在从事市场营销活动中正确处理企业与社会公众的关系，以便树立企业的良好形象，从而促进产品销售的一种活动。公共关系是一种社会关系，但又不同于一般社会关系，也不同于一般的人际关系。

第八十四课　进行公共关系的步骤

一、调查分析

进行公共关系的工作，无疑要先从调查分析公共关系开始，只有对情况了如指掌，才可能高效率地解决问题。公共关系的调查分析，主要是了解和分析那些受到组织的行为和政策影响的人的观点、态度和反应，也包括通过公众的反馈，了解组织本身存在的问题。调查分析是公共关系必不可少的前提，贯穿于公共关系活动的整个过程中。

二、制订计划

经过调查研究获得大量有关组织形象的实际资料、信息后，就要着手制订计划了。制订计划包括确立目标、选定模式、编制预算等。这是把调查资料的分析意见转化为行动的过程，是十分重要的一步。

三、实施传播

实施公共关系计划的过程，实际上是运用各种传播手段，把组织的信息传达给公众，把收集到的公众信息反馈给组织，促进双方互相沟通，改变组织或公众的态度和行为，从而塑造组织社会形象的过程。

由于公共关系的对象是社会公众，因此实施公共关系计划一定要以公众的需求为出发点，根据不同层次的公众的不同要求，有针对性地开展工作。例如，不同层次的公众所惯用的传播媒介不同，获取信息的渠

道不同，设计、制作的信息必须要与该项活动的目标公众的口味相吻合，要与他们的兴趣、爱好和性格相吻合。总之，营销经理在制作信息时要从公众的特点和新闻媒介的要求出发，不能仅从本组织的利益出发；要尽可能地把组织的目标、服务的宗旨用适合公众口味和新闻媒介特点的方式表达出来。

（一）实施传播的技巧

公共关系是一种内外沟通的艺术。实施公共关系计划需要具备一定的技巧。下面简单介绍几种实施公共关系计划的方法。

1. 计划控制表

它制作精细，标明了工作项目、操作人、完成日期、可供选择的方案等。

2. 计划进度板

它是在一块板上安装一些钩子，上面挂上任务标记，指出哪项工作正在进行，哪项工作已经完成。也可以用一根伸展的带子代替进度板，随着公关计划的实施进程，移动拴带子的位置。

3. 关键路线法

它把工作任务的项目用箭头和号码标出轻重缓急及完成的先后顺序。这种方法简单、醒目、明了，便于实施；容易发现存在的问题，从而能够及时调整、修正计划。

（二）排除实施计划中障碍的技巧

在实施传播的过程中，首先，要了解消费者的购物心理。其次，要根据顾客的消费心理采取相应的促销方法。此外，还有新奇的需求、偏好的需求、炫耀消费的需求等。因此，在推销商品或者在制作产品的销售广告时，必须具有针对性。

四、检测评估

公共关系实施程序的第四个环节，是检测公共关系活动的成效，对实施情况进行评估，及时修正计划，进一步调整和完善组织形象。

（一）检测工作的一般过程

1. 重温公共关系目标

既定的公共关系目标是检测公共关系活动成效的一把尺子。评价公共关系计划的执行情况，最主要的是看既定的公共目标是否实现了。

2. 收集和分析资料

营销经理在评价公共关系效果之前，要收集有关组织和公众的各类资料，包括知晓资料、态度资料、行为资料等。

3. 向决策部门报告分析结果

报告成果是将一定时间内所进行的公共关系活动，以及公共关系活动所取得的成果，通过传播媒介反馈到决策者手中。

4. 把检测结果运用到决策分析中

目的是为组织的科学化决策提供依据，便于制订新的公共关系计划。

（二）检测评估的主要方法

1. 报告法

将某一时间内的公共关系活动情况，用口头或文字的方式向有关部门报告。报告可以陈述活动成果，也可以比较活动成果与预定目标之间的差异。

报告分正式报告和非正式报告。正式报告是指通过正式的传播渠道来总结活动成果，如备忘录、汇报会等。非正式报告主要是指通过自由座谈、书信、电话、走访、简短的书面汇报等途径来报告活动成果。

2. 观察法

组织的主要负责人亲自参加公共关系活动，通过直接观察来估量和评价活动的效果。

3. 外部监察法

聘请组织以外的有关专家、学者对本组织的公共关系活动进行调查和评价。以局外人、第三者的立场和态度来观察、评价本组织的活动成效，得出的结论更具有客观性。

4. 销售量检测法

良好的公共关系最终必将转化为经济效益。企业产品的销售量和利润也是检验公共关系活动成效的一个重要方面。

公共关系实施程序的四个步骤，是一个连续不断、周而复始、反复循环的过程，只有坚持不懈地实施才能使组织在公众中的形象越来越好。

营销管理小贴士

公共关系是一门“内求团结，外求发展”的经营管理艺术，是一项与企业生存发展密切相关的事业。进行公共关系要经历调查分析公共关系、制订公共关系计划、实施传播和调查评估四个阶段。

第十二单元

市场营销执行管理

市场营销执行是指将市场营销计划转化为行动方案的过程，并保证这种任务的完成，以实现计划的既定目标。这需要强有力的市场营销组织作保证，定期对公司营销环境、目标、战略和行动进行营销审计，通过营销效果评估系统督促营销人员完成工作目标。

第八十五课　市场营销执行概述

一、市场营销执行的含义

市场营销执行是指将市场营销计划转化为行动方案的过程，并保证这种任务的完成，以实现计划的既定目标。

二、市场营销执行中的问题

（一）计划脱离实际

企业的市场营销战略和市场营销计划通常是由上层的专业计划人员制定的，而执行则要依靠市场营销管理人员，由于这两类人员之间往往缺少必要的沟通和协调，会导致下列问题的出现。

（1）企业的专业计划人员只考虑总体战略而忽视执行中的细节，结果使计划过于笼统和流于形式。

（2）专业计划人员往往不了解计划执行过程中的具体问题，所定计划脱离实际。

（3）专业计划人员和市场营销管理人员之间没有充分的交流与沟通，致使市场营销管理人员在执行过程中经常遇到困难，因为他们并不完全理解需要他们去执行的战略。

（4）脱离实际的战略导致计划人员和市场营销管理人员相互对立和不信任。

现在，许多西方企业已经认识到，不能光靠专业计划人员为市场营销人员制订计划。因为市场营销人员比计划人员更了解实际，让他们参与企业的计划管理过程，会更有利于市场营销执行。因此，许多西方企业削减了庞大的集中计划部门的人员。

（二）长期目标和短期目标相矛盾

市场营销战备通常着眼于企业的长期目标，涉及今后三至五年的经营活动。但具体执行这些战略的市场营销人员通常是根据他们的短期工作绩效，如销售量、市场占有率或利润率等指标评估和奖励的。因此，市场营销人员常选择短期行为。对美国大公司的一项调查表明，这种情况非常普通。

（三）因循守旧的惰性

企业当前的经营活动往往是为了实现既定的战略目标，新的战略如果不符合企业的传统和习惯就会遭到抵制。新旧战略的差异越大，执行新战略可能遇到的阻力也就越大。要想执行与旧战略截然不同的新战略，常常需要打碎企业传统的组织机构和供销关系。

（四）缺乏具体明确的执行方案

有些战略计划之所以失败，是因为计划人员没有制定明确而具体的执行方案。实践证明，许多企业面临的困境，就是因为缺乏一个能够使企业内部各有关部门协调一致作战的具体实施方案。

三、市场营销执行过程

市场营销执行过程包括如下主要步骤。

（一）制定行动方案

为了有效地实施市场营销战略，必须制定详细的行动方案。这个方案应该明确市场营销战略实施的关键性决策和任务，并将执行这些决策和任务的责任落实到个人或小组。另外，还应包含具体的时间表，定出行动的确切时间。

（二）建立组织结构

企业的正式组织在市场营销执行过程中起决定性的作用。组织将战略实施的任务分配给具体的部门和人员，规定明确的职权界限和信息沟通渠道，协调企业内部的各项决策和行动。具有不同战略的企业，需要建立不同的组织结构。也就是说，结构必须同企业战略相一致，必须同企业本身的特点和环境相适应。组织结构具有两大职能：首先是提供明确的分工，将全部工作分解成管理的几个部分，再将它们分配给各有关部门和人员；其次是发挥协调作用，通过正式的组织联系沟通网络，协调各部门和人员的行动。

（三）设计决策和报酬制度

为实施市场营销战略，还必须设计相应的决策和报酬制度。这些制度直接关系到战略实施的成败。就企业对管理人员工作的评估和报酬制度而言，如果以短期的经营利润为标准，则管理人员的行为必定趋于短期化，他们就不会有为实现长期战略目标而努力的积极性。

（四）开发人力资源

市场营销战略最终是由企业内部的工作人员来执行的，所以人力资源的开发至关重要。这涉及人员的考核、选拔、安置、培训和激励等问题。在考核选拔管理人员时，要注意将适当的工作分配给适当的人，做到人尽其才。为了激励员工的积极性，必须建立完善的工资、福利和奖惩制度。

此外，企业还必须决定行政管理人员、业务管理人员和一线工人之间的比例。许多美国企业已经削减了公司一级的行政管理人员，目的是减少管理费用和提高工作效率。

应当指出的是，不同的战略要求具有不同性格和能力的管理者。“拓展型”战略要求具有创业和冒险精神的、有魄力的人员去完成；“维持型”战略要求管理人员具备组织和管理方面的才能；而“紧缩型”战略则需要寻找精打细算的管理者来执行。

（五）建设企业文化

企业文化是指一个企业内部全体人员共同持有和遵循的价值标准、基本信念和行为准则。企业文化对企业的经营思想和领导风格，对职工的工作态度和作风，均起着决定性的作用。企业文化包括企业环境、价值观念、模范人物、仪式、文化网五个要素。企业环境是形成企业文化的外界条件，它包括一个国家、民族的传统文化，也包括政府的经济政策以及资源、运输、竞争等环境因素。价值观念是指企业职工共同的行为准则和基本信念，是企业文化的核心和灵魂。仪式是指为树立和强化共同价值观，有计划进行的各种例行活动，如各种纪念、庆祝活动等。文化网则是传播共同价值观和宣传介绍模范人物形象的各种非正式的渠道。

总之，企业文化主要是指企业在其所处的一定环境中，逐渐形成的共同价值标准和基本信念。这些标准和信念是通过模范人物塑造和体现的，是通过正式和非正式组织加以树立、强化和传播的。由于企业文化体现了集体责任感和集体荣誉感，它甚至关系到职工人生观和他们所追求的最高目标，它能够起到把全体员工团结在一起的“黏合剂”作用。因此，塑造和强化企业文化是执行企业战略的不容忽视的一环。

与企业文化相关联的，是企业的管理风格。有些管理者的管理风格属于“专权型”，他们发号施令，独揽大权，严格控制，坚持采用正式的信息沟通，不容忍非正式的组织和活动。另一种管理风格称为“参与型”，他们主张授权下属，协调各部门的工作，鼓励下属的主动精神和非正式的交流与沟通。这两种对立的管理风格各有利弊。不同的战略要求不同的管理风格，具体需要什么样的管理风格取决于企业的战略任务、组织结构、人员和环境。

企业文化和管理风格一旦形成，就具有相对稳定性和连续性，不易改变。企业战略通常是按照适应企业文化和管理风格的要求来制定的，因此，不宜轻易改变企业原有的文化和风格。

（六）市场营销战略实施系统各要素间的协调关系

为了有效地实施市场营销战略，企业的行方案、组织结构、决策和报酬制度、人力资源、企业文化和管理风格这几大要素必须协调一致，相互配合。

四、市场营销执行技能

（一）市场营销执行问题的层次

1. 市场营销职能

即基本的市场营销职能能否顺利实施，如企业怎样才能从某广告公司处获得更有创意的广告。

2. 市场营销方案

即把所有的市场营销职能协调地组合在一起，构成整体行动，这一层次出现的问题常常发生在一项新产品引入另一个新市场时。

3. 市场营销政策

例如，企业需要所有雇员对待所有的顾客都用最好的态度和最好的服务。

（二）市场营销执行技能

1. 配置技能

是指市场营销经理在职能、政策和方案三个层次上配置时间、资金和人员的能力。

2. 调控技能

包括建立和管理一个对市场营销活动效果进行追踪的控制系统，有四种类型：年度计划控制、利润控制、效率控制和战略控制。

3. 组织技能

常用于发展有效工作的组织中。理解正式和非正式的市场营销组织对于开展有效的市场营销执行活动是非常重要的。

4. 互动技能

指经理影响他人把事情办好的能力。市场营销人员不仅必须有能力推动本企业的人员有效地执行理想的战略，还必须推动企业外的人或企业（如市场调查公司、广告公司、经销商、批发商、代理商等）来实施理想的战略，即使他们的目标与本企业的目标有所不同。

营销管理小贴士

市场营销执行是指将市场营销计划转化为行动方案的过程，并保证这种任务的完成，以实现计划的既定目标。市场营销执行过程包括制定行动方案、建立组织结构、设计决策和报酬制度、开发人力资源和建设企业文化几个方面。

第八十六课　市场营销组织（演变与形式）

一、市场营销组织的演变

市场营销组织是指企业内部涉及营销活动的各项职位安排、组合及其组织结构模式。企业市场营销组织以及与企业其他职能部门的关系，受到宏观市场环境和国家经济体制、运行机制、企业营销管理的指导思想、企业自身所处的发展阶段和业务特点等诸多因素的影响。现代企业的营销组织结构，就是受这些因素的影响而逐渐发展和演变而来的。西方企业内部市场营销组织结构的演变，大致经历了以下五个阶段。

（一）简单的销售部门

一般说来，企业在建立之初，都是从财务、生产、销售、人事、会计五个基本职能部门开始发展起来的。在这阶段，企业以生产观念作为经营指导思想，企业经营管理的重点是生产，生产什么、生产多少以及产品价格主要由生产部门和财务部门制定，销售部门只负责产品的推销工作，并通过管理好推销人员，促使他们销售出更多的产品。

（二）兼有营销职能的销售部门

随着企业经济的发展，规模的扩大，销售工作日益复杂，销售部门需要增加一些新的营销职能，如开展市场调研、广告宣传、销售服务等工作，于是出现了兼有营销职能的销售部门。

（三）独立的营销部门

随着企业规模和业务范围的进一步扩大，原来作为辅助性的市场营销调研、新产品开发、销售服务等工作需要进一步加强。于是，营销功能逐渐从销售部门中独立出来，开始成为一个与销售部门并立的职能部门，并由一位专门的营销副总经理领导。

（四）现代营销部门

尽管销售部门与营销部门需要互相配合、互相协调，但由于各个职能、目标不同，结果往往出现矛盾。销售经理通常着眼于短期目标并致力于完成当前的工作任务，而营销经理则注重长期目标和开发满足消费者长远需要的产品。两个部门之间的矛盾和发展，使得企业营销组织进一步完善，产生了现代营销部门，即在总经理之下设立营销副总经理，主管销售部门和营销部门。

（五）现代营销公司

一个公司可能设有现代营销部门，但不等于就是现代营销公司。是不是现代营销公司，主要应看公司中其他主管人员对营销职能的态度。如果把营销活动仅仅看作一种销售功能，就不具备现代营销公司的条件。只有当所有的主管人员都认识到企业一切部门的工作都是“为顾客服务”，营销不仅是一个部门的名称，而且是企业的经营宗旨时，这个公司才能成为一个真正意义上的现代营销公司。

根据现代市场营销观念，市场营销是企业的基础，而不是单独的职能。从营销的最终成果亦即从顾客的观念来看，市场营销就是整个企业，为此，在企业组织结构上应做出如下安排。

（1）设置独立的营销调研部门，以确定消费者的需要以及企业应提供什么样的产品或服务来满足这些需求。

(2)参与新产品的开发。在企业内，营销部门对消费者需要最为了解，而新产品开发的成功与否不仅取决于技术的先进程度，还取决于消费者的需要变化动向，因此，在决定开发新产品的种类、功能、外观、规格、式样、花色等方面，市场营销部门应起指导作用。

（3）营销部门应统一负责企业的全部营销职能，不应将其中一部分职能分散到其他部门。

二、市场营销组织形式

现代企业的营销部门的组织形式有多种，不论采取哪种组织形式，都要体现以顾客为中心的营销指导思想。具体来讲，营销组织形式主要有以下几种。

（一）职能型组织形式

这是最普通的一种组织形式，即按照需要完成的工作职能来进行组织。职能型组织的主要优点是结构简单，管理方便。它最适用于产品种类不多，对有关产品的专门知识要求不高，或经营地区的情况差别不大的企业。随着产品增多和市场扩大，这种组织形式会失去其有效性。首先，这是因为没有人对该产品或一个市场负全部责任，因而没有按每种产品和每个市场制定完整计划，有些产品或市场就很容易被忽略。其次，这是因为各个职能部门常为获得更多预算或取得较其他部门更高的地位而竞争，使营销经理经常面临协调上的难题。

（二）产品管理型组织形式

生产多种产品或多种不同品牌的大企业，往往按产品或品牌建立管理组织，即采取由某专人负责一种产品或产品线的组织形式。这种组织形式的优点：一是各类产品责任明确，由于产品互不相关，各产品相互干扰不大；二是比较灵活，增加新产品时再增加一个产品部即可。其缺点是缺乏地区概念，各个产品部不可能对每一地区都兼顾并做出适当的反应。

（三）地区型组织形式

此种组织形式适用于销售区域大而经营品种单一的企业。采取地区型组织形式的企业在地区设立管理部门，负责每个地区的产品推销、产品计划与产品服务。在这种组织体内，为避免一些不必要的职能重复，调研、广告、行政管理等仍归属原职能部门，且与各地区部门并列。它的优点是有利于发挥每个地区部门熟悉该地区情况的优势。其缺点是当企业经营品种较多时，很难按不同产品的使用对象来综合考虑，而且各地区的活动也难以协调。

（四）市场（或顾客）型组织形式

如果顾客可按其特有的购买习惯和产品偏好予以细分和区别对待，就需要建立市场型组织。

（五）产品/市场型组织形式

这是一种产品式和市场式相结合的矩阵组织形式。适合于生产多种产品并向多个市场销售的企业。这种组织形式可以采用产品管理组织形式，那就需要产品经理熟悉广为分散的各种不同的市场；也可以采用市场管理组织形式，那就需要市场经理熟悉销往各市场的五花八门的产品；或者还可以同时设置产品经理和市场经理，形成一种矩阵式结构。

产品经理负责产品的销售利润和计划，为产品寻找更广泛的用途；市场经理负责开发现有和潜在的市场，着眼市场的长期需要，而不是只推销眼前的某种产品。这种组织形式适用于多角化经营的企业，不足之处是费用较大，而且由于权力和责任界限比较模糊，易产生矛盾。

营销管理小贴士

市场营销组织是指为了实现企业目标，将各种营销资源按优化原则有机结合起来，使各种资源要素在营销活动中充分发挥作用的职能部门。在不同的企业，市场营销组织往往有不同的称谓，在许多企业，市场营销组织也常常不只是一个机构或科室。

第八十七课　市场营销组织的设计原则

任何一个现代企业都必须建立市场营销组织。企业设计什么样的市场营销组织，必须从实际出发，遵循以下原则。

一、目标一致原则

市场营销组织是实现营销目标的手段和保证，它的设置必须依据并服从于营销目标，与营销目标保持高度的一致。因此，在设计市场营销组织时，坚持以营销目标为导向，以“事”为中心，因“事”设机构，因“事”配人员。也就是说，任何一个职务与机构的设置都是实现营销目标所必需的，凡是与目标无关的职位与机构都必须坚决取消，对于那些与营销目标关系不大、可有可无的职位与机构，应该予以调整或合并。

二、分工协作原则

分工与协作是社会化大生产的客观要求，是实现现代企业目标所必需的，因此，在设计企业市场营销组织时，必须坚持分工协作的原则。应将市场营销目标层层分解，变成一项项具体的工作和任务，落实到各

个部门与岗位。这就是在组织内部进行分工，明确各个部门和各个岗位的工作内容、工作范围，解决干什么的问题。有分工就必然有协作。分工将一个整体分成各个部分，为使各个部分协同运作，产生 1+1>2 的效应，就必须在分工的基础上，明确规定各个部门和各个岗位之间的关系，协调配合的途径与方法，使得企业市场营销工作运行有序，形成合力，产生整体功能。

三、命令统一原则

命令统一原则的实质，就是在市场营销管理工作中实行统一领导，形成统一的指挥中心，避免多头领导，消除有令不行、有禁不止现象，确保政令畅通、指挥灵敏。命令统一原则对营销组织结构的设计具有以下要求。

（1）各管理层次形成一条等级链。从最高层到最底层的等级链必须是连续的，不能中断或有缺口，同时，应对上下级间的职责、权限、联系方式加以明确规定。

（2）每一级只能有一个最高行政主管，统一负责本级内的全部工作。他直接向上级报告工作，并向下级下达命令。

（3）在主管领导下设副职和职能部门。副职和职能部门对正职负责，为正职提供参谋意见。

（4）下级组织只接受一个上级组织的命令和指挥。对上级的命令和指挥，下级必须无条件服从，不得各自为政、各行其是。

（5）下级只能向直接上级请示、报告工作，不能越级请示、报告工作，如有不同意见，可以越级上诉。

（6）上级不能越级指挥下级，以维护下级组织的领导权威，但可以越级检查工作。

四、权责对等原则

职权和职责是两个互相关联的概念。职责是指某一职位的责任和义务，职权是指为完成某一职位的责任和义务所应具有的权力，包括决定权、命令权、审查权、提案权、支配权等，两者不可分割，因此，在设计营销组织结构时，既要明确规定各个部门、各个职位的职责范围，又要赋予完成其职责所必需的管理权限。职责与权限不仅必须统一，而且必须对等。为了履行一定的职责，就必须有相应的职权。只有职责，没有职权或权限太小，人们就没有履行职责的能力；反之，只有职权而没有职责，或权力很大责任很小，就会造成滥用权力和瞎指挥，产生官僚主义。只有职责与职权对等，才是最佳的组合。

五、集权与分权相结合原则

集权是把权力集中于最高层领导，分权是将权力分散于组织各个层次。集权的优点是：有利于集中统一领导，加强对整个组织的控制；有利于协调组织的各项活动，提高工作效率；有利于充分发挥高层领导的聪明才智和统御能力。但集权也有其缺点，它使得管理层次增多，信息沟通渠道变长，基层组织缺乏独立性和自主权，高层领导的负荷过重。分权正好相反，它使得管理层次减少，信息沟通渠道缩短，高层管理者可以从具体事务中解脱出来，集中精力抓大事，同时又有利于调动基层管理人员的积极性和主动性，但过度分权，也有可能失去对整个组织的控制，因此，权力过于集中和过于分散，都不利于发挥整个组织的作用。为了避免权力的过于集中和过于分散，应坚持把集权和分权有机地结合起来，并把握好两者结合的度。一般而言，集权应以不妨碍基层人员积极性的发挥为限，分权应以不失去对下级的有效控制为限。

营销管理小贴士

企业种类很多，不可能、也不应该都按一种模式设置市场营销机构。但是，既然都是企业，建立市场营销组织总会有一些相同的要求，可以作为一般原则，即目标一致、分工协作、命令统一、权责对等、集权与分权相结合。

第八十八课　营销审计（含义、原则与内容）

一、营销审计的含义

营销审计是对一个公司或一个业务单位的营销环境、目标、战略和行动所进行的一种全面的、系统的、独立的和定期的检查。其目的在于确定问题和机会，提出行动计划，以改善公司的营销业绩。

二、营销审计的原则

西方企业的实践证明，市场营销审计要有效地发挥作用，在应用中需体现以下四大原则。

（一）全面性原则

市场营销审计不是一种功能性审计，它不是仅对市场营销组合中的某个功能因素进行审计，而是把市场营销当作一个整体来进行审核。这是由现代市场营销整体性的特点决定的。因为企业的营销活动牵涉到企业内外环境的众多组织与个人，包括职员、供应商、供销商、顾客、竞

争者、传媒等，这就要求市场营销审计只有体现全面性，才能有效地对营销效果进行审核与评价。

（二）系统性原则

市场营销的效果受企业的目标、战略、组织和计划等各种条件和客观环境的影响和制约，而且效果达到与否并非一目了然，这就要求市场营销审计必须对营销活动中存在的问题或潜在的机会进行系统性审核与诊断，以检查出影响营销效果的因素并提出正确的营销计划。

（三）独立客观性原则

市场营销审计必须保证审计结果的客观、正确才有实际意义，因此，企业在进行市场营销审计时贯彻独立客观性原则至关重要。

（四）定期、持久性原则

市场营销审计不是在企业营销出现问题时才去审计，企业应将其作为一种管理制度持之以恒地开展下去，只有这样，市场营销才有实际效果和生命力。

三、营销审计的内容

由于开展市场营销审计应体现全面性和系统性原则，所以市场营销审计包括的内容非常广。一般认为，可以将其内容划分为营销环境审计、营销战略审计、营销组织审计、营销系统审计、营销效率审计和营销职能审计六大部分。

（一）营销环境审计

营销环境是市场营销活动的根本制约因素，因而营销环境审计是其他审计内容的基础。企业通过对其所处的营销环境进行审计，以分析营销战略是否与营销环境相适应，以及是否要对原有的营销计划进行修订。营销环境审计的具体内容包括外部环境和市场环境两方面。前者指经济、政治、自然、技术等宏观条件对企业产生影响的因素。狭义的营销环境审计是指企业的市场环境即微观环境的审计，内容包括市场容量及规模的大小、对市场竞争者实力地位的评价、中间商的效率、供应商主要货源的供应前景及供应方式的变化等。

（二）营销战略审计

主要检查企业制定的目标和任务是否体现了市场导向，选择的竞争地位是否正确。具体包括：选择的目标市场是否科学，关键策略是否可靠，完成资源预算是否充分等。

（三）营销组织审计

主要审查营销领导机构选择决策和控制决策的能力，职能部门对营销工作的分析、规划和执行的能力，营销部门对市场环境的应变能力，以及与其他部门的联络工作是否存在问题等。

（四）营销系统审计

评估企业营销的控制系统、信息系统是否完善和有效，新产品开发系统是否健全。其中控制系统审计包括市场占有率审查、比率分析运用审查、营销成本审查、边际贡献分析审查等。情报信息系统的审计包括营销信息系统的构成、设计、使用等方面的审查。对新产品开发系统的审查则包括：新产品开发观念是否正确、新产品开发方针是否体现用户导向、新产品开发计划是否科学等。

（五）营销效率审计

主要进行利润分析和成本效益分析。内容包括销售收入绩效审查、销售费用绩效审查、货款回收与存货绩效分析、成本支出是否过高及降低成本的措施等。

（六）营销职能审计

是指对营销组合诸因素，如产品、价格、分销、人员推销、营销组织的业绩考核以及广告管理、公共关系效果的审计。内容包括营销管理的总体审计、销售管理审计、市场调研管理审计、广告管理审计等。通过营销职能审计，可及时发现企业营销管理中的问题并提出改进意见。

营销管理小贴士

市场营销审计是对公司或业务单位的市场营销环境、目标、战略和活动所做的全面的、系统的、独立的和定期的检查，以判定存在的问题和机会，提出行动计划，提高公司的营销业绩。市场营销审计是市场营销战略控制的重要构成部分。

第八十九课　营销审计（实施过程、理论基础与作用）

一、营销审计的实施过程

营销审计是一项复杂而细致的评估活动。其具体实施过程是：

（1）首先应由公司管理当局和营销审计人员一起拟订一份有关审计目标、涉及面、深度、资料来源、报告形式以及时间安排的协议。

（2）然后，根据协议要求准备一份详细的计划，包括会见何人、询问何问题、接触地点和时间等。在进行营销审计时，尤其应该注意的是，

审计人员不能仅仅向公司经理征询意见，还必须访问顾客、经销商以及外界其他有关人士。

（3）最后，对收集到的资料进行分析评估，提出主要的审计结果和建议。

营销审计过程实际上就是公司经理吸收、消化和发展所需营销行动的过程。

二、营销审计存在的理论基础

（一）产权理论

产权是对财产的所有关系而产生的占有权、支配权、使用权、处分权和收益权等一系列权益的总称，产权也就是人们对资源的用途、收入和可让渡性的权利。产权保护是审计的重要功能。市场营销审计既有助于产权保护，又有助于产权所有者利益的增加。企业产权结构有个调整和演进的过程："企业主制"，"合伙制"，"股份公司制"。前两种产权结构由于所有权和经营权没有分离，因此对审计的需求不旺。具有产权结构优势的股份公司制是现代社会最重要的企业组织形式和产权结构形式。随着产权结构的优化、公司制在企业组织形式中主体地位的确立，所有权与控制权的分离导致现代企业对审计的需求激增。分权制的企业组织形式，尤其是大型公司把承担的责任层层下分，上层管理人员为了加强对下层管理人员的控制，公司总部为了加强对各分部及下属各部门的控制，都需要审计评价和审计控制，因此，市场营销审计应运而生。

（二）委托－代理理论

委托－代理理论从本质上来看，是一种契约关系。现代公司制产生后，公司的所有权和控制权实现了较好的分离，就会出现经理人员的自由处置问题，就会形成企业所有者和企业经营者之间的代理关系，企业经营者和企业员工之间的代理关系。这种代理关系主要表现为股东与经理人员之间、经理人员与员工之间的经济利益关系。在市场营销环境中，为了评估委托人和代理人之间代理合同的合理性，同时委托人为了评估代理人在采取行动的努力程度、代理人为寻求行动最佳方式，都需要审计工作。如果在市场营销环境中，不存在影响营销活动的可变因素，那么营销评价的意义就不大。如果营销人员能够忠心耿耿地工作，那么营销控制的作用就会降低。如果委托人和代理人之间的信息是对称的，在营销领域参与活动的各方之间的信息是对称的，那么营销控制就好做多了。令人遗憾的是，企业的市场营销环境是复杂多变的，参与市场营销活动的各方之间信息是不对称的，而且营销领域的道德风险与逆向选择经常发生，所以具有强大评价和控制职能的市场营销审计具有很大的发展空间。

三、营销审计的作用

（一）促进作用

促进市场营销战略和计划的正确制定，有利于使企业内部资源和企业外部环境相匹配，实现良好的经营效果；促使市场营销领域各项受托经济责任的切实履行，最终帮助企业经营者有效解除自己身上承担的受托责任。

（二）制约作用

揭露市场营销活动中的失职行为，并及时加以更正。虽然许多失职行为并没有构成违法、犯罪，容易被人忽视，但是危害性很大，有时会给市场营销活动和企业经营造成难以控制的后果。此外，市场营销审计还可以发现市场营销活动中的舞弊行为，包括贪污等犯罪行为和不正之风；市场营销审计还可以揭露市场营销活动中的损失与浪费现象，帮助节约市场营销资源，提高市场营销资源的利用效率和效果。

营销管理小贴士

市场营销审计实际上是在一定时期对企业全部市场营销业务进行总体效果评价，其主要特点是不限于评价某些问题，而是对全部活动进行评价。在国外，越来越多的企业运用市场审计进行战略管理。

第九十课　营销效果评估

一、营销效果评估的内容

营销效果评估一般包括以下几个方面的内容。

（一）营销效果目标评估

营销效果评估首先是对企业各类营销目标实现程度的评估。营销效果目标包括投资收益率目标、市场占有率目标、利润率目标、成本降低率目标、销售增长率目标、存货周转目标、销售回款率目标、服务水平目标、管理发展目标、社会责任目标等。通过对各类目标实现程度的分析，既可以了解企业任务的完成情况，又可以从中发现企业在哪些方面的工作比较得力，在哪些方面的工作略显薄弱，还可以发现原定的目标是否符合企业和市场的变化情况等。对于没有达到的目标，也可以找到其原因，有利于今后改进工作。

（二）营销环境评估

市场营销环境直接影响着企业的营销效益。对营销环境进行评估，

就是要看在过去的工作中是否适应了宏观环境和微观环境的变化，眼下如何改变不适应的状况，如何在改变了的环境中求得大的发展。

环境评估主要包括以下内容。

(1)国家在一定时期内的大政方针、法规、科技等变化对企业的影响。

（2）企业的市场情况（包括规模、特点、市场机会等）。

（3）顾客对本企业及产品的态度（包括称赞、批评、建议等）。

（4）顾客的购买决策、购买方式、购买欲望等。

（5）竞争者的规模、数量、战略、策略。

（6）竞争者的优势和弱点（包括产品、定价、渠道、促销等）。

（7）中间商的选择和使用。

（8）社会公众对企业及产品的看法等。

（三）营销组织评估

营销组织评估主要是分析本企业的组织设置、人员配备是否适合市场发展的要求。评估营销组织不仅要看其表面结构，还要看其内部气氛、办事效率等。

评估的内容主要包括：组织体系的形式和实质是否符合工作的需要，组织内部是否做到了责、权、利、效相结合，组织的规章制度是否符合现代化企业的要求，组织的信息是否畅通，组织成员的能力与职责是否一致，组织的赏罚是否严明，营销组织与其他部门的关系是否和谐，组织是否有凝聚力等。

（四）营销管理评估

市场营销管理的状况直接影响着企业的经济效益。管理越好，企业的经济效益越高。开展营销管理评估，就是为了进一步优化企业的营销管理。

营销管理评估的内容主要包括：营销管理人员的决策水平；营销执行人员的素质；营销合同的执行情况，有无索赔；营销服务工作的情况；

营销管理方法是否适应市场发展的要求；营销管理的措施是否得力等。

（五）营销战略评估

营销战略评估是指对企业营销战略的执行情况进行评审，检验营销战略的正确性和适应性。营销战略评估的内容主要有：营销战略的目标、步骤、重点和措施的正确性；目标市场选择的状况及企业资源利用的状况；市场定位的水平；市场竞争的范围和重点的选择；对市场发展方向与方式的适应性。

（六）营销策略评估

营销策略评估是指对营销组合的各个因素的评估。评估的内容主要包括：本企业主导产品的状况；企业产品所处的生命周期阶段；新产品开发状况；哪些产品在哪些方面需要改进；定价方法和定价策略是否适应目标顾客的要求；销售渠道的选择和使用状况；促销方式的选择和组合运用；人员推销的方式与成效；广告的使用状况；公共关系活动的开展状况；营业推广的运作状况等。

（七）营销人员评估

企业的营销目标是通过自己的营销人员来实施的。因此，对营销人员的评估就是看他们完成任务的状况，探究和分析他们完成或完不成任务的原因。其主要内容包括：营销人员的绩效；营销人员需要获得满足的程度及他们的积极性；营销人员的能力与报酬；营销人员的培训情况；营销人员的年龄结构、知识结构及素质对实现各自目标的影响等。

（八）营销效益评估

市场营销效益评估也就是对企业营销成果的评估，包括销售评估、费用评估、利润评估、市场评估等。

二、营销效果评估的程序

企业进行营销效果评估的基本程序可以分为三个阶段，即准备阶段、评估阶段和整改阶段。

（一）准备阶段

企业在评估前必须做好充分的准备工作，以保证营销效果评估的科学性、客观性，从而取得较好的评估效果。准备阶段的主要任务是设计评估标准、建立评估组织和准备各类资料。

1. 设计评估标准

评估标准是进行营销效果评估的准则。一般来说，营销效果评估的标准便是以前制定好的各类目标，通过把实际工作情况与结果同既定的目标加以比较，便可知道营销目标的完成情况，并发现工作中存在的问题。但仅此还不够，因为有些目标在确定的时候可能是正确的，但随着营销环境的变化，它们已经完全脱离或部分脱离了客观实际；有些目标在当初制定时可能就不那么正确。因此必须重新确定标准，以保证营销效果评估符合企业的实际情况。

2. 建立评估组织

建立评估组织也就是进行营销效果评估的人员准备。为了保证营销效果评估的高质量，评估组织成员应该从各部门抽调。这一方面是因为来自每个部门的人对自己分管的那部分工作比较熟悉，感受深刻，容易发现别人不易发现的问题；另一方面可以保证企业营销过程中的所有方面、各个环节都能毫无遗漏。

3. 准备各类资料

准备资料是进行营销效果评估的一项基础性工作，没有资料，评估就无法进行。评估所需要的资料包括纵向资料和横向资料两大类。纵向资料是指企业或行业的相关历史资料。横向资料是指有关竞争对手的资料。准备的资料既要全面、准确，又要有可比性。有了丰富可靠的资料为依据，才能正确评估企业在营销过程中的成绩与不足。

（二）评估阶段

评估阶段是根据评估标准，对评估的内容逐项进行评价的过程。在这个过程中，通常要把每一个方面的内容都分别列出许多项目，根据好、中、差的情况由高到低分别评分，然后把各个项目的总分加起来，就可以比较直观地看出企业在某一方面工作的情况。分数等级和档次可根据各个组织的具体情况划分。对于非量化的问题，主要从性质上评估，即对这些问题在全局工作中的重要程度加以评估。

在评估的过程中，要注意发现一些被好的表象掩盖着的问题，也就是说，表面看起来干得不错，但是实际上在良好的表象背后却潜伏着巨大的危机。例如，当本企业的产品价格高、利润大时，内部管理差一些也仍会有相当可观的盈利进账，然而随着市场竞争的加剧、价格的降低，管理不善的问题很快就会暴露出来，很可能给企业造成巨大的损失。因此，发现和解决那些被成绩掩盖着的问题是非常重要的。

评估工作结束以后，要写出评估报告书。评估报告书一般包括评估的概况、企业的现状、取得的成绩、存在的问题和改进方案等几个方面的内容。评估报告书要求主题明确、结构严谨、分析透彻、逻辑性强、评估客观、有理有据，对取得的成绩要给予充分肯定，对存在的问题要直言不讳，改进的方案要切实可行。

（三）整改阶段

整改是市场营销效果评估的最后一个阶段，也是评估的目的所在。企业在营销中总会存在各种问题，要通过评估，找出问题，及时纠正，使企业发展得更快、更好。整改就是实施改善方案的过程。在整改的过程中，随着市场环境的变化，整改方案总会暴露出与实际不相适应的地方，在这种情况下，就要对方案进行必要的补充和调整，以适应变化了的市

场环境。

营销管理小贴士

营销效果评估是营销效果管理工作的重要组成部分。通过评价企业的营销成果和经济效益，肯定成绩，找出存在的问题和不足，明确下一步努力的方向，这对于提高营销管理水平、改善营销条件、提高经济效益具有重要的意义。

第十三单元

新的营销形式

本章内容涉及服务营销、国际营销、网络营销、绿色营销这几个随着科学技术进步与经济社会发展而逐渐步入人们生活范围的新的营销形式。这四类营销方式互有交集，但是又有自己的特点，并且代表着营销方式的发展方向。

第九十一课　服　务

一、服务的含义

服务在字义上来说是履行某一项任务或是任职某种业务。在中文地区以及法国等，也将它当作为了公众做事、替他人劳动的意思。其他一般西方地区的“服务”是个经济用语，涵盖所有在买卖过程后不会有物品留下，提供其效用来满足客户的无形产业。这也就是英国经济学家克拉克所提到“斐帝·克拉克法则”中所谓的“第三产业”。

二、服务的形式

服务的提供可涉及：

（1）在顾客提供的有形产品（如需要维修的汽车）上所完成的活动。

（2）在顾客提供的无形产品（如为准备税款申报书所需的收益表）上所完成的活动。

（3）无形产品的交付（如知识传授方面的信息提供）。

（4）为顾客创造氛围（如在宾馆和饭店）。

三、服务的特性

（一）无形性

商品和服务之间最基本的，也是最常被提到的区别是服务的无形性，因为服务是由一系列活动所组成的过程，而不是实物，这个过程我们不能像感觉有形商品那样看到、感觉或者触摸到服务。

对于大多数服务来说，购买服务并不等于拥有其所有权，如航空公司为乘客提供服务，但这并不意味着乘客拥有了飞机上的座位。

（二）异质性

服务是由人表现出来的一系列行动，而且员工所提供的服务通常是顾客眼中的服务，由于没有两个完全一样的员工，也没有两个完全一样的顾客，那么就没有两种完全一致的服务。

服务的异质性主要是由员工和顾客之间的相互作用以及伴随这一过程的所有变化因素所导致的，它也导致了服务质量取决于服务提供商不能完全控制的许多因素，如顾客对其需求的清楚表达的能力、员工满足这些需求的能力和意愿、其他顾客的到来以及顾客对服务需求的程度。由于这些因素，服务提供商无法确知服务是否按照原来的计划和宣传的那样提供给顾客，有时候服务也可能会由中间商提供，那更加大了服务的异质性，因为从顾客的角度来讲，这些中间商提供的服务仍代表服务提供商。

（三）生产和消费的同步性

大多数商品是先生产，然后存储、销售和消费，但大部分的服务却是先销售，然后同时进行生产和消费。

这通常意味着服务生产的时候，顾客是在现场的，而且会观察甚至参加到生产过程中来。有些服务是很多顾客共同消费的，即同一个服务由大量消费者同时分享，比如一场音乐会，这也说明了在服务的生产过程中，顾客之间往往会有相互作用，因而会影响彼此的体验。

服务生产和消费的同步性使得服务难以进行大规模的生产，服务不太可能通过集中化来获得显著的规模经济效应，问题顾客（扰乱服务流程的人）会在服务提供过程中给自己和他人造成麻烦，并降低自己或者其他顾客的感知满意度。另外，服务生产和消费的同步性要求顾客和服务人员都必须了解整个服务传递过程。

（四）易逝性

服务的易逝性是指服务不能被储存、转售或者退回的特性。比如一个有 100 个座位的航班，如果在某天只有 80 个乘客，它不可能将剩余的 20 个座位储存起来留待下个航班销售；一个咨询师提供的咨询也无法退货，无法重新咨询或者转让给他人。

由于服务无法储存和运输，服务分销渠道的结构与性质和有形产品差异很大，为了充分利用生产能力，对需求进行预测并制定有创造性的计划成为重要和富于挑战性的决策问题，而且由于服务无法像有形产品一样退回，服务组织必须制定强有力的补救策略，以弥补服务失误。尽管咨询师糟糕的咨询没法退回，但是咨询企业可以通过更换咨询师来重拾顾客的信心。

营销管理小贴士

在现代社会上，服务的含义越来越广泛。以产品和服务来做个区别来说，服务是具有无形特征却可给人带来某种利益或满足感的可供有偿转让的一种或一系列活动。服务通常是无形的，并且是在供方和顾客接触面上至少需要完成一项活动的结果。

第九十二课 服务营销

一、服务营销的含义

服务市场营销是企业在充分了解顾客需求的前提下，为充分满足顾客服务需求而在营销过程中所采取的一系列活动。它起因于企业对顾客需求的深刻认识，是企业市场营销观念的质的飞跃。随着社会分工的发展、科学技术的进步以及人们生活水平和质量的提高，服务营销在企业营销管理中的地位和作用也变得日益重要。

二、服务营销与传统营销的比较

同传统的营销方式相比较，服务营销是一种营销理念。企业营销的是服务，而传统的营销方式只是一种销售手段，企业营销的是具体的产品。在传统的营销方式下，消费者购买了产品意味着一桩买卖的完成，虽然它也有产品的售后服务，但那只是一种解决产品售后维修的职能。而从服务营销观念理解，消费者购买了产品仅仅意味着销售工作的开始而不是结束，企业关心的不仅是产品的成功售出，更注重的是消费者在享受企业通过产品所提供的服务的全过程的感受。这一点也可以从马斯洛的需求层次理论上理解：人最高的需求是尊重需求和自我实现需求，服务营销正是为消费者（或者人）提供了这种需求，而传统的营销方式只是提供了简单的满足消费者在生理或安全方面的需求。随着社会的进步和人们收入的提高，消费者需要的不仅仅是一个产品，更需要的是这种产品带来的特定或个性化的服务，从而有一种被尊重和自我价值实现的感觉，而这种感觉所带来的就是顾客的忠诚度。服务营销不仅仅是某个行业发展的一种新趋势，更是社会进步的一种必然产物。

三、服务营销的特点

（一）供求分散性

服务营销活动中，服务产品的供求具有分散性。不仅供方覆盖了第三产业的各个部门和行业，企业提供的服务也广泛分散，而且需方更是涉及各种各类企业、社会团体和千家万户不同类型的消费者，由于服务企业一般占地小、资金少、经营灵活，往往分散在社会的各个角落。即使是大型的机械服务公司，也只能在有机械损坏或发生故障的地方提供服务。服务供求的分散性，要求服务网点要广泛而分散，尽可能地接近消费者。

（二）营销方式单一性

有形产品的营销方式有经销、代理和直销多种营销方式。有形产品在市场可以多次转手，经批发、零售多个环节才使产品到达消费者手中。服务营销则由于生产与消费的统一性，决定其只能采取直销方式，中间商的介入是不可能的，储存待售也不可能。服务营销方式的单一性、直接性，在一定程度上限制了服务市场规模的扩大，也限制了服务业在许多市场上出售自己的服务产品，这给服务产品的推销带来了困难。

（三）营销对象复杂多变

服务市场的购买者是多元的、广泛的、复杂的。购买服务的消费者的购买动机和目的各异，某一服务产品的购买者可能牵涉到社会各界各业各种不同类型的家庭和不同身份的个人，即使购买同一服务产品，有的用于生活消费，有的却用于生产消费，如信息咨询、邮电通信等。

（四）服务消费者需求弹性大

根据马斯洛需求层次原理，人们的基本物质需求是一种原发性需求，这类需求人们易产生共性，而人们对精神文化消费的需求属继发性需求，需求者会因各自所处的社会环境和各自具备的条件不同而形成较大的需求弹性。对服务的需求与对有形产品的需求在一定组织及总金额支出中相互牵制，也是形成需求弹性大的原因之一。同时，服务需求受外界条件影响大，如季节的变化、气候的变化、科技发展的日新月异等对信息服务、环保服务、旅游服务、航运服务的需求造成重大影响。需求的弹性是服务业经营者最棘手的问题。

（五）服务人员的技术、技能、技艺要求高

服务者的技术、技能、技艺直接关系着服务质量。消费者对各种服务产品的质量要求也就是对服务人员的技术、技能、技艺的要求。服务者的服务质量不可能有唯一的、统一的衡量标准，而只能有相对的标准或凭购买者的感觉体会。

四、服务营销的原则

“服务营销”是一种通过关注顾客，进而提供服务，最终实现有利的交换的营销手段。实施服务营销首先必须明确服务对象，即“谁是顾客”。像饮料行业的顾客分为两个层次：分销商和消费者。对于企业来说，应该把所有分销商和消费者看作上帝，提供优质的服务。通过服务，提高顾客满意度和顾客忠诚度。

对于厂家来说，鉴于饮料行业的营销模式，分销商占据举足轻重的地位。厂家的利润来自全国各省市的分销商。分销商具有左右市场需求的力量，因此，我们主要精力是处理好与各地分销商之间的顾客关系，建立合作、友好、互利的伙伴关系。要知道分销商是企业最大的财富，失去了他们，企业将一无所有。

企业必须坚定不移地树立服务客户的思想，认清市场发展形势，明确分销商是厂家的上帝，消费者是最高上帝。企业所做的一切，都要以消费者的需求为最终的出发点和落脚点，通过分销商将工作渗透到消费者层次上，从源头抓起，培育消费者满意度和忠诚度，坚持为他们提供一流的产品、一流的服务。一来能体现企业对产品的负责、对分销商的负责、对消费者市场的负责；二来可以加强沟通，增加公司吸引力，提高竞争力，与客户共同进步，共同得益，实现厂家、分销商、消费者的“多赢”。

营销管理小贴士

服务营销是市场营销学的理论分支，也是营销学的重要应用领域。服务营销的产生和发展，是社会发展的必然。对于同质性产品或几乎相同的产品来说，服务就成为企业赢得顾客、形成差异和获得竞争优势的重要手段。

第九十三课　国际营销概述

一、国际营销的含义

国际营销是指对商品和劳务流入一个以上国家的消费者或用户手中的过程进行计划、定价、促销和引导，以便获取利润的活动。国内营销和国际营销定义的唯一区别在于国际营销活动是在一个以上国家进行的。“在一个以上国家”，表面上看差别很小，却说明了国际营销活动的复杂性和多样性。

二、国际营销的优势

（一）开展国际营销，有利于企业找到新的有利的市场

有些行业的产品在国内市场上已相对饱和，企业可在国际市场上找到新的发展机会和市场，在国外还可以找到更为有利的生产同样产品的条件，如有的国家政治局势稳定、人工费用低、技术人员多、居民购买力强、投资条款优惠等，国外公司当然愿意到该国去投资设厂。有的跨国公司甚至提出“哪里的成本低，就在哪里生产商品”，他们的目标是在全球基础上谋取收益和市场份额，而不是在狭隘的地区市场或国内市场上追求最高的利润。

（二）开展国际营销，有利于引进先进技术和利用外资

通过出口产品换取外汇，可以用于从国外引进先进技术，所需费用、外汇的取得主要依靠开展国际营销。

（三）开展国际营销，有利于促进企业提高生产技术和经营管理水平

由于国际市场上的竞争对手要比国内更强，企业开展国际营销必须用国际标准，使产品的质量、品种、包装、服务等都能达到国际水平，这就要求企业不断提高其生产技术和经营管理水平。

（四）开展国际营销，有利于保护外销市场和原料的供应

有的外销市场的所在国家为了维护本国工业的利益，对进口产品实行高关税或进口限额，这样再往那里出口产品已困难重重，而改在进口当地设厂，生产和销售原产品则可以保护和扩大原有的外销市场。

三、国际营销的特点

对于企业而言，营销管理的主要目的就是有效运用企业可控的因素，通过营销计划的制定、实施和控制以适应不可控的外部环境，从而实现企业的营销目标。国内营销不可控的环境因素包括本国的政治与法律、经济、技术、竞争结构和社会文化等因素。然而，国际营销不仅要适应国内的不可控的环境因素，而且同时要主动适应国外环境的不可控因素。企业要进入某一个国家进行营销活动，必须面对新的政治法律、经济、技术、文化、竞争结构、分销结构和地理等环境因素。如果企业的国际营销活动涉及若干个国家，那么就必须适应这些国家不同的环境因素。由于国际营销所涉及的许多环境因素是不断变化的，因此大大增加了企业从事国际营销的难度和风险。

比较而言，国际市场营销有以下三个特点。

（一）环境复杂

由于各国特定的政治法律、社会文化和技术经济环境不同，使国际市场营销的复杂性远远大于国内不同地区的市场营销。政治法律不同表现在政治体制、海关制度及有关贸易法规不同等，给国际市场营销带来了障碍；社会文化不同表现在语言障碍、文化差异、风俗习惯、社会制度不同等，这带来了国际市场调查困难、较难了解贸易对手、交易双方沟通障碍、交易接洽不便等诸多问题；技术经济环境不同表现在居民收入水平不同、经济发展水平不同、经济体制不同、基础设施建设水平不同等，对国际市场营销也产生很大影响。

（二）风险更大

由于国际市场营销进行的是跨国界的交易活动，很多情况不易把握，不确定因素更多，所以其产生的风险如信用风险、汇率变动风险、运输

风险、政治风险、商业风险等，都远远大于国内市场营销。

（三）竞争激烈

进入国际市场的企业大都是各国实力强大的企业，这使国际市场竞争比国内的竞争更为激烈，也更为残酷。在国际市场上，营销的参与者与国内也有很大不同，除了国内市场竞争的常规参与者外，政府、政党、有关团体也往往介入经济活动中。政治力量的介入，使国际市场的竞争更加微妙，竞争的激烈程度也比国内市场大为提高。对于发展中国家的企业来说，参与国际竞争必然要承受巨大的竞争压力。

营销管理小贴士

国际营销比国内营销更具有挑战性，难度更大，其根本原因是国际营销环境复杂多变。由于每个主权国家都有自己的政治体制和法律，经济发展水平和社会文化也各有差异，因此要成功地开展国际营销活动，必须研究和熟悉东道国的营销环境。

第九十四课　国际营销的文化风险与文化策略

一、国际营销的文化风险

（一）区域文化风险

区域文化与当地的历史传统及传统习惯密切相关，受到自然环境和社会环境的制约和影响，这些区域文化特征必然对商品生产的取材、设计加工、款式造型、包装装潢和产品名称产生重大影响，形成带有浓厚区域文化色彩特征的商品。比如中东地区气候炎热，容易出汗，人们喜欢用气味浓烈的香水，而且该地区少有凉风，气温高，当地人们又常用防晒乳涂在身上以润肤防暑，并喜欢用清爽易挥发的化妆品。而在许多高寒地区和国家大为流行的含油脂多的化妆品在此便无人问津。

（二）审美风险

审美是一定社会群体的审美标准和审美能力，它潜移默化地来源于艺术造型、表演，文学作品等艺术形式，对国际市场营销影响显著。美国人在选择服饰时注意突出个性，追求新异；中国人则追求典雅，含蓄。中国人喜爱荷花，因为它出淤泥而不染，象征高洁；日本人则不同，他们常把荷花与死亡联系在一起，象征不幸。

（三）种族优越风险

当外来民族与当地民族文化观念相冲突时，民族心理会产生一种先天的、自发的反感与排斥，由此产生种族优越风险。所谓种族优越风险，即由于不同文化所表现的价值取向不同，来自一种文化的人具有较强的种族优越感，相信自己的行为方式优于他人，有偏见地对待异族文化而产生的风险。对于跨国企业来说，优越感有多种表现形式。如一些国际企业由于相信自己在国内的经营方式优于海外竞争者，因而在海外采取与国内相同的方式进行经营，甚至不改造产品使其适应特定市场的特殊需求。总之，不同地区的消费者具有不同的价值观，对事物的感知方式也不相同。对不同地区的消费者价值观的调查和研究历来受到心理学家和管理学者的重视。

（四）宗教信仰风险

在人类社会的发展过程中，宗教信仰对一国国民个性的塑造发挥具有重要作用。基督教倡导节俭和勤奋工作，易导致追求效率的氛围，并

产生实用主义人生哲学。佛教强调精神修养，贬低物欲，易导致对技术的忽视和对和谐的人际关系的追求。这些价值观渗透到人们日常生活中，会对消费需求的结构及其消费模式产生持久强烈的影响。

二、国际营销的文化策略

（一）跨文化培训策略

对于国际营销人员进行跨文化培训是防止和解决文化冲突的有效途径，其目的是为了加强人们对不同文化环境的反应和适应能力，促进不同文化背景下人群之间的沟通和理解。跨文化培训主要包括对文化的认识、文化的敏感性训练、冲突管理、地区环境模拟等。具体的做法包括语言训练、敏感性训练、文化学习、现场体验等。此外，语言是进行信息沟通的主要方式，是重要的文化因素之一，毫不夸张地说，语言是文化的镜子，各民族文化的很大部分都折射在其语言中。文化的差异也首先表现在语言方面，从事国际营销活动的企业必须先跨越语言上的障碍，才能实现与国外顾客之间的沟通。

（二）文化本地化策略

在开拓国际市场时，可雇用相当一部分的当地职员。这主要是因为当地雇员熟悉当地的风俗习惯、市场动态以及政府方面的各项法规，而且和当地的消费者容易达成共识，雇用当地雇员无疑方便了跨国企业在当地拓展市场、站稳脚跟。在国外做广告，除了自身研究当地文化以外，还可以依靠当地的广告代理商。国际营销公司的广告人员，往往通晓与当地人口味和偏好一致的有特色的广告，因此他们设计的广告更有利于产品的销售。在国际市场营销中，不同文化背景的消费者有着不同的需求。

（三）文化规避策略

在日益频繁的跨文化营销过程中，由于不同目标市场文化背景差异很大，跨文化营销在商业运作过程中因对目标市场文化缺乏足够认知，触犯文化禁忌而导致营销失败时有发生，可见研究文化禁忌对跨文化营销的影响具有重要的现实意义。当本国的文化与开发国的文化之间存在着巨大的不同，本国的文化虽然在整个子公司的运作中占了主体，可又无法忽视或冷落开发国文化存在的时候，就必须特别注意在双方文化的重大不同之处进行规避，不要在这些“敏感区域”造成彼此文化的冲突。特别是在宗教势力强大的国家，更要特别注意尊重当地的信仰，它是文化差异中最为敏感的因素。

营销管理小贴士

与企业实体资本相比，文化相对抽象和不容易被人所感知，但恰恰因为对文化影响考虑不周构成了企业顺利进行国际营销中的最大障碍。因此，企业如果有意开拓国外市场，必须了解文化在企业营销活动中扮演的角色，加强对国际营销中文化策略的研究。

第九十五课　国际营销的战略重点

一、产品创新

迈克尔·波特说过，创新是企业存在和发展的源泉。创新的营销理念，一方面要求企业的生产必须符合消费者需求变化，符合国际市场消费规律，更好地满足消费者的需求；另一方面，要求企业的生产要走在消费者前面，引导消费需求，创造消费需求，也就是说，企业的国际市场营销理念必须由“适应消费”走向“创造消费”，由“分享市场”走向“创造市场”。在国际市场上，富有创新精神、快速发展的新公司大量涌现，不断取代那些缺乏创新和效率的公司。

在国际市场上，营销的创新首先应该是营销观念的创新（如绿色营销、知识营销、文化营销），其次表现为产品创新（比如产品标准创新、产品质量创新、产品包装创新），最后表现为方法创新（比如网络营销、互动营销、互补营销）。例如绿色产品的研究和生产一方面可以满足消费者消费观念变化的需求，符合国际发展的趋势；另一方面，可把买方市场转变为卖方市场。因为绿色产品在国际市场上的需求越来越多，但真正符合绿色要求的产品还较少，在国际市场上有巨大的商机，供不应求。不断创新的理念能使参与国际市场营销的企业登高望远，开辟更加广阔的天地。

二、企业形象

在国际上，产品的形象等同于产品的质量，产品的质量等同于产品的价值，产品的价值等同于产品的价格。良好的企业形象有助于增强企业的国际竞争力，良好的企业形象有助于创造良好的外部营销环境，良好的企业形象有助于创造最佳的国际营销业绩。现代国际竞争条件下，由于产品质量和技术的普遍提高以及产品种类的日益增加，只靠质量和服务很难占有国际市场竞争优势。

在国际市场上，只有那些企业形象好和产品形象好的企业才有持久的生命力，才会受到消费者和社会公众的青睐。如果一个企业没有自己的优势和品牌，没有良好的知名度，根本就不会有什么国际竞争力，最终必将在国际竞争中被淘汰出局。有人认为，企业间的竞争已由商品力、营销力的竞争，转变为形象力的竞争，形象力是企业参与国际竞争的一个基本条件。塑造良好的企业形象，进行行之有效的形象营销对于提高企业竞争力、促进企业经济效益的提高有着不可忽视的作用。

企业在树立形象时要注意利用各种策略，比如，巧妙利用社会发生的某些事情来树立企业形象，利用公益活动树立企业形象，利用名人树立企业形象。总之，随着科学技术的飞速发展，一个企业要想在竞争激烈的国际市场中占有一席之地并求得发展壮大，其国际营销策略想要符合现代消费规律，进行到位的形象营销是必不可少的。

三、资源整合

企业进行国际营销整合包括内部整合和外部整合两方面。营销内部整合是指“以消费者为核心重组企业行为和市场行为，综合协调地使用各种形式或传播方式，以统一的目标和统一的形象，传递一致的产品信息，实现与消费者的双向沟通，迅速树立产品品牌在消费者心目中的地位，建立产品品牌与消费者长期密切的关系”。企业国际营销的外部整合是指企业要摒弃传统的“商场如战场”观念，与竞争对手进行联合，开展互补营销、联合营销，实现资源共享、优势互补的双赢的战略联盟。一个企业，不管有多大，它都不能生产满足符合所有消费者需求的产品。

随着卖方市场过渡到买方市场，消费者逐渐成熟，消费需求更加理智，消费心理更加稳定，人们的消费越来越追求时尚、注重自身的独特性、趋向于个性化消费，以往的大众市场由于消费者的个性需求而逐渐消失。企业营销的目标市场也由全体消费者演变成每个细分市场中的消费者群体。现代消费规律的发展变化迫切要求企业不但要以消费者需求为出发点，而且要引导需求和创造需求，即企业把对人的关注、人的个性释放及人的个性需求的满足作为企业开拓国际市场的核心，与消费者建立更为个人化的联系，及时了解国际市场动向和顾客需求，向顾客提供一种个性化的消费服务。企业与国内外其他企业进行联合营销，实行专业化生产，既能满足消费者多样化的需要和个性化的需要，又能获得大批量生产的规模经济，从而实现最大限度地提高消费者对产品的满意度。当然，企业进行联合营销也可以减少浪费、节约资源的消耗，实现对资源的最优化利用，最终实现可持续发展。

四、沟通信息

传统营销中，企业对消费者是单向沟通的，企业通过传统的媒体广告、产品目录等单向地向消费者介绍企业与产品的信息。消费者处于被动的地位接受这些产品信息，企业不能及时地获得消费者的反馈信息。企业与消费者之间的信息单向流动，阻碍了企业及时、准确地了解消费者个性化的需要。通过信息的双向沟通，消费者也可以根据自身需要和爱好，自行设计或对产品提出满足自己特殊要求的改动，然后把信息传送至生产商，生产商迅速根据消费者的定制进行生产。这样无论是在生产还是销售或广告宣传环节上，消费者都可以在较大程度上广泛参与，既能够从心理上获得自尊和自豪感，又能展示自己独特的个性。这种营销方式完全符合现代消费规律。

目前，越来越多的国际营销商投入巨资建立自己的信息处理系统，以便能够分析出顾客的需求动向，从而制订措施保住老顾客，开拓新顾客。企业也可以把自己的产品信息以多媒体方式在网上传播，使消费者可以上网查询企业及产品的信息，进行购买前的评估。这样，企业通过双向沟通进行一对一营销，从而与消费者共同创造新的市场需求。可以预计，通过信息营销，与客户建立友好关系，将成为国际市场营销的主流观念。每个国际营销企业都应该清醒地意识到，在激烈的国际市场竞争中，没有掌握消费者的信息，就不可能了解消费者的消费规律，也不可能制定符合实际的国际营销策略。

营销管理小贴士

不断创新的理念能使参与国际市场营销的企业登高望远，开辟更加广阔的天地。国际营销策略要符合现代消费规律，进行到位的形象营销是必不可少的。对于国际营销企业来说，没有什么比掌握有关消费者购买行为的信息更为重要的了。

第九十六课　网络营销

一、网络营销的含义

网络营销是21世纪最有代表性的一种低成本、高效率的全新商业形式，是以互联网为核心平台，以网络用户为中心，以市场需求和认知为导向，利用各种网络应用手段实现企业营销目的一系列行为。虽然网络营销以互联网为核心平台，但也可以整合其他的资源形成整合营销，比如销售渠道促销、传统媒体广告、地面活动等。互联网拥有其他任何媒体都不具备的综合营销能力，网络营销可进行从品牌推广，到销售、服务等一系列的工作，包括电子商务、企业展示、企业公关、品牌推广、产品推广、产品促销、活动推广、挖掘细分市场、项目招商等方面。这里所指的网络不仅包括互联网，还应该包括外联网以及内联网，即应用互联网技术和标准建立的企业内部信息管理和交换平台。

二、网络营销的特点

网络营销具有如下特点。

（一）跨时空

营销的最终目的是占有市场份额，由于互联网具有超越时间约束和空间限制进行信息交换的特点，因此使得脱离时空限制达成交易成为可能，企业能有更多的时间和更大的空间进行营销，可 24 小时随时随地提供全球性营销服务。

（二）多媒体

互联网络被设计成可以传输多种媒体的信息，如文字、声音、图像等信息，使得为达成交易进行的信息交换以多种形式存在和交换，可以充分发挥营销人员的创造性和能动性。

（三）交互式

互联网络可以展示商品目录，联结资料库提供有关商品信息的查询，可以与顾客做互动双向沟通，可以收集市场情报，可以进行产品测试与消费者满意调查等。

（四）拟人化

互联网络上的促销是一对一的、理性的、消费者主导性的、非强迫性的、循序渐进式的，是一种低成本与人性化的促销，避免了推销员强势推销的干扰，并可通过信息提供和交互式交谈与消费者建立长期良好的关系。

（五）整合性

互联网络上的营销可由商品信息至收款、售后服务一气呵成，因此也是一种全程的营销渠道。另一方面，企业可以借助互联网络将不同的传播营销活动进行统一设计规划和协调实施，以统一的传播咨询向消费者传达信息，避免不同传播的不一致性而产生的消极影响。

（六）超前性

互联网络是一种功能最强大的营销工具，它同时兼具渠道、促销、电子交易、互动顾客服务，以及市场信息分析与提供的多种功能。它所具备的一对一营销能力，正符合营销的未来趋势。

（七）高效性

电脑可储存大量的信息，以便消费者查询，可传送的信息数量与精确度远超过其他媒体，并能适应市场需求，及时更新产品或调整价格，因此能及时有效了解并满足顾客的需求。

（八）经济性

通过互联网进行信息交换，代替以前的实物交换，一方面可以减少印刷与邮递成本，可以无店面销售，免交租金，节约水电与人工成本；另一方面可以减少由于迂回多次交换带来的损耗。

三、网络营销的职能

网络营销的基本职能归纳为八个方面：网络品牌、网址推广、销售渠道、销售促进、信息发布、在网上调研、顾客关系、顾客服务。网络营销的职能不仅表明了网络营销的作用和网络营销工作的主要内容，同时也说明了网络营销应该可以实现的效果。对网络营销职能的认识有助于全面理解网络营销的价值和网络营销的内容体系，因此网络营销的职能是网络营销的理论基础之一。

（一）网络品牌

网络营销的重要任务之一就是在互联网上建立并推广企业的品牌，知名企业的网下品牌可以在网上得以延伸，一般企业则可以通过互联网快速树立品牌形象，提升企业整体形象。

网络品牌建设是以企业网站建设为基础，通过一系列的推广措施，达到顾客和公众对企业的认知和认可。在一定程度上说，网络品牌的价值甚至高于通过网络获得的直接收益。

（二）网址推广

这是网络营销最基本的职能之一，在几年前，人们甚至认为网络营销就是网址推广。相对于其他功能来说，网址推广显得更为迫切和重要，网站所有功能的发挥都以一定的访问量为基础，所以，网址推广是网络营销的核心工作。

（三）信息发布

网站是一种信息载体，通过网站发布信息是网络营销的主要方法之一，同时，信息发布也是网络营销的基本职能，所以也可以这样理解，无论哪种网络营销方式，结果都是将一定的信息传递给目标人群，包括顾客或潜在顾客、媒体、合作伙伴、竞争者等。

（四）销售促进

营销的基本目的是为增加销售提供帮助，网络营销也不例外，大部分网络营销方法都与直接或间接促进销售有关，但促进销售并不限于促进网上销售，事实上，网络营销在很多情况下对于促进网下销售十分有价值。

（五）销售渠道

一个具备网上交易功能的企业网站本身就是一个网上交易场所，网上销售是企业销售渠道在网上的延伸，网上销售渠道建设也不限于网站本身，还包括建立在综合电子商务平台上的网上商店及与其他电子商务网站不同形式的合作等。

（六）顾客服务

互联网提供了更加方便的在线顾客服务手段，从形式最简单的FAQ(常见问题解答)，到邮件列表，以及BBS、MSN、聊天室等各种即时通信服务，顾客服务质量对于网络营销效果具有重要影响。

（七）顾客关系

良好的顾客关系是网络营销取得成效的必要条件，通过网站的交互性、顾客参与等方式在开展顾客服务的同时，也增进了顾客关系。

（八）网上调研

通过在线调查表或者电子邮件等方式，可以完成网上市场调研。相对传统市场调研，网上调研具有高效率、低成本的特点，因此，网上调研成为网络营销的主要职能之一。

开展网络营销的意义就在于充分发挥各种职能，让网上经营的整体效益最大化，因此，仅仅由于某些方面效果欠佳就否认网络营销的作用是不合适的。网络营销的职能是通过各种网络营销方法来实现的，网络营销的各个职能之间并不是相互独立的，同一个职能可能需要多种网络营销方法的共同作用，而同一种网络营销方法也可能适用于多个网络营销职能。

营销管理小贴士

网络营销就是以国际互联网为基础，利用数字化的信息和网络媒体的交互性来辅助营销目标实现的一种新型的市场营销方式。网络营销是电子商务的基础，是电子商务管理企业价值链系统的一种有效手段，是电子商务得以开展的高效而经济的信息载体。

第九十七课　网络营销产品

一、网络营销产品概念

在网络营销中，产品的整体概念可分为五个层次。

（一）核心利益层次

是指产品能够提供给消费者的基本效用或益处，是消费者真正想要购买的基本效用或益处。

（二）有形产品层次

是产品在市场上出现时的具体物质形态，主要表现在五个方面：品质、特征、式样、商标、包装，是核心利益的物质载体。

（三）期望产品层次

在网络营销中，顾客作为主导地位，其消费呈现出个性化的特征，不同的消费者可能对产品要求不一样，因此产品的设计和开发必须满足顾客这种个性化消费需求。

（四）延伸产品层次

是指由产品的生产者或经营者提供的购买者有需求，主要是帮助用户更好地使用核心利益和服务。

（五）潜在产品层次

是在延伸产品层次之外，由企业提供能满足顾客潜在需求的产品层次，它主要是产品的一种增值服务，它与延伸产品的主要区别是顾客没有潜在产品层次仍然可以很好地使用顾客需要的产品的核心利益和服务。

二、网络营销产品特点

一般而言，目前适合在互联网上销售的产品通常具有以下特性。

（一）产品性质

由于网上用户在初期对技术有一定要求，因此用户上网大多与网络等技术相关，因此网上销售的产品最好是与高技术或与电脑、网络有关。一些信息类产品如图书、音乐等也比较适合网上销售。还有一些无形产品如服务也可以借助网络的作用实现远程销售，如远程医疗。

（二）产品质量

网络的虚拟性使得顾客可以突破时间和空间的限制，实现远程购物和在网上直接订购，这使得网络购买者在购买前无法尝试或只能通过网络来尝试产品。

（三）产品式样

通过互联网面向全世界国家和地区进行营销的产品要符合该国家或地区的风俗习惯、宗教信仰和教育水平。同时，由于网上消费者的个性化需求，网络营销产品的式样还必须满足购买者的个性化需求。

（四）产品品牌

在网络营销中，生产商与经营商的品牌同样重要，一方面要在网络中浩如烟海的信息中获得浏览者的注意，必须拥有明确、醒目的品牌；另一方面，由于网上购买者可以面对很多选择，同时网上的销售无法进行购物体验，因此，购买者对品牌比较关注。

（五）产品包装

作为通过互联网经营的针对全球市场的产品，其包装必须适合网络营销的要求。

（六）目标市场

网上市场是以网络用户为主要目标的市场，在网上销售的产品要适合覆盖广大的地理范围。如果产品的目标市场比较狭窄，可以采用传统营销策略。

（七）产品价格

一方面，互联网作为信息传递工具，在发展初期是由共享和免费策略发展而来的，网上用户比较认同网上产品的低廉特性；另一方面，由于通过互联网络进行销售的成本低于其他渠道的产品，在网上销售的产品一般采用低价位定价。

三、网络营销产品分类

上述网络营销产品的特点其实是由于网络的限制，使得只有部分产品适合在网上销售，随着网络技术的发展和其他科学技术的进步，将有越来越多的产品在网上销售。在网络上销售的产品，按照产品性质的不同，可以分为两大类：实体产品和虚体产品。将网上销售的产品分为实体和虚体两大类，主要根据产品的形态来区分。

（一）实体产品

实体产品是指有具体物理形状的物质产品。在网络上销售实体产品的过程与传统的购物方式有所不同。在这里已没有传统的面对面的买卖方式，网络上的交互式交流成为买卖双方交流的主要形式。消费者或客户通过卖方的主页考察其产品，通过填写表格表达自己对品种、质量、价格、数量的选择；而卖方则将面对面的交货改为邮寄产品或送货上门，这一点与邮购产品颇为相似。因此，网络销售也是直销方式的一种。

（二）虚体产品

虚体产品与实体产品的本质区别是虚体产品一般是无形的，即使表现出一定形态也是通过其载体体现出来的，但产品本身的性质和性能必须通过其他方式才能表现出来。在网络上销售的虚体产品可以分为两大类：软件和服务。软件包括计算机系统软件和应用软件。网上软件销售商常常可以提供一段时间的试用期，允许用户尝试使用并提出意见。好的软件很快能够吸引顾客，使他们爱不释手并为此慷慨解囊。

营销管理小贴士

网络营销产品是利用互联网对买家销售的一种虚拟或实物的产品。网络营销是以互联网为主要手段的一种新型营销手段，以网络用户为中心，以市场需求和认知为导向，利用各种网络应用手段去实现企业营销目的一系列行为。

第九十八课　网络营销新产品开发策略

一、新产品开发策略的类型

与传统新产品开发一样，网络营销新产品开发策略也有下面几种类型，但策略制定的环境和操作方法不一样，下面分别予以介绍。

1. 新问世的产品

即开创了一个全新市场的产品。

2. 新产品线产品

即使得公司首次进入现有市场的新产品。

3. 现有产品线外新增加的产品

即补充公司现有产品线的新产品。

4. 现有产品的改良品

即提供改善了的功能或较大感知价值并且替换现有产品的新产品。

5. 降低成本的产品

即提供同样功能但成本较低的新产品。

6. 重定位产品

即以新的市场或细分市场为目标市场的现有产品。

企业网络营销产品策略中采取哪一种具体的新产品开发方式，可以根据企业的实际情况决定。但结合网络营销市场特点和互联网特点，开发新市场的新产品是企业竞争的核心。对于相对成熟的企业来说，采用后面几种新产品策略也是一种短期较稳妥策略，但不能作为企业长期的新产品开发策略。

二、网络营销新产品构思与概念形成

网络营销新产品开发的首要前提是新产品构思和概念形成。在每一个阶段，都有一些伟大发明推动技术革命和产业革命，这个时期的新产品构思和概念形成主要是依靠科研人员的创造性推动的。

新产品的构思可以有多种来源，可以是顾客、科学家、竞争者、公司销售人员、中间商和高层管理者，但最主要来源还是依靠顾客来引导产品的构思。网络营销的一个最重要特性是与顾客的交互性，它通过信息技术和网络技术来记录、评价和控制营销活动，来掌握市场需求情况。网络营销通过其网络数据库系统处理营销活动中的数据，并用来指导企业营销策略的制定和营销活动的开展。

网络营销数据库系统一般具有以下特点。

（1）在营销数据库中，每个现在或潜在顾客都要作为一个单独记录存储起来，只有了解每个个体的信息才能细分市场，并可通过汇总数据发现市场的总体特征。

（2）每个顾客记录不但要包含顾客一般的信息如姓名、地址、电话等，还要包含一定范围的市场营销信息，即顾客需求和需求特点，以及有关的人口统计和心理测试统计信息。

（3）每个顾客记录还要包含顾客是否能接触到针对特定市场开展的营销活动信息，以及顾客与公司或竞争对手的交易信息。

（4）数据库中应包含顾客对公司采取的营销沟通或销售活动所做反应的信息。

（5）存储的信息有助于营销策略制定者制定营销政策，如针对目标市场或细分市场提供何种合适的产品或服务，以及每个产品在目标市场中采用何种营销策略组合。

（6）在对顾客推销产品时，数据库可以用来保证与顾客进行协调一致的业务关系发展。

（7）数据库建设好后可以代替市场研究，无须通过专门的市场调研来测试顾客对所进行的营销活动的响应程度。

（8）随着大型数据库可以自动记录顾客信息和自动控制与顾客的交易，自动营销管理已成为可能，但这要求有处理大批量数据的能力，在发现市场机会的同时对市场威胁提出分析和警告。大型数据库提供的高质量的信息使得高级经理能有效进行市场决策和合理分配有限的资源。

利用网络营销数据库，企业可以很快发现顾客的现实需求和潜在需求，从而形成产品构思。通过对数据库的分析，可以对产品构思进行筛选，并形成产品的概念。

三、网络营销新产品研制

与过去新产品研制与试销不一样，顾客可以全程参加概念形成后的产品研制和开发工作。顾客参与新产品研制与开发不再是简单的被动接收测试和表达感受，而是主动参与和协助产品的研制开发工作。与此同时，与企业关联的供应商和经销商也可以直接参与新产品的研制与开发，因为网络时代企业之间的关系主流是合作，只有通过合作才可能增强企业竞争能力，才能在激烈的市场竞争中站稳脚跟。通过互联网，企业可以与供应商、经销商和顾客进行双向沟通和交流，可以最大限度地提高新产品研制与开发的速度。

值得关注的是，许多产品并不能直接提供给顾客使用，它需要许多企业共同配合才有可能满足顾客的最终需要，这就更需要在新产品开发的同时加强与以产品为纽带的协作企业的合作。

四、网络营销新产品试销与上市

网络市场作为新兴市场，消费群体一般具有很强的好奇性和消费领导性，比较愿意尝试新的产品。因此，通过网络营销来推动新产品试销与上市，是比较好的策略和方式。但要注意的是，网上市场群体还有一定的局限性，目前的消费意向比较单一，所以并不是任何一种新产品都适合在网上试销和推广的。一般对于与技术相关的新产品，在网上试销和推广效果比较理想，这种方式一方面可以比较有效地覆盖目标市场，另一方面可以利用网络与顾客直接进行沟通和交互，有利于顾客了解新产品的性能，还可以帮助企业对新产品进行改进。

利用互联网作为新产品营销渠道时，要注意新产品能满足顾客的个性化需求的特性，即同一产品能针对网上市场不同顾客需求生产出功能相同但又能满足个性需求的产品，这要求新产品在开发和设计时就要考虑到产品式样和顾客需求的差异性。如某电脑公司在推出电脑新产品时，允许顾客根据自己的需要自行设计和挑选配件来组装自己满意的产品，公司可以通过互联网直接将顾客订单送给生产部门，生产部门根据个性化需求组装电脑。因此，网络营销产品的设计和开发要能体现产品的个性化特征，适合进行柔性化的大规模生产，否则再好的概念产品也很难在市场让消费者满意。

营销管理小贴士

网络时代，特别是互联网的发展带来的新产品开发的困难，对企业来说既是机遇，也是挑战。企业开发的新产品如果能适应市场需要，可以在很短时间内占领市场，打败其他竞争对手。

第九十九课 网络营销价格策略

一、低价定价策略

借助互联网进行销售，比传统销售渠道的费用低廉，因此网上销售价格一般来说比流行的市场价格要低。由于网上的信息是公开和易于搜索比较的，因此网上的价格信息对消费者的购买起着重要作用。根据研究，消费者选择网上购物，一方面是因为网上购物比较方便，另一方面是因为从网上可以获取更多的产品信息，从而以最优惠的价格购买商品。

直接低价定价策略就是由于定价时大多采用成本加一定利润，有的甚至是零利润，因此这种定价在公开价格时就比同类产品要低。它一般是制造业企业在网上进行直销时采用的定价方式。

另外一种低价定价策略是折扣策略，它是在原价基础上进行折扣来定价的。这种定价方式可以让顾客直接了解产品的降价幅度以促进顾客的购买。这类价格策略主要用在一些网上商店，它一般按照市面上的流行价格进行折扣定价。

如果企业想拓展网上市场，但产品价格又不具有竞争优势，则可以采用网上促销定价策略。由于网上的消费者面很广而且具有很大的购买能力，许多企业为打开网上销售局面和推广新产品，采用临时促销定价策略。促销定价除了前面提到的折扣策略外，比较常用的是有奖销售和附带赠品销售。

在采用低价定价策略时要注意的是：第一，由于互联网是从免费共享资源发展而来的，因此用户一般认为网上商品比从一般渠道购买的商品要便宜，在网上不宜销售那些顾客对价格敏感而企业又难以降价的产

品；第二，在网上公布价格时要注意区分消费对象，一般要区分一般消费者、零售商、批发商、合作伙伴，分别提供不同的价格信息发布渠道，否则可能因低价策略混乱导致营销渠道混乱；第三，网上发布价格时要注意比较同类站点公布的价格，因为消费者可以通过搜索功能很容易在网上找到最便宜的商品，否则价格信息公布将起到反作用。

二、定制生产定价策略

（一）定制生产内涵

在网络营销服务策略中分析了个性化服务的特点。作为个性化服务的重要组成部分，按照顾客需求进行定制生产是网络时代满足顾客个性化需求的基本形式。定制化生产是面对工业组织市场的定制生产，这部分市场属于供应商与订货商的协作问题。这类属于工业组织市场的定制生产主要通过产业价值链，从下游企业向上游企业提出需求和成本控制要求，上游企业通过与下游企业进行协作设计、开发并生产满足下游企业需要的零配件产品。

由于消费者的个性化需求差异性大，加上消费者的需求量又少，因此企业实行定制生产必须在管理、供应、生产和配送各个环节上，都必须适应小批量、多式样、多规格和多品种的生产和销售变化。

（二）定制定价策略

定制定价策略是在企业能实行定制生产的基础上，利用网络技术和辅助设计软件，帮助消费者选择配置或者自行设计能满足自己需求的个性化产品，同时承担自己愿意付出的价格成本。目前这种允许消费者定制定价订货的尝试还处于初步阶段，消费者只能在有限的范围内进行挑选，还不能完全要求企业满足自己所有的个性化需求。

三、使用定价策略

传统交易关系中，产品买卖是完全产权式的，顾客购买产品后即拥有对产品的完全产权。但随着经济的发展，人民生活水平的提高，人们对产品的需求越来越多，而且产品的使用周期也越来越短，许多产品购买后使用几次就不再使用，非常浪费，因此制约许多顾客对这些产品的需求。为改变这种情况，可以在网上采用类似租赁的按使用次数定价的方式。

所谓使用定价，就是顾客通过互联网注册后可以直接使用某公司的产品，顾客只需要根据使用次数进行付费，而不需要将产品完全购买。这一方面减少了企业为完全出售产品而进行的不必要的大量的生产和包装浪费，同时还可以吸引过去那些有顾虑的顾客使用产品，扩大市场份额。顾客每次只是根据使用次数付款，节省了购买产品、安装产品、处置产品的麻烦，还可以节省不必要的开销。

营销管理小贴士

无论是传统营销还是网络营销，价格策略是最富有灵活性和艺术性的策略，是企业营销组合策略中的重要组成部分。网络营销价格是指企业在网络营销过程中买卖双方成交的价格。网络营销价格受到诸多因素的影响和制约。

第一百课　绿色营销

一、绿色营销的含义

绿色营销是指企业以环境保护为经营指导思想，以绿色文化为价值观念，以消费者的绿色消费为中心和出发点的营销观念、营销方式和营销策略。它要求企业在经营中贯彻自身利益、消费者利益和环境利益相结合的原则。

二、绿色营销战略

（一）绿色营销计划

实施绿色营销战略是与企业的长期发展规划和战略分不开的。企业对于绿色营销的实施和开展必须要有充足的准备，以便为绿色营销提供必要的条件。这些都要求企业在深入地进行目标市场调研的基础之上，将企业产品和品牌进行合理的市场定位，分析潜在市场容量和潜在顾客购买能力，对绿色营销资源有效整合，发挥绿色营销独特的作用，扬长避短，实现绿色营销的综合效益最大化。

针对绿色营销的战略意义，要求企业有一个明确的绿色发展计划，作为绿色营销计划的实施基础。其中应该详细表述产品绿色发展周期、绿色品牌实施计划、绿色产品研发计划、绿色营销推广计划、绿色营销服务通道计划、绿色商流物流价值流计划、绿色营销管理方案等绿色计划。

另外，企业在实施绿色营销前，要对企业实行绿色营销的过程管理、

人力资源管理、资金流和价值流的管理进行系统地计划，确保营销过程中各种资源适时有效地整合，推动整个绿色营销进程的实施，为最终实现各种利益体的共赢打下坚实基础。

（二）绿色产品和品牌策略

营销理论的发展已经给大家一个共识：营销从采购开始。绿色营销的开端更是要从源头抓起。只有这样，才能保证绿色产品供应链的有效运转，最终实现绿色消费，达到对生态环境保护并减少污染的目的。

首先，绿色产品设计成为重中之重。要求采取绿色营销的企业从材料的选购、产品结构、功能性能、设计理念、制造过程开始层层把关，加强生态、环保、节能、资源利用等方面的控制与遴选，确保绿色消费的达成。除此之外，在产品的包装、运输、储存及使用、废弃物的处理等都要考虑各种有可能受到影响的绿色因素。

其次，绿色产品讲究综合成果。即绿色产品要能够体现健康、安全、环保，体现对社会的一种责任意识，将原本属于社会职能的内容考虑进企业的经营管理当中，并认真负责地承担起解决这些社会问题的义务。

最后，企业只有对外树立起良好而健康的企业形象，才能够真正实现打造绿色品牌的任务。企业在进行品牌战略时，要切实抓紧绿色产品这一载体，赋予绿色品牌更多的内涵，体现绿色经营管理文化，灌输绿色经营管理观念，丰富品牌承载量，扩展品牌深度，从而实现品牌价值最优化、最大化。

（三）绿色产品的价格策略及市场定位

首先，绿色产品具有较高的附加值，拥有优良的品质，无论从健康、安全、环保等诸多方面具有普通产品无法比拟的优势。因此，在其市场定位上应该着眼于较高的消费需求。企业可以根据市场环境因素，对不同市场进行不同的产品定位。研究表明，在欧美发达国家，即使普通的消费也都倾向于绿色消费，所以绿色产品在那里，已经非常普通，其市场定位当然也较为普通；但在发展中国家，绿色产品的消耗量还很小，对于普通消费者来说还是奢侈品，因此必须要在一个较高基点上对绿色产品进行市场定位。

其次，在价格策略上，绿色产品由于支付了相当昂贵的环保成本，在产品选材及设计上的独特性和高要求，使其具有普通产品无法比拟的高附加值，因此其价格比一般普通产品高是极其正常的，消费者也很愿意接受这样的一种价格。因此，企业在为绿色产品进行定价时，要充分地将环保成本、研发设计成本，以及其他诸如绿色包装、绿色材料、绿色渠道、绿色服务等的成本考虑在内，从而制定出对于企业和消费大众都是比较合理的市场价格，逐步在消费者心中灌输一种“污染者付费”、“环境有偿使用”的现代观念。

最后，企业在对绿色产品进行定价时，应该遵循一般产品定价策略。根据市场需求、竞争情况、市场潜力、生产能力和成本、仿制的难易程度等因素综合考虑。切不可盲目完全采取“撇脂定价”策略，也不宜完全应用“渗透定价”策略。注重市场信息收集和分析，分析消费者的绿色消费心理，制定合理可行的绿色价格方案是完全必要的。

（四）绿色渠道策略

企业开展绿色营销，其绿色营销渠道的畅通是关键。企业只有充分保障绿色产品物流、商流、价值流、信息流在渠道中畅通无阻，才能最终实现绿色消费。在绿色渠道建设中，企业要结合产品特点，充分发挥产品的绿色特质，实现渠道绿化。

第一，建设属于绿色营销的专用渠道。我们知道，企业在进行绿色营销过程中，不可能完全排斥非绿色产品。通常一个企业的主导产品是非绿色产品，而绿色产品仅仅占企业产品的一部分。在这种情况下，企业可能为了节省成本和渠道费用，将绿色产品放入普通渠道进行销售。这样做，表面上看可以节约许多成本费用，但从长远考虑，会使企业的绿色产品价值降低，会消耗企业绿色品牌美誉度和品牌价值，部分绿色品牌或产品因此而退出绿色营销领域。显然，将绿色营销和普通营销的渠道混为一谈的做法是不明智的，也是不可取的。因此，我们建议企业要进行绿色营销就要单独建设纯绿色渠道。

第二，绿色代表着健康向上，绿色中间商或经销商也要具有良好的绿色本质和气质。一方面，绿色经销商或中间商要具有良好的绿色信誉，能够并愿意为绿色事业做出贡献；另一方面，能够接受并秉承绿色营销理念，要求其在日常的经营过程中已经注意绿色环保的重要性，并通过其绿色经营已从中获取相当可观的绿色收益；再就是，绿色经销商或中间商在日常经营过程中愿意接受企业相关的绿色指导，采取正当可行的绿色竞争手段，实施可持续发展的绿色健康竞争秩序。

第三，作为辅助，企业可以开设一些绿色专营店，确保专营店“纯绿色经营”。这对于建立产品良好的绿色信誉、确保消费者对于绿色产品的认知，都将发挥较大作用。

（五）绿色促销策略

绿色促销就是围绕绿色产品而开展的各项促销活动的总称。其核心是通过相关活动，达到树立企业绿色健康形象、丰富企业绿色营销内涵、促进绿色产品推广和消费的目的。这样，企业可以巩固其绿色产品市场地位，开拓绿色市场容量。

企业开展绿色促销要严格与传统促销活动区分开来。绿色促销要重点开展具体的营销和推广活动，将企业的绿色行动付诸实施。企业可以通过一些媒体宣传自己在绿色领域的所作所为，并积极参与各种公益及环保活动，大力提倡绿色环保产品的推广和使用，并带头推动一些有意义的环保事业。

另外，绿色营销本身就是一项具有高度责任感的事业。企业必须时刻以对自然、对他人、对未来、对竞争对手负责的态度，来奉献自己的绿色爱心，提高公众的绿色意识，引导绿色消费需求。

因此，制定绿色促销策略，不但要突出爱心、责任、奉献等人文因素，而且要具有长期的战略眼光，将企业的长期利益与企业的短期目标结合起来，要有重点、有秩序地层层推进，切不可虚张声势、不讲实际。

营销管理小贴士

绿色营销已在我国各行业和企业迅速推广，日益被接受和重视。绿色营销之所以有如此旺盛的生命力，是因为无论对经济、政治、文化等宏观层面，还是对企业厂家与消费者等微观层面，绿色营销都具有十分重要的意义。